W0038915

Die schönsten Weihnachtsmärchen

Die schönsten Weihnachts märchen

Zusammengestellt und herausgegeben von
Hans-Jörg Uther

EUGEN DIEDERICHS VERLAG

Mit Illustrationen aus dem Privatarchiv des Herausgebers

Die Deutsche Bibliothek – CIP-Einheitsaufnahme
Die schönsten Weihnachtsmärchen / zsgest. und hrsg. von Hans-Jörg Uther. – München : Diederichs, 1999
ISBN 3-424-01427-3

2. Auflage 1999
© Eugen Diederichs Verlag, München 1998
Alle Rechte vorbehalten

Umschlaggestaltung: Ute Dissmann, München
Produktion: Tillmann Roeder, München
Satz und Repro: SatzTeam Berger, Ellenberg
Druck und Bindung: Spiegel Buch, Ulm
Printed in Germany

ISBN 3-424-01427-3

INHALT

VORWORT

Der Begriff Weihnachtsmärchen kommt uns heute sehr vertraut vor, und dies ist auch kein Wunder! Denn seit weit über einhundert Jahren haben Märcheninszenierungen ihren festen Platz von der Vorweihnachtszeit bis zu den Weihnachtsfesttagen, und fast jeder hat wenigstens einmal eine solche Aufführung im Kreis der Familie oder der Schulklasse erlebt. Besonders für Kinder sind Märchen inszeniert worden, wobei zumeist Texte aus den »Kinder- und Hausmärchen« der Brüder Jacob und Wilhelm Grimm als Vorlage dienten – und Kinder stehen auch gewöhnlich im Mittelpunkt der Handlung. Wer aber denkt, daß die für die Bühne bearbeiteten Märchen nun auch in der Weihnachtszeit spielen oder daß es sich um die Gestaltung biblischer Texte in märchenhafter Einkleidung handelt, unterliegt einem Irrtum! Mit Weihnachten als Thema und mit biblischer Tradition haben sie nichts zu tun. Es sind vielmehr Dramatisierungen beliebter Zaubermärchen wie Frau Holle, Der Froschkönig, Brüderchen und Schwesterchen, Hänsel und Gretel, Schneeweißchen und Rosenrot, Aschenputtel oder Die Bremer Stadtmusikanten. Im allgemeinen Sprachgebrauch bezieht sich der Begriff Weihnachtsmärchen also nicht auf die erzählte Zeit im Märchen, sondern auf die bevorzugte Zeit der Aufführung.

Dabei taucht die Frage auf, ob es überhaupt Märchen aus der mündlichen und schriftlichen Überlieferung gibt, in denen die Weihnachtszeit eine Rolle spielt, und man wird sich daran erinnern, daß Jahreszeiten für das Märchengeschehen doch eigentlich kaum bedeutsam sind. Ja, die Dimension der Zeit fehlt sogar weitgehend, was ebenso für die Dimension des Raumes gilt.

Die Helden und Heldinnen der Märchen erfahren die Ober-, Unter- und Erdenwelt als eindimensional, die Zeit als unbestimmt und formelhaft: »Es ist schon so lange her«, »Es war die Zeit, wo das Wünschen noch geholfen hat« bis hin zur allbekannten Eingangsformel: »Es war einmal«. Bei vielen Märchen gar kann man nicht einmal erkennen, in welcher Jahreszeit sie spielen. Kurzum: Mit Zeitangaben jeglicher Art hält sich das Märchen zurück. Die Mitternacht gilt zwar einer allgemeinen Überlieferung nach als Geisterstunde, aber selbst dieser besondere Termin erscheint in den Weihnachtsmärchen nur als verblaßte Metapher.

Die Struktur von Märchen und die ausgeprägte Formelhaftigkeit bei der Verwendung von Zeitangaben mag erklären, warum die Weihnachtszeit in europäischen Märchen von untergeordneter Bedeutung ist. Und doch: Weihnachten und vor allem auch der Winter interessieren, wenn die kalte Jahreszeit für die jeweilige Region klimatisch bestimmend ist. Dies gilt in besonderem Maße für nord- und osteuropäische Völker. Hier spielen viele international verbreitete Märchen zur Weihnachtszeit. Dies ergibt auch einen Sinn, weil z. B. nach älteren Überlieferungen die skandinavischen Troll-Geister nur am Christabend die menschlichen Behausungen aufsuchen und dort ihre Freßsucht stillen. Aber die Unholde haben wie so viele dämonische Schreckgestalten im 19. Jahrhundert, als die meisten Märchen aufgezeichnet wurden, ihre Bedrohlichkeit für die Bewohner verloren. Sie sind den Menschen nicht mehr gefährlich und können dank eines glücklichen Zufalls für alle Zeit vertrieben werden (vgl. Nr. 20).

Naturgewalten wie Frost und Winter sind öfter personalisiert. Der Frost tritt gar als Gegenspieler des Hasen auf (Nr. 37) oder befindet sich im Wettkampf mit dem Bauern (Nr. 35). In russischen Märchen gibt es die Erscheinung des Väterchen Frost (Nr. 34). Das Lügenmärchen von den Worten, die bei extremer Kälte einfrieren, im Sommer jedoch wieder auftauen, wäre nicht verständlich, wenn in den Überlieferungsgebieten nicht entsprechende Witterungsbedingungen vorhanden wären.

Geht man von den klimatischen Verhältnissen aus, so müßte die Weihnachts- und Winterzeit auch in anderen europäischen, vor allem in mitteleuropäischen Märchen thematisiert sein. Aber die frühen Sammlungen – auch solche vor der Zeit der Brüder Grimm – lassen uns bei unserer Suche zumeist im Stich, abgesehen von E.T.A. Hoffmanns phantastischem Kindermärchen Nußknacker und Mäusekönig (1816), das von einer weihnachtlichen Bescherung seinen Ausgang nimmt, in deren Verlauf die Kinder Fritz und Marie mit ihren Spielsachen Schlag zwölf skurrile Abenteuer erleben. In den Grimmschen Märchen ist, selten genug, nur hie und da vom Winter die Rede: etwa in »Schneeweißchen und Rosenrot« (vgl. die Schweizer Fassung, Nr. 27), »Die drei Männlein im Walde« (Nr. 39) oder im »Marienkind« (Nr. 32). In einem unserer Lieblingsmärchen ist die Winterzeit immerhin sinnbildlich angesprochen, wenn die fleißige Tochter der Frau Holle das Bett immer gewaltig aufschüttelt, »auf daß die Federn wie Schneeflocken umherflogen«.

Auch Ludwig Bechstein, der zu den äußerst populären Märchensammlern um die Mitte des 19. Jahrhunderts zählte und dessen Sammlungen in größeren Auflagen verbreiteter waren als die Märchen der Brüder Grimm, hat die Weihnachts- und Winterzeit in keinem seiner Märchen zum Thema gemacht. Nur unter den Erzählungen Hans Christian Andersens, des berühmten dänischen Märchendichters, finden sich vermehrt solche, die zur Weihnachtszeit bzw. zur Jahreswende spielen. Und dabei handelt es sich um einige seiner schönsten Märchen, wenn wir z.B. an die Geschichte von den Erlebnissen des Tannenbaums (Nr. 47) denken, an das im Winter frierende Mädchen, das sich mit Schwefelhölzern Wärme verschaffen will (Nr. 92), oder an die so beliebte mehrteilige Geschichte von der Schneekönigin (Nr. 31). Es entspricht der ›traurigen‹ Realität, wenn der Tannenbaum in seiner ganzen Pracht den Mittelpunkt des Weihnachtsfestes bildet und hernach lieblos und verachtet in die Ecke geworfen und zu Kleinholz verarbeitet wird; das Spiel mit dem Feuer endet zwar tragisch, wenn das kleine Mädchen mit den Schwefelhölzchen hungernd und frierend stirbt, aber ihr Tod wird durch die Vision religiös verklärt. Andersen gestaltete die Märchen kindgerecht, indem er Geschichten aus seiner biedermeierlich geprägten Umwelt erzählte, besonders Tiere wie Menschen sprechen und Gegenstände handeln ließ und Flora und Fauna beseelte – wie sonst kaum in einer Sammlung von Kunst- oder Volksmärchen zu finden ist. All dies kam dem kindlichen Bedürfnis nach Allverbundenheit bzw. Universalismus entgegen. »Alles ist Wunder, alles ist Zauberei im täglichen Leben«, schrieb er am 20. Dezember 1845 an den Kopenhagener Physikprofessor Hans Christian Örsted. Aber es war wohl auch die Erinnerung an Entbehrung und Not, die solche Wunderwelten als Gegenbild zur Wirklichkeit entstehen ließ.

Einzelne Bräuche wie die Überreichung von Geschenken, das Schmücken eines Tannenbaums oder das Aufhängen eines Adventskranzes in Märchen aus der ersten Hälfte des 19. Jahrhunderts bleiben nahezu unerwähnt. Das liegt einerseits an der üblichen Abstraktheit der Darstellung und andererseits daran, daß das Weihnachtsfest in der Bevölkerung zwar als großes Familienfest galt, sich aber erst in der zweiten Hälfte des 19. Jahrhunderts in breiten Kreisen als das Familienfest schlechthin durchsetzte – zu einer Zeit also, in der die meisten europäischen Märchen schon gesammelt worden waren.

Wer etwas über populäre Vorstellungen erfahren will, die mit der

Weihnachtszeit und der Jahreswende zusammenhängen und zum Teil noch antikes und vorchristliches Gedankengut widerspiegeln, wird am ehesten in Sprichwörtern und Sagen fündig. Dort erleben wir besondere Termine ganz anders, weil der Zeit im Ablauf des Sagengeschehens eine ganz andere Bedeutung zukommt. Die Landwirtschaft war abhängig von klimatischen Bedingungen und an den Jahreszyklus gebunden. Für die karge Zeit mußten Vorräte angesammelt werden (vgl. auch Nr. 30), die Fruchtbarkeit des Bodens hing nicht unwesentlich vom Verlauf des Winters ab.

Außer den Tagen des Heiligenkalenders hatten bestimmte Tage eine besondere Bedeutung. Es gab Losbräuche und Dienstbotentermine. Zu den Trägern der Losbräuche (Losen im Sinne von Vorhersagen) galten Knechte und Mägde (Nr. 75, 76). Der 11. November, Tag des hl. Martin, galt früher als das Ende des alten Bauernjahres, an dem Dienstboten entlohnt und neue Verträge, gewöhnlich für ein Jahr, abgeschlossen wurden. Somit war dieser Termin für alle Beteiligten wichtig und mit Unwägbarkeiten behaftet, weil man nicht wußte, wie Herrschaft und Gesinde zusammenarbeiten würden. Die Tage und Wochen bis zur Weihnachtszeit und die zwölf Tage danach, die sogenannten Zwölften, die in den meisten Gegenden vom Weihnachtstag bis zum Dreikönigstag reichen, sind darum in älteren Überlieferungen Tage der Ungewißheit und der Bedrohung für Menschen und Tiere. Sie gelten als Begegnungstermine mit Geistwesen und für Voraussagen, und dies gilt in besonderem Maße für den letzten Tag des abgelaufenen Jahres und den ersten Tag des neuen Jahres. Beispielhaft ist nur auf die vielen Sammlungen abergläubischer Vorstellungen verwiesen, die vor allem seit dem 17. Jahrhundert zu erscheinen beginnen und insbesondere die Weihnachtszeit und die Jahreswende als außergewöhnliche Zeiten herausstellen. Von den zahlreichen Werken des Johannes Praetorius soll hier nur die Ausgabe »Saturnalia: Das ist/Eine Compagnie Weihnachts=Fratzen [...]« von 1663 erwähnt werden. Dem ideenreichen und erfinderischen Vielschreiber gelang es vortrefflich, die populären Vorstellungen über das Auftreten der dämonischen Frau Holle, des Teufels und des Wilden Jägers zu Weihnachten in kleinen Geschichen zu beschreiben und Wundersames über blühende Pflanzen zur Unzeit, die Verwandlung von Menschen in Werwölfe, magische Praktiken wie die Anwendung eines Liebeszaubers und anderes mehr zu erzählen. Solche Themen wurden von den Nachgeborenen dann unter dem Deckmantel der Aufklärung »an das Licht gestellet von dem, der einem jedweden die Wahrheit ins Gesicht saget«, wie es in der mehrfach aufgelegten »Gestriegelten Rocken-Philosophie« Johann Georg Schmidts (seit 1705) heißt, oder »allen geneigten Gemüthern zur Ergötzung, den Abergläubischen zur Veränderung unn Beßerung vorgestellet«, so der Untertitel der »Denckwürdigen Curiositäten Derer So wohl Inn- als Ausländischer Abgergläubischen Albertäten Aus der weiten Welt« (1713) von Johann Christoph Männling, und weiter verbreitet. Im 19. Jahrhundert finden sich mit der Jahreswende verbundene Vorstellungen dann in nahezu allen regionalen Sagensammlungen wieder. Hier jedoch ohne »Anweisung, dergleichen Vorfälle vernünftig zu untersuchen und zu beurtheilen«, wie es noch in der »Sammlung der merkwürdigsten Visionen, Erscheinungen, Geister- und Gespenstergeschichten« (1792) des Hofrats von Eckhartshausen hieß, sondern re-mythisiert und auf die Schilderung der ›vermeintlichen‹ Begebenheit oder Praktik des Losbrauchs oder Liebeszaubers reduziert. Vor allem die »Deutschen Sagen« der Brüder Grimm haben in dieser Darstellungsweise die Anlage von Sagensammlungen inspiriert.

Darüber hinaus gibt es einige historische Querverbindungen zwischen Märchen und Weihnachtszeit, die erklären können, wie es zum heutigen Verständnis von Weihnachtsmärchen gekommen ist.

So ist das Erzählen oder Vorlesen häufig mit der Winterzeit verbunden: Viele Illustrationen in Märchenbüchern zeigen einen Elternteil, bevorzugt die Großmutter und Mutter, beim Erzählen oder Vorlesen von Märchen inmitten einer Kinderschar. Im Hintergrund ist öfter ein flackerndes Kaminfeuer zu sehen: Sinnbild einer trauten heimeligen Umgebung.

»Am Kaminfeuer erzählt«, heißt es verschiedentlich schon im Titel oder Vorwort früher Märchensammlungen, ein Hinweis auf die kalte Winterzeit. Schon eine sehr seltene und anonym erschienene deutsche Ausgabe von 1780 trug den Titel »Launigte Winter-Märchen beym Camin zu erzählen« und schaffte damit bis zum Jahre 1800 immerhin drei Auflagen. Oder in London kamen um 1790 »Christmas Tales for the Amusement and Instruction of Young Ladies and Gentlemen in Winter Evenings« heraus, die Solomon Sobersides verfaßt hatte. Nachdem eine sich seit dem 18. Jahrhundert etablierende Kinder- und Jugendliteratur Kinder als Helden und Heldinnen entdeckt hatte, erreichten solche Winter-/Weihnachtsgeschichten just zur Weihnachtszeit den Buchhandel. Die im Titel programmatischen Hinweise auf den Nutzen des Weihnachtsbuches als Lektüre zur Unterhaltung und Belehrung begegnen im ausgehenden 18. Jahrhundert zwar seltener, aber sie signalisieren einen Trend, der für das 19. Jahrhundert bestimmend wird, wenn auch langsam und zögerlich.

So sollten nach dem Wunsch der Brüder Grimm ihre »Kinder- und Hausmärchen« zu Weihnachten 1812 herauskommen, aber die Abgabe des Manuskripts verzögerte sich mehrmals, so daß die meisten Exemplare erst 1813 ausgeliefert werden konnten, zumal der letzte Bogen infolge eines Versehens des Verlegers Reimer neu gedruckt werden mußte. Nur einige wenige Exemplare erreichten ihre Empfänger, unter denen sich auch die mit den Brüdern Grimm befreundete Bettina von Arnim befand: Achim von Arnim schrieb sogleich am Vormittag des 24. Dezember an die Brüder: »Eben habe ich von Reimer für meine Frau Euer Märchenbuch erhalten, es ist gar schön gebunden und soll ihr am Christabend beschert werden, ich habe es bei Savigny versteckt [...] es ist ein recht braves Buch, das sicher lange gekauft wird.« Aber diese Prognose erwies sich als zu voreilig, denn der Absatz der ersten Grimmschen Märchenbände – der Nachfolgeband erschien im Dezember 1814 und trug, wie üblich, das Druckdatum des nächsten Jahres – verlief sehr zögerlich. Dies betraf auch die in den ersten Jahrzehnten des 19. Jahrhunderts erschienenen Sammlungen der Märchenkonkurrenten und war darauf zurückzuführen, daß es eben einer längeren Zeit bedurfte, um das Märchen für pädagogische Zwecke, als Haus- und Erziehungsbuch, als Lese- und Sprachlehrbuch und nicht zuletzt als bebildertes Kinderbuch für die bürgerlichen Käuferschichten ›salonfähig‹ zu machen. Die sogenannte »Kleine Ausgabe der Kinder- und Hausmärchen« in einer Auswahl von 50 Märchen und ohne Anmerkungen, die – wie auch die von den Brüdern Grimm übersetzten »Irischen Elfenmärchen« – ebenfalls zu Weihnachten (1825) und mit sieben Märchenbildern ihres Bruders Ludwig Emil Grimm erhältlich war, wäre vermutlich nie erschienen, wenn nicht der ungemeine und mit Genugtuung von den Brüdern Grimm registrierte Erfolg der in London 1823ff. erschienenen »German Household Stories« den Verleger Reimer von der Notwendigkeit einer ›Volksausgabe‹ überzeugt hätte. Eine größere Verbreitung der »Kinder- und Hausmärchen« setzte jedoch erst nach dem Erscheinen der *Großen Ausgabe* von 1837 ein. Nun folgten rasch weitere Auflagen, immer im Wechsel zwischen *Großer* und *Kleiner Ausgabe*.

Die Weihnachtszeit als Erscheinungstermin für Büchlein mit Kindergeschichten und Märchen zu bevorzugen, war offenkundig nicht ungewöhnlich und entsprach allgemeinen Gepflogenheiten. Auch Andersen ließ seine Heftchen mit Märchen und Geschichten zu Weihnachten veröffentlichen. Außerdem gaben Weihnachten wie auch Ostern als besondere Zeiten selbst Anlaß zur Entstehung von Geschichten. Es waren zum Teil keine Märchen im eigentlichen Sinne oder Geschichten mit märchenhaften Elementen, sondern solche, die in der Tradition der Moralischen Geschichten standen, wie z.B. »Der Weihnachtsabend« (1825), wo die Geschichte im Untertitel gleich verkaufsfördernd als eine »Erzählung zum Weihnachtsgeschenke für Kinder« angepriesen wurde, oder phantastische Erzählungen wie »Ein Weihnachtsmärchen« (1849) mit der Schilderung von Erlebnissen eines Jungen, dem im Traum Gestalten wie Geister, Irrlichter, Werwölfe und Knecht Ruprecht begegnen.

Märchen mit dem Thema Weihnachts- oder Winterzeit tauchen in Europa hingegen vermehrt erst seit dem zweiten Drittel des 19. Jahrhunderts auf, wenn wir an die obengenannten Märchen Hans Christian Andersens oder an die berühmte weihnachtliche Geistergeschichte »A Christmas Carol Being a Ghost Story of Christmas« (1843) von Charles Dickens erinnern oder an andere seiner Weihnachtsgeschichten, die er 1852 dann als »Christmas Books« zusammenfaßte. Es entwickelte sich ein eigenes Genre des Weihnachtsbuches, in dem zunehmend Dichter, später auch berühmte Personen der Zeitgeschichte, ihre eigene Jugenderinnerung an das im Kreis der Familie verbrachte Weihnachtsfest mit seinen Ritualen beschrieben oder phantasiereich ausgeschmückte Erzählungen zum besten gaben.

In unserer mit historischen Illustrationen versehenen Ausgabe nun sind alle für eine längere Überlieferung maßgeblichen märchen-, legenden- und sagenhaften Erzählstoffe vereint, die für das jeweilige Land und für den Erzählungstyp charakteristisch sind und die Handlung in der Weihnachts- bzw. Winterzeit spielen lassen und innerhalb Europas nachgewirkt haben.

Die Idee für dieses Buch entstand nicht ganz zufällig, sondern geht auf eine Nachbarschaftsinitiative zurück: Seit fast 20 Jahren treffen sich alljährlich am Heiligen Abend in Göttingen-Geismar Nachbarn in einem festlich geschmückten Garagenhof zu einer kurzen Zusammenkunft. Gemeinsam wird gesungen, musiziert, vorgetragen und vorgelesen. Ihnen allen und besonders der Initiatorin Rosemarie Westphal sind diese Weihnachtsmärchen gewidmet.

15

MARTINI

Martin von Tours (316/317 [336?]–397), Fest des Heiligen am 11. November. Am bekanntesten ist die Legende von der Teilung des Mantels, welche die Vorbildszene für christliche Mildtätigkeit darstellt. Martin wurde zum merowingisch-fränkischen Nationalheiligen, Patron der Ritter, Soldaten und Bettler, Weber und Schneider, Bauern und Hirten. Als letzter Tag vor dem alten Adventsfasten gab der Martinstag Anlaß zu ausgiebigem Essen und Trinken (Martinsgans). In früherer Zeit war der Martinstag als das Ende des alten Bauernjahres zugleich der Tag des Dienstbotenwechsels.

1. Die Mantelteilung

Martinus ist zu Pannonien geboren von der Stadt Sabaria, doch ward er erzogen zu Pavia in Italien. Sein Vater war der Ritterschaft Meister, mit ihm kämpfte er unter den Kaisern Julianus und Constantinus, doch nicht von eigenem Willen, denn er war von seiner Jugend auf göttlicher Gnaden.

Als er zwölf Jahre alt war, lief er wider der Eltern Willen in der Christen Gesellschaft und ließ sich den Glauben lehren; und wäre danach auch in die Wüste gegangen, wenn nicht die Schwachheit seines Leibes dem widerstanden hätte.

Nun hatten die Kaiser das Gebot gegeben, daß die Söhne der alten Ritter Krieg für ihre Väter führen sollten. Also geschah es, daß St. Martinus im Alter von fünfzehn Jahren die Ritterschaft auf sich nehmen mußte. Er ritt nicht mehr als mit einem Knecht – ihm diente er mehr, als ihm der Knecht diente – und zog ihm oft seine Schuhe ab und putzte sie.

Es geschah an einem Wintertag, als er durch das Tor von Amiens ritt, daß ihm ein Bettler begegnete. Der war nackt und hatte noch von niemandem ein Almosen empfangen. Da verstand Martinus, daß von ihm dem Armen sollte Hilfe kommen. Und er zog sein Schwert und schnitt den Mantel, der ihm allein noch übrig war, in zwei Teile und gab die eine Hälfte dem Armen und tat selber das andere Teil wieder um.

Des Nachts danach sah er Christus zu ihm kommen, der war gekleidet mit dem Stücke des Mantels, das er dem Armen gegeben hatte. Und der

Herr sprach zu den Engeln, die um ihn standen: »Martinus, der noch nicht getauft ist, hat mich mit diesem Kleide gekleidet.«

Davon aber wurde der Heilige nicht hoffärtig, sondern er erkannte die Güte Gottes und ließ sich taufen, da er seines Alters war achtzehn Jahre.

2. Die Feuerkugel über Martins Haupt

Martin war von großer Mildigkeit wider die Armen. Davon liest man in dem Dialogus des Sulpicius Severus, daß er eines Tages an einem Fest zur Kirche ging. Da folgte ihm ein Armer, der war nackt. Da gebot Martinus seinem Archidiakon, daß er den Dürftigen kleide. Und da er es nicht alsbald tat, ging Martinus selber in die Sakristei und gab ihm seinen Rock und hieß ihn fortgehen.

Nun mahnte der Archidiakon Martinus, er möge die Messe halten gehen. Antwortete Martinus, er könne nicht gehen, ehe denn der Arme einen Rock habe: Und damit meinte er sich selber.

Der Archidiakon sah ihn äußerlich mit seiner Kutte bekleidet und wußte nicht, daß er darunter nackend war. Darum sprach er, es sei kein Armer da. Antwortete Martinus: »Man bringe mir einen Rock, und es wird kein Armer mehr eines Gewands bedürftig sein.« Damit zwang er den Archidiakon, daß er auf den Markt ging und dort ein armkurzes Gewand für fünf Silberlinge kaufte, das nennt man Paenula, von paene nulla: soviel wie gar keines. Das nahm er und warf es St. Martin im Zorn vor die Füße. Also ging der Heilige in einen Winkel und zog den Rock an. Da gingen ihm die Ärmel bis an die Ellenbogen, und unten reichte ihm der Rock bis an die Knie. Also ging er, um die Messe zu halten. Aber dieweil er die Messe las, erschien ihm eine feurige Kugel über seinem Haupt, die ward von vielen gesehen. Davon wird gesagt, daß er gleich sei den Aposteln.

Zu dem Wunder schreibt Meister Johannes Beleth: »Da er bei der Messe, als es Gewohnheit ist, die Hände zu Gott aufhob, da fielen ihm die linnenen Ärmel nieder, denn seine Arme waren nicht dick und fleischig, und der besagte Rock ging nur bis zu den Ellenbogen, also blieben seine Arme nackt. Da brachten Engel goldene Ketten, geziert mit Edelsteinen, und deckten damit seine Arme gar ehrlich.«

3. Martin ist geistersichtig

Es sahe einstens der heilige Bischof Martinus auf einem Felsen zwei böse Geister, so sich miteinander beratschlagten, wen sie versuchen sollten und worin?

Endlich sahe der heilige Martinus, daß sie sich verfüget zu seinem Kapellan und selben zum Zorn angereizet haben. Was geschahe? Es stunde nit lange an, da kame dieser Kapellan, Brictius mit Namen, zu dem heiligen Martin und fügte dem heiligen Martin ohne alle Ursach sehr viel Schmachwort zu. Der heilige Martin redete mit ihm ganz freundlich und sagte ihm, woher dieser sein Zorn käme, nämlich von dem Satan. Brictius aber ließe nit nach, den heilige Martin zu schmähen. Endlich griff der heilige Martin zum Gebet, worauf der böse Feind abgewichen, Brictius aber erkennete alsobald seinen Fehler, fiel dem heiligen Martin zu Füßen, bate ihn um Verzeihung.

4. Der diebische Müller

Ein böser, gottvergessener, diebischer Müller wollte keinen christlichen und ehrlichen Umgang mit seinen Nachbarn halten, sondern wenn sie im Wirtshause waren, ging er lieber auf die Mühle und untersuchte die

Säcke der Bauern. Denn ihm schien, daß er dann die beste Gelegenheit dazu hätte. Was geschah aber am St. Martinstage?

Der Teufel kam leibhaftig zu ihm in die Mühle und sagte: »Nun, Gevatter, was machst du da? Ich versteh', du machst dir ein Geschäft in fremden Taschen; wir wollen nun einmal zusammen mahlen.«

Damit hob er den Mühlenstein auf und steckte den Müller darunter, machte die Mühle los und mahlte ihn zu Brei.

Diese Geschichte ward übers ganze Land bekannt, und seit der Zeit wollen die Müller kein Korn mehr mahlen am Martinstage.

KATHARINA

Katharina von Alexandrien, Fest am 25. November, Jungfrau und Märtyrerin im Mittelalter. Die Heilige gehört zu den Vierzehn Nothelfern und wurde als Patronin hoher und niederer Stände sowie zahlreicher Berufe hoch verehrt. Ihr Festtag ist zugleich der Beginn des Advent. In Legenden ist vor allem das Bild der gütigen Heiligen überliefert, in Sagen dagegen ahndet Katharina die Übertretung des Arbeitsverbots an ihrem Tage.

5. Das Vogelwunder

Es was eins mols ein Riter, der was gar siech. Der het Sant Katherina gar liep und ruft sy mit Ernst an und pat sy, das sy im umb Got erwürb, das er gesunt würde, so wolt er zu irm Grab kumen. Do ward er von irn genaden gesunt. Do wart er gar fro und dankt Got und Sant Katherina.

Nu het der Ritter wol gehört, das die Vogelein das Öl dar prochten. Dar umb kum er mit andern Hern auff Sant Katherina Tag zu irm Grab und sah das schön Zaichen selber. Das ist in kurczen Iorn geschehen. Do lobten die Hern all Got umb das groß Zaichen, das er durch seiner Gemaheln Willen Sant Katherina tut. Do von schol niemant an den Zaichen zweiffeln.

6. Arbeiten am Feiertag

Neben der Eishöhle, da ist noch eine Höhle, ein Stollen, das gehört zu Roth. Da ist seinerzeit Bergbau betrieben worden.

Während der Bergbau betrieben wurde, da hatten die eine Heilige, Katharina, da verehrt, dann wurde nicht gearbeitet. Jetzt eines guten Tags war der Feiertag, und da konnte es einer sich's nicht holen lassen, er wollte nicht feiern und fährt mit vier Ochsen in den Stollen rein. Und wie er aus dem Dorfe fahren soll, begegneten ihm andere Bergleute und fragten da, wohin er fahre, ob er nicht wüßte, daß heut Feiertag wäre.

»Ach«, sagte er, »Katringendach op, Katringendach af, ich fahre!«

Und er fährt och hin und fährt mit dem Fahrzeug rein, ungefähr zehn

Meter weit. Und der Eingang fällt hinter ihm so zu, daß auf dem Boden am Eingang eine Öffnung von 25 cm bleibt. Nun, den Fels wegzuholen, war unmöglich bei der damaligen Zeit. Der Mann mit dem Gespann mußte verhungern. Man hörte noch drei Wochen die Ochsen brüllen, dann war alles ruhig. Das hat gedauert bis 1901, da war in Roth ein Pfarrer Weiler, der davon in der Chronik las und sich mit dem Eifelverein in Verbindung setzte und den Stollen wieder aufmachen ließ. Da fand sich alles bestätigt, wie erzählt wurde. Das Gerippe von dem Mann und den vier Ochsen und die eisernen Wagenteile; alles hat da gelegen.

ANDREAS

Apostel (30. November), zuerst Jünger von Johannes dem Täufer, von Jesus als erster Apostel berufen. Andreas ist seit dem späten Mittelalter Bergwerkspatron und Standespatron der Fischer, Seiler, Wasserträger, Metzger und unverheirateter Frauen. In volkstümlicher Überlieferung ist der Andreastag an der Schwelle des Kirchenjahres mit einer Reihe von Jahresanfangsbräuchen verknüpft, die Andreas- wie die Thomasnacht gilt als besonders günstig für Voraussagen (vor allem Liebes- und Heiratsorakel).

7. Andreasnacht

Es ist Glaube, daß ein Mädchen in der Andreasnacht, Thomasnacht, Christnacht und Neujahrsnacht seinen zukünftigen Liebsten einladen und sehen kann. Es muß einen Tisch für zwei decken, es dürfen aber keine Gabeln dabeisein. Was der Liebhaber beim Weggehen zurückläßt, muß sorgfältig aufgehoben werden, er kommt dann zu derjenigen, die es besitzt, und liebt sie heftig. Es darf ihm aber nie wieder zu Gesicht kommen, weil er sonst der Qual gedenkt, die er in jener Nacht von übermenschlicher Gewalt gelitten, und er des Zaubers sich bewußt wird, wodurch großes Unglück entsteht.

Ein schönes Mädchen in Österreich begehrte einmal um Mitternacht, unter den nötigen Gebräuchen, seinen Liebsten zu sehen, worauf ein Schuster mit einem Dolche dahertrat, ihr denselben zuwarf und schnell wieder verschwand. Sie hob den nach ihr geworfenen Dolch auf und schloß ihn in eine Truhe. Bald kam der Schuster und hielt um sie an. Etliche Jahre nach ihrer Verheiratung ging sie einstmals sonntags, als die Vesper vorbei war, zu ihrer Truhe, etwas hervorzusuchen, das sie folgenden Tag zur Arbeit vornehmen wollte. Als sie die Truhe geöffnet, kommt ihr Mann zu ihr und will hineinschauen; sie hält ihn ab, aber er stößt sie mit Gewalt weg, sieht in die Truhe und erblickt seinen verlornen Dolch. Alsbald ergreift er ihn und begehrt kurz zu wissen, wie sie solchen bekommen, weil er ihn zu einer gewissen Zeit verloren hätte. Sie weiß in der Bestürzung und Angst sich auf keine Ausrede zu besinnen, sondern bekennet frei, es sei derselbe Dolch, den er ihr in jener Nacht hinterlassen, wo sie ihn zu sehen begehrt. Da ergrimmte der Mann und sprach mit einem fürchterlichen Fluch: »Hur! So bist du die Dirne, die mich in jener Nacht so unmenschlich geängstiget hat!« und stößt ihr damit den Dolch mitten durchs Herz.

Diese Sage wird an verschiedenen Orten von andern Menschen erzählt. Mündlich: Von einem Jäger, der seinen Hirschfänger zurückläßt; in dem ersten Wochenbett schickt ihn die Frau über ihren Kasten, Weißzeug zu holen, und denkt nicht, daß dort das Zaubergerät liegt, das er findet und womit er sie tötet.

8. Vom heiligen Andreas

Das ist schon lange, lange her, noch in alten Zeiten, als Christus auf der Erde wandelte und an einen Fluß kam. Dort fand er einen Alten, Simon mit Namen, der gerade beim Fischfang war. »Simon, verlaß dein Boot, und geh mit mir. Jetzt wirst du nicht mehr Simon sein, von nun an wirst du Petrus sein!«

Und sie gingen zusammen umher auf Erden, und Christus lehrte Petrus: »Peter, weißt du, wohin wir gehen? Wir gehen durch dieses Tal.« Dort trieb eine Hirtin Gänse auf die Weide. »Peter, würdest du gerne Gott sein?«

»Herr, nur drei Tage.« Christus fragt die Hirtin: »Wer wird dir denn auf die Gänse aufpassen?«

»Der liebe Gott möge sie hüten.«

»Nun weißt du, Peter, du bist Gott, hüte die Gänse, ich werde im Schatten schlafen.«

Petrus wachte vom Morgengrauen bis zum Abend über die Gänse, der Herr schlief. Am Abend kommt die Hirtin, um die Gänse zu holen, und sie trieb sie heim. Sie gehen weiter. »Ja, Herr, du hast geschlafen, und ich war Hirt.«

»Ja, Peter, wir wollen noch weitergehen.«

Sie gehen und gehen weiter und kommen zu Schnittern. Und dort hinter einem Busch lag ein Stück Brot, und Christus sagt: »Nimm dieses Stück Brot, und lege es in die Tasche.« Petrus nimmt das Stück Brot und legt es in die Tasche. Sie gehen weiter und begegnen einem Bettler, und Christus sagt: »Bettler, wo ist denn dein Frühstück?«

»Herr, Gottes Hand spendet es!«

26

»Peter, nun gib du das Stück Brot, du bist Gott.« Petrus nimmt betrübt das Stück Brot und gibt es dem Bettler, und Petrus selbst bleibt hungrig.

Sie gehen weiter und finden ein Hufeisen, und der Herr spricht zu Petrus: »Hebe dieses Hufeisen auf, und tu es in die Tasche.« Petrus sagt: »Was soll es mir nützen?« Doch Christus hebt das Hufeisen auf, sie kommen zu einem Schmied, und er verkauft es für drei Kreuzer. Für diese drei Kreuzer kauft er Kirschen und legt die Kirschen in die Tasche und geht weiter. Petrus – der Gott – geht hinter ihm her. Der Herr aber läßt eine Kirsche nach der anderen aus der Tasche zu Boden fallen, denn er wußte, daß Petrus hungrig war. Und er mußte sich hundertmal bücken. Wenn er sich vorhin nur einmal nach dem Hufeisen gebückt hätte! Danach sagt Christus: »Peter, Peter, es ist besser, sich einmal zu bücken als hundertmal!«

Sie gehen durch einen Weingarten, und der Herr spricht zu Petrus: »Du bist Gott, daß du ja nicht stiehlst!« Christus geht weiter, Petrus folgt ihm. Da dachte Petrus, daß der Herr ihn nicht sieht, als sie aus dem Weingarten herauskamen. So nahm Petrus am Ende noch drei Beeren in den Mund. Christus sagt: »Peter, bleib stehen, spucke mir auf die Handfläche!«

»Herr, warum?«

»Weil ich es dir befehle: Spucke auf meine Handfläche!« Petrus hustet und hustet und spuckt Christus auf die Handfläche. Aber es war nichts anderes als das, was Petrus gestohlen hatte – drei Beeren –, und diese drei spuckte er aus. »Na, siehst du, ›Herr Gott‹, was wäre, wenn alle Götter stehlen würden?«

Sie gehen weiter und kommen zu einer Stadt und gehen hinein, um eine Herberge zu erbitten. In einem Gasthaus finden sie Aufnahme. Dort war ein Wächter, der hinter dem Ofen schlummerte. Die beiden setzten sich einfach hinter den Ofen, Petrus und Christus. Danach kommt ein zweiter Wächter, und Christus fragt ihn: »Wer wird denn an eurer Statt draußen die Wache halten?«

»Der liebe Gott soll sie halten!«

»Nun, Peter, du bist Gott, geh hinaus, und halte die Wache an der Ecke!« Petrus erhebt sich traurig und geht und steht Wache bis zum Morgengrauen.

Als der Morgen dämmerte, schlief Christus, Petrus aber hielt Wache. »Herr, es ist Tag!«

»Hast du auch Wache gehalten?«

»Das habe ich, Christus, ich will nicht mehr Gott sein, sei du wieder Gott, ich werde wieder Petrus sein.«

»Gut, nicht einmal drei Tage konntest du aushalten, Gott zu sein!«

Nun gehen sie durch ein Tal wieder weiter. Dort waren viele Rinder auf der Weide, und zwei Ochsen kämpften fürchterlich miteinander, so daß dem einen ein Horn wegflog. Der Herrgott sagt: »Petrus, jetzt trage du das Horn, du wirst mir folgen!« Petrus nimmt das Horn und tut es in die Tasche. Sie gehen weiter auf einen hohen Berg. »Peter, stoße dieses Horn in die Erde!«

»Was wird denn, Herr, aus diesem Horn?«

»Von diesem Horn wird ein solches Getränk wachsen, daß jeder, der es unmäßig gebrauchen wird, so töricht sein wird wie die Ochsen, die in jenem Tal einander stießen.«

»Ja, Herrgott, wer wird das denn anbauen?«

»Das wird ein großer Betrüger anbauen.«

Und wirklich war es ein großer Betrüger, der das jetzt anbaute. Aus diesem Horn wuchs eine Weinrebe, so gewunden wie ein Ochsenhorn. Aus diesem Horn wurde ein schöner Rebgarten, es pflegte ihn ein Mann, der Andreas hieß. Der Rebgarten trug üppig, doch er mischte immer Wasser unter den Wein; er trieb Handel damit und betrog.

Da kommen nach einigen Jahren Christus und Petrus zurück, als hier schon ein schöner Weingarten war. »Andreas, hast du einen guten Wein?«

»Jawohl.« Andreas lobt freilich das, was im Keller steht, und sagt: »Aber nicht für Bettler, sondern für Geld!«

»Nun bring einen Krug.« Andreas bringt einen Krug Wein. »Andreas, hast du auch ein Glas?«

»Ich habe es.«

»Bring es!«

Der Herr nimmt den Krug und schenkt ins Glas ein. Als er aus dem Krug ins Glas gießt, da war es halb Wein und halb Wasser. »Schau, Andreas, bist du denn kein Schwindler? Wie du arme Leute betrügst!«

»Was soll ich jetzt machen?«

»Wirst du das befolgen, was dir die Bettler sagen werden?«

»Ich werde es!«

»Wenn wir zurückkommen, soll der ganze Rebgarten abgehackt und auf einen Haufen zusammengeworfen sein; vorher wirst du nicht erlöst sein! Warte hier, bis wir zurückkommen.«

Andreas macht das alles und wartet und wartet. Übers Jahr kommen sie zurück. »Andreas, jetzt aber zünde es an, und spring ins Feuer!« Andreas tat das und sprang ins Feuer, und Andreas verbrannte, nur die Zunge ist geblieben. Christus sagt zu Petrus: »Nimm diese Zunge und tu sie in die Tasche.« Die Zunge war gebraten, und Petrus tut sie in die Tasche. Sie gehen weiter, als es zu dämmern anfing, und sie kommen zu einer alten Frau und bitten um eine Schlafstatt. Sie sagt: »Ihr könnt übernachten, nur kann ich euch nichts zu essen geben als trockenes Brot.«

Diese Frau hatte eine Tochter. Sie brachte Stroh in die Stube, und die müden Wanderer legten sich nieder. Petrus hängte seine Tasche an die Wand, und drinnen in der Tasche war die gebratene Zunge, und sie duftete stark. Das Mädchen kommt in die Stube, die Zunge riecht so verlockend, und sie sagt zu ihrer Mutter: »Mama, die Bettler schlafen, drinnen haben sie einen Braten.«

»Geh, geh, laß ihn den Bettlern! Was soll dir der Duft?«

»Ach, bitte, oh, Mutter!«

Das Mädchen stiehlt die Zunge, und bevor sie noch zur Mutter kam, aß sie die Zunge allein auf. In diesem Augenblick wurde sie schwanger.

Herr Christus und Petrus gehen weiter. Petrus wußte davon nichts. »Herr, wo ist denn die Zunge? Herr, hast du sie gegessen?«

Sie gehen und gehen weiter. Nach einem Jahr kommen sie wieder zurück und bitten wieder um eine Schlafstatt. Die alte Mutter sagt: »Im vorigen Jahr hatte ich zwei solche Landstreicher, sie schliefen hier, doch was taten sie mit meiner Tochter!« Aber das Kind war schon in der Wiege. »Nun, nun, erzürnen Sie sich nur nicht, achten Sie nur auf dieses Kind!« Sie übernachteten, sagten »Mit Gott« und gingen weiter.

Sie kommen zurück. Selten trägt es sich irgendwo zu, daß ein Kind von fünf Jahren so gut sprechen kann. »Nun, Andreas, jetzt bist du zweimal geboren. Wie war es denn?«

»Herr, alles ist gut, nur schwer ist es, zweimal zu sterben und zweimal geboren zu werden!«

»Nun, einmal bist du schwer gestorben, auf einem Scheiterhaufen. Um das eine Mal, als du geboren wurdest, hast du nicht gewußt. Jetzt, beim zweiten Mal, erfährst du, wie schwer es ist, erwachsen zu werden. Was war denn für dich am schlimmsten?«

»Herr, am schlimmsten war es, als ich erwachsene Menschen sah, wie sie tranken, ich aber litt einen solchen Durst und machte ›bu-bu-bu‹, auch mit den Armen so hin und her, und erst da fand sich jemand, der mir zu trinken anbot. Ja, ich fürchte den kindlichen Durst!«

»Nun, Andreas, gib acht, daß du in Zukunft nicht mehr lügst und betrügst, von jetzt an wirst du ein Heiliger sein.«

9. Wie der heilige Andreas einen Bischof vor dem Teufel errettete

Wir lesen, daß der heilige Andreas einst von einem Bischofe in besonderer Weise verehrt wurde. Dieser Bischof gab jedes Almosen aus Liebe zu Christus und zum heiligen Andreas; und auch sonst lebte er in der Furcht und im Dienste Gottes. Da geschah es, daß ihn einst der Teufel in der Gestalt einer Jungfrau aufsuchte, die vorgab, bei ihm beichten zu wollen. Der Bischof ließ der Jungfrau sagen, sie solle sich an seine Untergebenen wenden. Sie aber wollte niemand anderem als dem Bischofe allein beichten. So wurde sie vorgelassen. Und sie erzählte dem Bischofe, sie sei die Tochter eines vornehmen Herrn und habe ewige Keuschheit gelobt. Und sie erzählte noch manches andere, und der Bischof lud sie schließlich zum Frühstück ein. Sie aber erwiderte: »Daran kann ich nicht teilnehmen, denn wenn ich allein mit euch speisen wollte, dann könnte man euch verdächtigen.« Der Bischof aber entgegnete: »Es sollen noch viele andere mit uns speisen, damit uns niemand zu verdächtigen wagt.«

Und so speisten sie gemeinsam. Die Jungfrau setzte sich dem Bischofe gegenüber, und niemand ahnte, daß es der Teufel war, der unter dieser Gestalt den Bischof zu verführen trachtete. Und es kam so weit, daß der Bischof solches Gefallen an der Jungfrau fand, daß er beinahe zu sündhaften Gedanken verleitet wurde. Aber unser Beschützer Jesus Christus ließ ihn nicht ganz in sündige Begierden fallen. Denn in diesem Augenblick klopfte ein Fremder an die Tür des bischöflichen Palastes, das war der heilige Andreas. Der bat, man möchte ihm Einlaß gewähren. Der Pförtner aber eilte zum Bischofe und fragte ihn, ob er den Fremden hereinlassen dürfte. Der Bischof verbietet es. Doch der Fremde klopft von neuem und bittet mit lauter Stimme um Einlaß, so daß der Pförtner wiederum den Bischof fragt, ob er ihm öffnen solle oder nicht. Da überlegen des Bischofs Gäste, was man tun solle, und schließlich fragen sie die Jungfrau, was sie wünsche. Und diese, das heißt, der Teufel spricht: »Der Fremde soll nicht eingelassen werden, wenn er nicht sagen kann, welches das gewaltigste Zeichen ist, das Gott unter den geringsten Zeichen schuf.« Der Pförtner eilt hin und fragt den Fremden, was das sei. Der Fremde aber, der ja kein anderer als der heilige Andreas ist, antwortet ihm: »Dieses, daß Gott die Menschen alle in verschiedenen Gestalten schuf, so daß nicht ein Mensch dem anderen gleicht, sondern sich jeder von dem anderen unterscheidet.«

Der Pförtner teilt dem Bischof diese Antwort mit, und alle sprechen, er habe diese Frage trefflich beantwortet. Die Jungfrau aber läßt von neuem fragen, wo die Erde erhabener sei als der Himmel. Der heilige Andreas erwidert: »Das ist jene Stelle an Gottes Thron, wo Gott in seiner irdischen Menschengestalt sitzt.« Die Jungfrau aber stellt noch eine dritte Frage: »Wie viele Meilen sind es von dem Himmel bis zur Erde?« Da antwortet der heilige Andreas dem Pförtner: »Geh und sage dem Frager, das müsse er am besten wissen, da er selbst die Gelegenheit gehabt hat, sie zu zählen.«

Als der Pförtner diese Antwort überbracht hatte, dachten alle Gäste darüber nach, was dies wohl zu bedeuten hätte. Die Jungfrau aber entfernte sich, ohne daß man finden konnte, wohin sie gegangen sei oder wo sie wäre. Und so erkannten alle, daß es der Teufel gewesen sein müsse. Da erhob sich der Bischof und eilte zur Tür, um zu sehen, ob jener Fremde noch draußen stände. Doch man fand auch ihn nicht mehr, denn er hatte nicht eintreten wollen. Da bat der Bischof Gott innig um die Gnade, er möchte ihm offenbaren, wer jener Fremde gewesen sei. Und sein Gebet fand Erhörung, denn der heilige Andreas offenbarte ihm, daß er jene Fragen beantwortet habe.

BARBARA

*Barbara gehört zu den Vierzehn Nothelfern (Fest am 4. Dezember), wird
als Patronin der Bergleute, Bauarbeiter, Glöckner, Artilleristen und der
Sterbenden verehrt, oft auch zusammen mit Katharina (und Margarete).
Die Verehrung der Heiligen war besonders in West- und Südeuropa und
im deutschsprachigen Gebiet. In populären Überlieferungen begegnet
Barbara als Vertreiberin schlechten Wetters (Barbaraläuten), sie ahndet
Arbeitsfrevel an ihrem Namenstag, schützt vor plötzlichem Tod und gilt
als Patronin besonders gefährlicher Berufe wie dem des Bergmanns.*

10. *Am Barbaratag*

In den Spatgruben bei Nabburg war es zu Lebzeiten Brauch, daß der
4. Dezember, das Fest der heiligen Barbara, der Schutzpatronin der Bergleute, feierlich begangen wurde, wobei die Gruben nicht besucht wurden
und nur das Notwendigste gearbeitet wurde und die Belegschaften mit

ihrem Obersteiger zur Kirche gingen und erst nachmittags den leiblichen Genüssen gemeinsam nachgegangen wurde.

Zu Hitlers Zeiten mußte an diesem Tage gearbeitet werden. Und es dauerte nicht lange, da gab es eine Bergwerkskatastrophe, wobei etliche Bergleute ums Leben kamen. Das wiederholte sich öfters. Da kehrte man vor noch nicht langer Zeit zu dem alten Brauch zurück. Die Bergknappen gehen nun wieder in ihrer Tracht zur Kirche. Seit der Zeit kommen keine Unfälle mehr vor.

NIKOLAUS

Nikolaus von Myra, Patron der Schiffer, Kaufleute, Bäcker, Schüler und einer der vierzehn Nothelfer. Der legendäre Nikolaus ist ein im Morgen- und Abendland verehrter Heiliger (Fest 6. Dezember). Es wird vermutet, daß in der Gestalt des Nikolaus zwei historische Persönlichkeiten verschmolzen sind, einmal der Bischof Nikolaus von Myra (Kleinasien), der wahrscheinlich Anfang des 4. Jahrhunderts gelebt hat, und zum anderen Nikolaus von Sion, 564 gestorben als Bischof von Pinara (Kleinasien). Seit der frühen Neuzeit ist als Brauch bezeugt, am Vorabend des 6. Dezember für die Kinder Schuhe vor die Tür zu stellen, in welche der Heilige dann seine Gaben legen kann. Die Sitte, in Verkleidung eines weißbärtigen Mannes die Kinder zu prüfen, ob sie gehorsam und ›tugendhaft‹ gewesen sind, und mit Geschenken zu belohnen, ihnen aber auch Angst und Schrecken mit einer mitgeführten Rute einzujagen und ihnen anzudrohen, sie in den Sack zu stecken, ist erst in späterer Zeit bekannt. Mitunter hat der Gabenbringer Nikolaus auch einen Begleiter, eine wahre Kinder-schreckgestalt: Er heißt Knecht Ruprecht, Pelzmärtl oder Krampus.

11. Der heilige Niklas und der Dieb

Zu Greifswald in Pommern stund in der Gertrudenkapelle St. Ni-klasen Bild. Eines Nachts brach ein Dieb ein, wollte den Gottes-kasten berauben und rief den Hei-ligen an: »O heiliger Niklaus, ist das Geld mein oder dein? Komm, laß uns wettlaufen darum, wer zuerst zum Gotteskasten kommt, soll gewonnen haben.« Hub da-mit zu laufen an, aber das Bild lief auch und überlief den Dieb zum drittenmal; der antwortete und sprach: »Mein heiliger Niklaus, du hast's redlicher gewonnen, aber das Geld ist dir doch nicht nutz, bist von Holz und bedarfst keines; ich will's nehmen und guten Mut dabei haben.« – Bald darauf geschah, daß dieser Räuber starb und begraben wurde, da kamen die Teufel aus der Hölle, holten den Leib aus dem Grab, warfen ihn bei den beraubten Gotteskasten, hängten ihn zuletzt vor der Stadt an eine Windmühle auf und führten ihn auf ihren Flügeln wider Winds herum. Diese Mühle stand noch im Jahre 1633 und ging immer mit Gegenwind unter den andern umstehenden natürlich getriebenen Mühlen.

Nach andern war es der Verwalter, der das Opfergeld angegriffen oder, wie man sagt, mit dem Marienbild um die Wette gelaufen war.

Wo des Teufels Fuß die Erde berührte, versengte er das frische Gras und trat tiefe Stapfen, die stehenblieben und nie mehr mit Gras bewuchsen, bis die ganze Kirche, zu der sonst große Wallfahrten geschahen, samt dem Kirchhof verschüttet und zu Festungswällen verbaut wurde.

12. Vom heiligen Nikolaus

Es war einmal in einer Stadt ein Dieb, der hatte schon viel Schlimmes getan. Einmal beraubte er einen reichen Mann, das wurde entdeckt, und man verfolgte ihn. Lange Zeit lief der Dieb durch den Wald davon, aber endlich kam er an eine freie Steppe, die war vielleicht zehn Werst lang. Da blieb der Dieb stehen und wußte nicht, was er machen sollte.

Lief er über die Steppe, so fingen ihn seine Verfolger gleich ein, denn man sah auf der Steppe alles von weitem, und er hörte, daß seine Verfolger ihm schon nahe waren. Da begann er zu beten: »Herr, vergib meiner sündigen Seele! Väterchen, heiliger Nikolaus, verbirg mich, dann opfere ich dir eine dicke Wachskerze.«

Plötzlich stand ein älterer Mann vor dem Dieb und fragte: »Was hast du gesagt?«

Der Dieb antwortete: »Ich flehte: Väterchen, heiliger Nikolaus, verbirg mich in dieser Öde, und dann versprach ich, ihm eine Kerze zu weihen.« Darauf beichtete der Dieb dem Alten seine Sünde.

Der Alte sagte: »Wenn du willst, krieche in dieses Aas.« Es lag da ein Aas in der Nähe, und der Dieb konnte sich nicht helfen und mußte in das Aas kriechen, denn er wollte nicht gefangen werden. Er kroch hinein, und im selben Augenblick war der Alte verschwunden, denn es war der heilige Nikolaus selber gewesen.

Die Verfolger kamen, ritten wohl einen halben West weit in die Steppe hinein, aber als sie niemand sahen, kehrten sie wieder um. Der Dieb lag mittlerweile im Aas und konnte kaum atmen, des faulen Geruchs wegen. Als die Verfolger verschwunden waren, stieg er heraus und sah wieder jenen Greis in der Nähe stehen und Wachs einsammeln. Der Dieb trat zu ihm und dankte für seine Befreiung. Da fragte der Alte wieder: »Was hast du dem heiligen Nikolaus versprochen, als du eine Zuflucht suchtest?«

Der Dieb antwortete: »Ich versprach ihm eine Kerze.«

»So ist es! So übelriechend aber wie dir das Aas erschien, in dem du verborgen lagst, ebenso erschiene dem heiligen Nikolaus deine Kerze! Flehe niemals«, fügte der Alte noch hinzu, »Gott den Herrn und die Heiligen, seine Diener, um schlechter Dinge willen an, denn Gott segnet sie nicht. Gib acht und merk dir meine Worte. Sag es auch den andern, daß sie Gott nicht um Böses bitten!«

Er sagte es und verschwand.

13. Wie Nikolaus den Raufhandel zwischen dem Weib und dem Teufel schlichtete

Einmal war Gott mit dem heiligen Nikolaus, seinem ständigen Helfer, auf Wanderschaft. Da hörte Gott, wie das Schilf knisterte und knackte. »Nikolaus, schau nach, warum es im Schilf knackt!« Nikolaus ging hin und schaute: Da raufte ein Weib mit dem Teufel. Er ging zu Gott zurück. »Nun, Nikolaus, was geht dort vor?«

»Herr, ein Weib schlägt und rauft sich mit dem Teufel.«

»Dann geh, Nikolaus, und tu sie auseinander!«

Nikolaus bemühte sich, sie auseinanderzubringen, doch er konnte auf keine Weise das Weib vom Teufel trennen. »Herr, sie sind einfach nicht auseinanderzubringen.«

»Nein, Nikolaus, du mußt die beiden trennen. Sollen sie denn weiter raufen?« Nikolaus erzürnte sich, ging eilends hin und hieb beiden, dem Weib und dem Teufel, die Köpfe ab. »Nun, hast du sie getrennt?«

»Nein, Herr, ich habe sie nicht getrennt, ich habe beiden die Köpfe abgehauen.«

»Nein, so geht das doch nicht! Geh nun hin, setze ihnen die Köpfe wieder auf, und behauche sie mit meinem heiligen Odem: dann werden sie

wieder anwachsen.« Nikolaus ergrimmte sehr, weil er sich wieder bemühen mußte. Er kam hin, und in der Erregung setzte er den Weiberkopf dem Teufel auf und den Teufelskopf dem Weib, – er hatte sie verwechselt.

Seit dieser Zeit sind die Weiber sehr bösartig: immer stacheln sie die Männer an und verleiten sie zu Streit und Zank. Wo es einen Streit oder eine Schlägerei gibt, dort ist immer ein Weib, wo es Zwist und Hader gibt, dort ist auch immer ein Weib dazwischen. Weil die Weiber Teufelsköpfe haben, müssen sie, um die Hörner nicht zu zeigen, den Kopf bedecken, besonders die Patinnen vor den Paten.

14. Der heilige Nikolaus und der heilige Kassian

Gott hat Heilige vom Himmel zur Erde gesandt: »Gehet hin und sehet nach, was die Menschen tun.« Es ist Winterszeit gewesen, einem Mann ist der Schlitten mit einem Holzfuder umgekippt, und der Mann seufzte: »Heiliger Nikolaus, komm und hilf mir!« Da ist der heilige Nikolaus herbeigeeilt und hat dem armen Mann eifrigst geholfen, das Fuder aufzurichten.

Einige Zeit danach ist das Fuder wieder umgefallen, und der Mann hat diesmal gerufen: »Guter Kassian, hilf mir!« Kassian aber erwiderte: »Ich kann nicht, ich habe das weiße Paradiesgewand an.« Da blieb dem Mann nichts übrig, als allein das Fuder aufzurichten.

Die Heiligen sind dann zum Himmel zurückgekehrt, und Gott fragte sie: »Was habt ihr auf Erden gesehen?« Da erzählte Nikolaus ihm sein Abenteuer, und Gott fragte weiter: »Was hast denn du, Kassian gesehen?«

»Ich sah denselben Mann, aber ich konnte ihm nicht helfen, da ich mein Paradiesgewand nicht besudeln mochte.«

Dann hat Gott sein Urteil gefällt: »Du, Nikolaus, hast den Menschen geholfen, deiner mögen die Menschen viermal jährlich gedenken. Du, Kassian, hast die Menschen vernachlässigt, deiner mögen die Menschen einmal in vier Jahren gedenken.«

15. Elias und Nikolaus

Es lebte in alten Zeiten ein so armer Mann, daß er nicht einmal etwas zu essen hatte. Von allen Seiten brach Unheil über ihn herein. Er wußte nicht mehr, was er tun sollte. Es war gerade die Zeit der Roggensaat. Da kamen zu ihm drei Wanderer und baten um ein Nachtlager. Diese Männer waren die Heiligen Elias, Nikolaus und Georg. Der arme Mann wollte sie durchaus nicht einlassen, denn er hatte ihnen wirklich gar nichts zu geben – nichts als eine Brotkante. Und dabei hatte er selbst eine große Familie – was gibst du den Kindern, wenn die fremden Männer das Brot aufessen, das am Ende nicht einmal für sie reicht! Und so erklärte denn der Mann den Gästen, daß die Sachen so und so ständen, »zu geben habe ich euch nichts, nun, da müßt ihr eben gehn und euch anderwärts ein Nachtlager suchen.«

»Nun, das hat nichts zu sagen, daß sowenig Brot da ist, es wird für euch und für uns reichen«, sagte Nikolaus (der Bauer wußte natürlich nicht, daß bei ihm als Gäste so vornehme Herrschaften eingekehrt waren). Der Mann sagte: »Nun gut, wenn ihr morgen zu mir kommt, um Roggen zu säen, dann lasse ich euch übernachten!«

»Wir kommen«, sagten alle drei Männer.

So blieben Elias, Nikolaus und Georg nachtsüber beim armen Mann. Als man abends aß, aßen auch die drei hinzugekommenen Männer, aber Brot blieb soviel übrig, wie zuvor hinzugekommen war, und alle waren satt geworden. Der Wirt wunderte sich sehr, daß heute die Dinge eine solche Wendung angenommen hatten.

Nun gut, es kam der zweite Tag. Man ging Roggen säen. Elias pflügte, Nikolaus säte. Der Roggen war gesät, und man ging heim. Noch unterwegs sagte Elias zu Nikolaus: »Dafür, daß der arme Mann uns ein Nachtlager gewährt hat, wollen wir ihm einen recht schönen Roggen wachsen lassen, einen solchen, wie ihn noch niemand gesehen hat.«

»Das tun wir, tun wir«, sagte Nikolaus. Sie gingen nach Hause. Zu Hause fragte Elias den Bauern: »Nun, wer hatte es leichter, der Pflüger oder der Säer?«

»Der Pflüger hatte es immer leichter«, erwiderte der arme Mann. Die Männer aßen und gingen wieder ihrer Wege.

Unterwegs sagte Elias zu Nikolaus: »Ich habe versprochen, ihm einen schönen Roggen wachsen zu lassen, aber da er gesagt hat, daß es dem Pflüger leichter war als dem Säer, werde ich ihn dafür bestrafen – ich werde seinen Roggen verhageln, so daß er nichts kriegt.«

Nun gut, dem armen Mann wuchs ein Roggen, wie er ihn noch nie gesehen hatte. Denn er konnte ja nicht vorausahnen, daß man ihn verhageln wollte.

Wie das erste Mal kam eines Tages Nikolaus zum armen Mann und sagte: »Der Pope will deinen Roggen kaufen, verkauf ihn dem Popen, behalt ihn nicht!« Kurze Zeit, nachdem Nikolaus den armen Mann verlassen hatte, kam der Pope den Roggen kaufen, weil der arme Mann einen so schönen Roggen hatte. Der arme Mann verkaufte den Roggen dem Popen, aber einige Zeit darauf verhagelte Elias den Roggen. Da ging Nikolaus zu Elias und sagte: »Sieh, der arme Mann hat seinen Roggen dem Popen verkauft, du hast den Roggen des Popen verhagelt und den Popen statt des armen Mannes bestraft.«

»Nun, wenn er dem Popen gehört, dann werde ich ihn wieder in Ordnung bringen und den Roggen noch besser machen, als er war«, sagte Elias.

Nikolaus aber ging wieder zum armen Mann und sagte: »Der Pope wird kommen und sein Geld zurückfordern, gib ihm das Geld zurück!«

»Wie kann ich ihm das Geld zurückgeben, wenn der Hagel den Roggen zerschlagen hat?«

»Das tut nichts, gib dem Popen nur das Geld, wenn er kommt.«

Nun, der Pope kam zum armen Mann und forderte sein Geld zurück, da der Hagel den Roggen zerschlagen hatte. Und der arme Mann gab dem Popen das Geld. Jetzt gehörte der Roggen wieder dem armen Mann. Und sieh da, der Roggen fing wieder an, schön zu wachsen. Er erhob sich und wurde noch besser, als er war, bevor er verhagelt war. Der arme Mann war froh: schöner Roggen, alle wundern sich.

Der Roggen wurde reif. Da ging Nikolaus zu Elias und sagte: »Der Pope hat vom armen Mann das Geld zurückgefordert, und der arme Mann hat wieder seinen Roggen bekommen – sehr schönen Roggen.«

»Damit hat's keine Not, daß er schön ist, ich werde aus ihm das Gedeihen herausnehmen, so wird er keinen Nutzen davon haben, daß er viel erntet, aber ergiebig wird er nicht sein.«

Nikolaus kam wieder zum armen Mann und sagte: »Geh in die Kirche und kauf mir eine Kerze um eine Kopeke. Wirf sie mir auf den Leuchter wie einem Hund, dreh dich um und geh fort. Für Elias aber kauf und setz eine recht schöne Kerze auf, bete dort und verbeug dich recht lange davor!«

Schön, am nächsten Sonntag ging der arme Mann in die Kirche und kaufte zwei Kerzen – für Nikolaus eine Kerze um eine Kopeke, für Elias aber eine um drei. Dem Nikolaus warf der arme Mann die Kerze auf den Leuchter, wie man einem Hunde einen Knochen wirft. Für Elias aber setzte er sie hübsch hin und betete und verbeugte sich lange. Da ging Nikolaus zu Elias und sagte: »Sieh doch mal, Freundchen, welch eine Unannehmlichkeit und Schande mir der arme Mann bereitet hat! Dir hat er in Anwesenheit von drei Männern gesagt, daß es dem Pflüger leichter war, mich aber hat er in einer Kirche voller Menschen blamiert. Er hat mir eine Einkopekenkerze gekauft, und auch die noch wie einem Hunde den Knochen auf den Leuchter geworfen. Dir aber hat er eine Dreikopekenkerze gekauft und hübsch auf den Leuchter gesteckt. Und gebetet und Verbeugungen hat er gemacht, bis er ermüdete. »Nun gut, dafür werde ich das Gedeihen in seinen Roggen zurücklegen und ihm viel Roggen geben«, sagte Elias. Und so bekam der arme Mann bei der Ernte so viel Roggen: Er konnte sich nicht erinnern, daß jemals so viel gewachsen war.

16. Nikolaus der Wundertäter

Es waren einmal zwei Brüder, der eine war reich und der andere arm. Der Arme hatte eine große Familie, und zu essen gab es nichts mehr. Da ging er zum Bruder und bat ihn um Mehl; doch der schlug es ihm ab. Der Arme nahm ein Bild von Nikolaus dem Wundertäter und brachte es dem Reichen als Pfand. Der Bruder traute ihm nicht und fragte: »Wer wird für dich bürgen?« Da antwortete das Heiligenbild: »Ich bürge für ihn.« Der Reiche verwunderte sich darüber, nahm aber das Bild an und gab dafür einen Sack Mehl.

Ein Jahr verging, ein zweites und ein drittes, aber der Arme zahlte dem Bruder die Schuld nicht zurück. »Welch ein Betrüger ist doch der Heilige!« dachte der Bruder, »und dabei hat er noch gesagt, er verbürge sich.« Er nahm das Heiligenbild, brach sich Ruten ab und trug das Bild hinaus auf das Feld, um es dort zu verprügeln.

Unterwegs begegnete ihm ein Kaufmannssohn und fragte, wohin er das Bild trage. Der Reiche erklärte es ihm. Da bat jener, er möge ihm den wundertätigen Nikolaus verkaufen, gab zwei Sack Mehl für ihn und trug ihn heim. Seine Mutter lobte ihn für die gute Tat, und sie hängte das Bild auf.

Zu dieser Zeit mußte der Kaufmann mit seinen Schiffen in ein anderes Zarenreich fahren; drei seiner Onkel hatten sich schon mit ihren Waren auf die Reise gemacht und nicht auf ihn gewartet. Da wollte er einen Aufseher in seinen Dienst nehmen und fand auch einen. Die Mutter schenkte dem Aufseher ein Ei und sagte, er solle es zusammen mit ihrem Sohn verspeisen. Jener schnitt das Ei in die Hälfte, aber die größere nahm er für sich, die kleinere gab er dem Hausherrn. Da befahl die Mutter, diesen Mann laufenzulassen, und sagte: »Er sorgt mehr für sich als für seinen Herrn.« Der Kaufmann suchte nun so lange einen Aufseher, bis er einen solchen fand, der die größere Hälfte vom Ei seinem Herrn gab und die kleinere für sich selber nahm.

Sie machten sich dann auf und fuhren ab. Auf dem Meere kamen sie an einer Insel vorbei, und auf der Insel erblickten sie einen alten Mann, der sie bat, ihn auf ihr Schiff hinüberzuholen, und das taten sie dann auch.

Hernach fuhren sie ins fremde Zarenreich und trieben einen so glücklichen Handel, daß sie das Geld nicht mehr zu zählen vermochten.

Der Zar in diesem Land hatte eine Tochter, die war einmal in ihrer
Kindheit von ihm verflucht worden. Sie starb darauf und lag schon lange
in der Kirche im Sarg.

Jede Nacht gingen die Leute einer nach dem andern zu ihr, den Psalter
zu lesen, und alle fraß sie auf. So kam auch die Reihe an einen der Onkel
des Kaufmannssohnes. Was sollte er tun? Sterben wollte er nicht, aber
fortbleiben durfte er nicht.

Da bat er den Neffen, für ihn zu wachen. Der ging aber vorher zum Alten und holte sich Rat, und der Alte sagte ihm, er solle dafür von dem Onkel zwei Schiffe mit Waren verlangen, gab ihm auch ein Buch und ein Stück Kohle und befahl ihm, sich in der Kirche nicht umzuschauen.

Der Neffe tat, wie er ihm geraten hatte, las in der Nacht den Psalter am Lesepult in der Kirche und zeichnete um sich herum mit der Kohle einen Kreis.

Um Mitternacht aber stieg die Zarentochter aus dem Grab und fing an, mit den Zähnen zu knirschen. »Ha! Jetzt bist du mir verfallen!« Doch sie konnte auf keine Art in den aufgezeichneten Kreis hineingelangen. Sie wand sich und mühte sich, bis ihre Zeit herum war und sie dort am Kreis niederfiel. Der Neffe aber las immerzu.

Am Morgen hob er die Zarentochter auf, legte sie zurück in den Sarg und ging selber nach Hause. Sie alle, das Volk und der Zar, staunten, daß er am Leben geblieben war. Der Onkel jedoch mußte ihm zwei Schiffe geben. Die Waren gingen rasch ab, und Geld hatte er nun scheffelweis.

In der nächsten Nacht kam die Reihe an den zweiten Onkel, in der übernächsten an den dritten. Der Neffe nahm von ihnen je zwei Schiffe und wachte, ohne daß er zu Schaden kam.

Endlich, in der dritten Nacht, mußte er für sich selber Wache halten. Da gab ihm der Alte drei eiserne, drei kupferne und drei stählerne Ruten und sprach zu ihm: »Zwing sie, ein Vaterunser zu beten, und sobald sie ins Stocken gerät, schlage sie mit den Ruten.«

Der Kaufmannssohn ging zur Nacht in die Kirche, zeichnete den Kreis um sich herum und las. Um Mitternacht sprang die Zarentochter aus dem Grabe und fing an zu wüten, noch ärger als in den ersten drei Nächten. Sie hatte mit einemmal Ofenkrücken in den Händen und zerrte ihn damit fast aus dem Kreise heraus; rundherum aber tobten zahllose Teufel und machten fürchterlichen Lärm.

Endlich blieb die Zarentochter ganz ermattet stehn, aber fiel nicht um. Da zwang sie der Kaufmannssohn, das Vaterunser zu beten. Und wie sie nun anfing und dann steckenblieb, schlug er mit den eisernen Ruten auf sie ein. Danach mußte sie aber weiterlesen, kam bis zur Hälfte und stockte abermals; da schlug er sie aufs neue mit den kupfernen Ruten. Und wieder zwang er sie weiterzulesen, und sie war noch nicht zu Ende gelangt, als sie nochmals ins Stocken geriet: da schlug er sie mit den stählernen Ruten. Dann las sie jedoch richtig bis zum Schluß.

Der Morgen war schon angebrochen, und hinter den Türen fragten die

Leute einander: »Lebt er wohl noch?« Und als sie zwei Stimmen hörten, wunderten sie sich: »Was soll das bedeuten?« Sie öffneten die Tür und sahen den Kaufmannssohn und die Zarentochter beieinander. Gleich meldeten sie's dem Zaren. Der freute sich darüber sehr und gab dem Kaufmannssohn seine Tochter zur Frau.

Die Waren hatten sie inzwischen verkauft, und es war Zeit heimzukehren. Der Alte aber sagte dem Kaufmannssohn, daß er seiner Frau des Nachts nicht eher beiwohnen sollte, bis er es ihm erlauben würde. Sie fuhren nun auf ihren Schiffen und kamen zu jener Insel. Da sprach der Alte: »Jetzt wollen wir unsern Verdienst teilen.« Sie legten ihre Millionen auf zwei Hälften, und dann sollte auch die Frau geteilt werden.

Der Jüngling betrübte sich gar sehr, aber es war nichts zu machen, so hatten sie es vorher verabredet, und er willigte schließlich ein. Der Alte nahm einen Säbel und hieb die Zarentochter in zwei Hälften: da krochen aus ihrem Leibe allerhand Ungeziefer und Schlangen; das waren aber alles Teufel. Der Alte reinigte den Leib und besprengte ihn mit Wasser, da wuchs er zusammen, und die Zarentochter ward wieder lebendig. »Hier hast du deine wahre Frau«, sprach der Alte, »leb du mit ihr und nimm alles Geld, ich bedarf dessen nicht.« Nur drei Kopeken nahm er mit sich, und dann verschwand er plötzlich, keine Spur war mehr von ihm zu sehn. Dem Kaufmannssohn war es leid um den Alten, er hatte ihn liebgewonnen wie einen Vater, aber da ließ sich nichts tun, und er reiste heim. Zu Hause erzählte er der Mutter von ihm, berichtete, was ihm begegnet war, und bedauerte den Alten. Die Mutter aber sprach zu ihm: »Warum dachtest du nicht an den wundertätigen Nikolaus? Hättest du ihm doch vorher eine Kerze geweiht.«

Da besann er sich darauf und ging zu dem Heiligenbild, dort brannte aber schon eine Kerze für drei Kopeken. Sie fragten herum, wer sie wohl gestiftet habe, denn der Heilige hätte eine für einen Rubel haben sollen, doch niemand bekannte sich dazu. Da erriet er, daß der Alte der heilige Nikolaus, der Wundertäter, gewesen war und für jene drei Kopeken sich selbst eine Kerze aufgestellt hatte. Sie ließen die Kerze brennen, und mit all dem Gut, das sie erworben hatten, lebten sie glücklich und zufrieden.

17. Marko der Reiche

Es war einmal ein Mann, der hieß Marko der Reiche, und er besaß viele Güter. Söhne hatte er nicht, nur eine Tochter, aber Geld hatte er so viel, daß er's nicht zu zählen vermochte. Er konnte es im Umkreise von fünfundzwanzig Werst um seinen Hof einen Zoll hoch aufschütten. Und allerhand Fabriken besaß er auch.

Einst hatte er sich zum Schlafen niedergelegt und hörte im Traum eine Stimme, die zu ihm sprach: »Mach dich bereit, reicher Marko, denn zu dieser und dieser Stunde werden der Herrgott selber und der heilige Nikolaus zu dir zu Gast kommen.«

Er stand am Morgen auf, bedachte seinen Traum und erzählte ihn Frau und Tochter. Auf fünfundzwanzig Werst legte er mit allerlei Tuch den Weg aus, auf dem der liebe Gott zu ihm kommen mußte. Da näherten sich zwei alte Bettler dem Hofe. Ihre Bastschuhe waren voll Schmutz, die Kleider waren abgerissen, und sie schleppten sich über das rote Tuch zum Tor, wo Marko der Reiche auf einem Stuhle saß und den Herrgott erwartete.

Die Bettler traten heran und grüßten Marko den Reichen: »Friede sei mit dir, reicher Marko! Erlaub uns zu übernachten.« Marko aber ward böse auf sie, und er schimpfte sie fürchterlich aus. »Ach«, sagte er, »euch hat der Teufel hergeführt mit euren dreckigen Füßen und diesen Bastschuhen. Ich erwarte den Herrgott, ihr aber ladet hier euren Schmutz ab. Marsch, durch die Hinterpforte, schlaft dort in der Gesindestube!« Sie gingen hin und legten sich nieder.

Die Mitternacht kam heran; die Bettler lagen auf dem Ofen, und mit ihnen schlief dort auch eine Viehmagd. Plötzlich kommt etwas ans Fenster und spricht mit menschlicher Stimme. Ein Gebet wird gesprochen, und jene geben ihr Amen dazu. »Hat sich der Herrgott hier zur Ruhe gelegt?« fragt es.

»Ja«, antworteten sie, »was willst du?«

»Herr, in diesem und diesem Dorf hat ein Weib einen Knaben geboren. Mit welchem Glück, Herr, willst du ihn begnaden?«

»Mit Markos des Reichen Vermögen«, antwortete Gott, »der Knabe wird heranwachsen und den ganzen Reichtum besitzen.« Die Bettler gingen mitten in der Nacht fort. Am Morgen stand die Viehmagd auf und berichtete Marko: »Warte nicht länger auf den Herrgott, Marko; er hat diese Nacht in der Gesindestube geschlafen.« – »Wie ist das möglich?«

»Zwei alte Leute sind doch gekommen, einer war der Herrgott, der andere der heilige Nikolaus.«

»Wo sind sie?« »Sie gingen fort, weiß nicht wohin.«

»Woher weißt du aber, das es Gott gewesen ist?«

»Um Mitternacht«, erwiderte sie, »kam etwas unter das Fenster, sprach mit menschlicher Stimme ein Gebet, und jene gaben ihr Amen dazu. ›Nächtigt hier der Herr?‹ fragte es. ›Ja, was willst du?‹ ›Herr, in diesem und diesem Dorf hat ein Weib einen Knaben geboren. Mit welchem Glück, o Herr, willst du ihn begnaden?‹ ›Mit Markos des Reichen Vermögen‹, sagte er. ›Der Knabe wird heranwachsen und den ganzen Reichtum besitzen.‹«

Marko der Reiche ließ zwei Pferde anspannen und fuhr geradeswegs in jenes Dorf. Er kam an und machte das Weib ausfindig. Sie lebten dort in großer Armut und Kinder hatten sie viele. Marko sagte zu ihnen: »Verkauft mir diesen Knaben!« Sie wollten aber nicht. Da begann er auf sie einzureden: »Warum wollt ihr ihn nicht verkaufen? Ihr wißt, wie groß mein Reichtum ist, und Söhne hab ich nicht. Ich werd ihn speisen und tränken wie ein eigenes Kind, euch aber bleiben noch genug. Was ihr nur wollt, geb ich für ihn.« Da waren die Eltern einverstanden und verkauften den Knaben und übergaben ihn Marko. Es war aber zur Winterszeit, und Marko legte das Kind in seinen Wagen und fuhr davon. Er kam in den Wald und sagte: »Kutscher, trag den Knaben in den Wald und wirf ihn in den Schnee. So wird ihm Markos des Reichen Hab und Gut wohl zuteil!« Der Kutscher trug den Knaben fort und warf ihn in den Schnee. Aber es begann sogleich ein warmer Wind zu wehen, ringsum taute der Schnee um den Knaben, und er lag da und machte sich nichts daraus, denn ihm war warm. Marko jedoch fuhr heim.

Desselbigen Weges reisten zwei befreundete Kaufleute; sie brachten Marko dem Reichen entliehenes Geld zurück und wollten neue Ware einkaufen. Da hörten sie im Walde einen Säugling weinen. Sie hielten an und horchten. Dann liefen sie hin und meinten: »Sicherlich hat ein Mädchen ihr Kind ausgesetzt!« Sie kommen hin und sehen: ringsum ist Gras gewachsen und Blumen blühen, und dabei liegt der Schnee knietief. Sie verwunderten sich darob und sprachen: »Das ist ein heiliges Kind«, und nahmen es zu sich in den Wagen. Sie fuhren ihres Weges und plauderten miteinander. Der eine der beiden Freunde war sehr angesehen und reich, der andere aber arm. Der Reiche hatte auch keine Kinder, der Arme aber wohl. Da bat der Reiche den Armen: »Laß mir den Knaben!«

Jener aber wollte nicht und weigerte sich: »Nun, dann mag er uns beiden gehören.« Und weiter sagten sie zueinander: »Man muß ihn wärmer anziehen und zu Marko dem Reichen nicht hineintragen; denn bringen wir ihn ins Haus, so wird er ihn uns fortnehmen, weil er auch keine Söhne hat.«

Sie langten bei Marko an und blieben über Nacht. Marko empfing sie und ließ den Samowar aufstellen; dann tranken sie Tee. Dazwischen aber ging bald der eine, bald der andere hinaus, denn sie befürchteten, daß der Knabe im Wagen bei der Winterszeit erfrieren könnte. Marko der Reiche fing an, sie auszufragen: »Warum geht ihr so oft hinaus auf den Hof, Freunde? Habt ihr vielleicht auf dem Wagen teuere Ware? Ihr kennt mich aber doch, seid nicht zum erstenmal hier: bei uns sind immer Wächter auf dem Hof. Und wenn ihr auf dem Wagen auch einiges Geld habt, niemand wird es nehmen. Sagt mir doch, was ihr da habt.« Sie wollten zwar nicht mit der Sprache heraus, er setzte ihnen aber zu. Da bedachten sie sich und bedachten sich lange und sagten endlich: »An dem und dem Ort haben wir einen Knaben gefunden; es lag knietiefer Schnee, aber um ihn herum wuchs Gras und blühten Blumen. Wir nahmen ihn mit, er liegt auf dem Wagen.« Marko der Reiche erriet, wer das sei, und fragte: »Wo habt ihr ihn gefunden?«

»Dort und dort«, sagten sie. Marko dachte bei sich: »Er ist es gewiß!« und dann sprach er: »Ihr Herren Kaufleute, überlaßt ihn mir! Ich habe keine Söhne und brauche den Knaben.« Sie wollten ihn aber nicht hergeben. Da sagte er zu ihnen: »Wenn ihr ihn mir nicht überlaßt, nehm ich euer Geld fort und lad euch keine Waren auf; gebt ihr ihn aber her, so schenk ich euch die ganze Schuld und belad euren Wagen reich mit Ware.« Da überließen sie ihm den Knaben.

Marko nahm ihn zu sich und zog ihn auf. Er fütterte ihn wohl, aber hatte nur Böses wider ihn im Sinn. Er zog ihn auf, bis er groß war, und dachte stets daran, wie er ihn verderben könnte. Der Knabe war in allen Dingen geschickt und voll Eifer; für alles hatte er ein Auge, als wenn er ein Aufseher wäre. Marko der Reiche rief einmal seinen angenommenen Sohn zu sich und sagte zu ihm: »Mein Pflegesohn, du wirst einmal der Herr sein über meinen Besitz. Geh also hin, ich schicke dich hinter dreimal neun Länder in das (dreimal) zehnte Reich. Dort wohnt der heidnische Drache. Geh hin und frag ihn, wieviel Geld ich habe: selbst kann ich's nicht mehr zusammenzählen.« (Wer es aber auch sein mag, der dorthin geht, zurück kommt er nicht: der Drache frißt einen jeden.)

Der Knabe machte sich auf und ging zu Fuß hin. War es lange, war es bald, war es weit, war es nah, da kam er an das Meer; auf dem Meer aber war ein Fährmann, der setzte die Leute über, ohne Lohn zu nehmen. Der Knabe kam zu ihm und bat: »Lieber Fährmann, setz mich über auf die andere Seite!«

»Wohin willst du denn?«

»Dort und dorthin, zum heidnischen Drachen.«

»Ach, lieber Bruder, solch einen Fährgast such ich schon lange! Erinnere den Drachen an mich, wenn du bei ihm bist. Ich fahre schon dreißig Jahre ohne Lohn über das Meer, hab schon kein Fleisch mehr an den Händen, nichts als Knochen sind sie, und über die Knochen fließt mir das Blut in Strömen. Frag einmal, wer mich ablösen wird.«

»Schon gut, ich werd ihn fragen.« Er fuhr über und ging davon seines Weges. An der breiten Straße stand eine Säule; da waren Goldmünzen aufgeschichtet und reichten von der Erde bis zum Himmel. Er kam heran und besah sich's; das Gold aber sprach mit menschlicher Stimme: »Wohin führt dich Gott, guter Gesell?«

»Zu dem und dem Ort, zum heidnischen Drachen. Marko der Reiche will wissen, wieviel Gold er hat.«

»Erinnere den Drachen an mich; frag, wem ich gehören soll.«

»Schon gut.«

Er ging weiter und weiter und kam zu einem Hause, zum heidnischen Drachen. Der Drache war aber gerade nicht daheim, sondern in die weite Welt hinausgeflogen, um Menschen lebendig zu verschlingen; er lebte allein mit seiner Mutter. Als der Knabe in das Zimmer trat, sprach er ein Gebet und grüßte dann die Alte. Als die ihn erblickte, rief sie: »Was ist denn das? Früher war bei uns von Russengeruch nichts zu spüren und nichts zu sehen, jetzt aber schmeckt man das Russenfleisch schon auf den Lippen, und es drängt sich einem vor die Augen! Wie steht's denn, guter Gesell, fliehst du ein Abenteuer oder suchst du ein Abenteuer?«

»Ich fliehe kein Abenteuer, Großmütterchen, sondern such ein Abenteuer!«

»Wohin gehst du denn?«

»Zum heidnischen Drachen.«

»Was willst du von ihm?«

»Marko der Reiche hat mich zu ihm gesandt, ihn zu fragen, wieviel Geld Marko besitze.« Die Mutter des Drachen antwortete: »Ach, mein Freund, er wird dich fressen! Dazu hat Marko der Reiche dich auch hergesandt. Wenn ich ihn nicht frage aus Mitleid mit dir, so frißt er dich sicher!« Der Knabe fiel auf die Knie und bat zu Füßen der Alten: »Liebes Großmütterchen, laß mich nicht eines bitteren Todes sterben! Ich bin wider meinen Willen hierher gesandt!«

»Nun, mein Freund, ich will dich nicht ins Unglück stoßen: Ich selber werd ihn fragen.«

» Dann frag ihn, bitte, auch nach diesem: Ich fuhr über das Meer, und der Fährmann setzt schon dreißig Jahre über; wer wird ihn ablösen?«

»Ich werd ihn danach fragen.«

»Und dann, Großmütterchen, frag noch nach diesem: Ich ging über Weg und Steg, da stand eine Säule von Gold und reichte von der Erde bis zum Himmel. Wem wird sie gehören?«

»Schon recht«, sagte die Alte, »nur weiß ich nicht, guter Gesell, wo ich dich verstecken soll, damit er dich nicht findet.« Schließlich legte sie ihn unter das Federbett.

Der Drache kam und schnüffelte überall herum. Er war hungrig hergeflogen, hatte niemand verschlungen; und er fragte: »Mütterchen, irgend jemand ist bei dir: es riecht nach Russenfleisch.«

»Du bist über die weite Welt geflogen, hast dich mit Russengeruch dort vollgesogen! Willst du Tee trinken, mein Söhnchen?«

»Gut Mütterchen«, sagte er. Sie gab ihm aber Tropfen, die trunken machten, und die taten ihre Schuldigkeit. Er wurde ganz berauscht und fragte: »Mütterchen, hast du nicht noch mehr?« Sie gab ihm noch ein Gläschen, und da packte es ihn ordentlich. Dann fing die Mutter an, ihn auszuforschen: »Hör, Söhnchen, was ich dich fragen will.«

»Was denn, Mütterchen?«

»Dort über jenes Meer setzt ein Fährmann schon dreißig Jahre über, wer wird ihn ablösen?«

»Warum mußt du das wissen, Mütterchen?«

»Ach, nur so, ich möchte es gern erfahren.«

»Marko der Reiche wird ihn ablösen.«

»Dann sag mir noch, Söhnchen: Wieviel Geld hat Marko der Reiche?«

»Warum mußt du das wissen, Mütterchen?«

»Ich möchte es gern erfahren.«

»Selbst ich vermag es nicht zusammenzuzählen. Er kann mit dem Gelde von seinem Haus auf fünfundzwanzig Werst weit in alle vier Himmelsrichtungen die Erde bedecken.«

»Dann sag mir aber noch, Söhnchen: Auf dem und dem Weg steht eine

Säule von Goldmünzen und reicht von der Erde bis zum Himmel. Wem wird dieser Schatz zu eigen werden?« Der Drache lächelte und sagte: »Nun, Mütterchen, dieses Geld wird schon jemand erhalten ... Marko der Reiche hat ein Pflegekind, dem wird der Schatz zuteil werden.« So sprach er und flog wieder davon, Gott weiß wohin. Die Alte deckte das Federbett auf und ließ den Knaben aufstehn. »Hast du gehört, was der Drache gesagt hat?«

»Ja, Großmütterchen, ich hab es gehört.«

»Nun, so geh nach Hause.«

Und er ging heimwärts und kam zu der Säule. Die fragte ihn: »Knabe, hast du meinetwegen gefragt?«

»Ja.«

»Wem werd ich gehören?«

»Dem Pflegesohn Markos des Reichen.« Da machte die Säule trrr! und fiel in einem Haufen zusammen. »Jetzt bin ich dein Eigentum geworden«, sagte sie. Er nahm den Schatz aber nicht mit, wühlte nur mit den Armen in ihm herum und ließ ihn liegen bis zu gelegener Zeit. Dann ging er weiter und kam zum Meer. Der Fährmann war da und fragte: »Hast du vom Drachen erfahren, guter Gesell, wer mich ablösen würde?«

»Ja.«

»Wer ist es denn?«

»Marko der Reiche.« Und er kam zu Marko dem Reichen. Marko verlor fast die Besinnung, als er gesund daherkam. Er fragte: »Bist du dorthin gegangen?«

»Ja, Väterchen.«

»Hast du den heidnischen Drachen gefunden? Hast du gefragt, wieviel Geld ich besitze?«

»Ja, ich fragte ihn.«

»Ist es viel?«

»Ja, in alle vier Richtungen könnt Ihr fünfundzwanzig Werst das Geld einen Zoll hoch aufschütten.«

»Nun, das ist schon wahr.«

Die nächste Nacht schliefen sie noch daheim, dann machten sie sich auf in ein anderes Land, Ware zu erhandeln. Sie kauften, was sie brauchten. Marko verlud die Ware auf die Wolga und schickte den Pflegesohn mit heim. Er schrieb einen Brief, versiegelte ihn und sagte: »Hier hast du einen Brief an Frau und Tochter; grüß sie von mir, hörst du!« Der Knabe wickelte den Brief in ein Tuch, verwahrte ihn auf der Brust und fuhr die

Wolga hinab. Sie legten am Ufer an und begannen ihr Mittag zu bereiten. Der Knabe stieg mit seinen Leuten aus und ging am Ufer die Wolga entlang spazieren. Ein Greis hütete dort seine Herde und rief ihm zu: »Komm her zu mir, guter Gesell!« Er kam heran. »Jetzt nimm heraus, was du dort auf der Brust trägst!«

»Väterchen hat in die Heimat einen Brief geschrieben.«

»Gib ihn mir nur zu lesen!«

»Ja, wie wäre das möglich? Wer wird ihn wieder zusiegeln?«

»Ich werd ihn schon versiegeln.« Der Knabe zog den Brief hervor und gab ihn dem Alten. Der nahm ihn, zerriß ihn in kleine Stücke und schrieb einen neuen, wickelte ihn in das Tuch und gab ihn dem Knaben. »Geh mit Gott!« sagte er dazu.

Der Pflegesohn fuhr in seine Heimat, lud die Waren aus dem Lastschiff aus und stapelte sie an dem Ort auf, wo sie hingehörten. Dann zog er den Brief hervor und sagte: »Hier, Mütterchen, der Vater hat Euch einen Brief geschickt.« Sie öffnete den Brief und fing an zu lesen. Da stand mit Markos des Reichen Hand geschrieben, daß man, ohne ihn abzuwarten, den Pflegesohn mit der Tochter trauen solle. Die Mutter rief die Tochter und sagte: »Der Vater hat einen Brief geschickt.« Die Tochter hatte Lesen und Schreiben gelernt, da las sie denn und sagte: »Wenn Väterchen das befohlen hat, so muß es geschehen.« Gleich ging es zur Hochzeit; da brauchte nicht Bier gebraut noch Schnaps gebrannt zu werden, alles war schon bereit. Man führte das Paar in die Kirche, traute es und brachte es ins Brautbett.

Und gerade zu der Zeit langte Marko der Reiche an. »Frau, wo ist der Pflegesohn?«

»Wir haben die beiden eben zum Schlafen in die Vorratskammer gebracht!«

»Was soll das heißen?«

»Ich hab ihn mit unserer Tochter verheiratet.« Da konnte Marko seinen Grimm nicht zurückhalten, er spuckte der Frau ins Gesicht und schrie: »Was hast du dummes Weibsbild angerichtet?!« Sie zog den Brief hervor und gab ihn Marko. Er schaute hin: es war seine Hand. Aber in dem ersten Brief, den der alte Hirte zerrissen hatte, war geschrieben gewesen, man solle den Pflegesohn nächtlicherweile in die Talgfabrik schicken und alle Kessel mit kochendem Fett vollaufen lassen und sie aufdecken, und daß man den Knaben nachts zur Aufsicht über die Arbeiter ausschicken solle. Er war aber noch nie in der Talgfabrik gewesen, und wenn er dorthin gehn würde, müßte er ertrinken, dachte Marko, weil jener ja nicht wußte, wo der Durchgang war. Das alles aber hatte der heilige Nikolaus als Hirte so gefügt.

Darauf holte man das junge Paar vom Lager und fing an zu schmausen. Und der Pflegesohn sagte zum Schwiegervater: »Väterchen, du nennst viel Geld dein eigen, mir aber hat Gott noch mehr gegeben!« Marko der Reiche war habgierig. »Wo ist es denn?« fragte er. Sie spannten drei Paar Pferde an und fuhren davon und kamen an das Meer, wo der Fährmann sie übersetzte. Sie schütteten den Schatz ein und fuhren zurück zur Fähre. Sie setzten über, und der Schwiegersohn lud das Geld aus, Marko aber blieb und mußte den Fährmann ablösen, und nun setzte er dort Leute über. Hier starb er, sein ganzer Reichtum aber wurde seinem Schwiegersohn zuteil, der schaltete darüber und lebte lange in Frieden, mehrte Glück und Freude und wehrte dem Leide.

18. Nikolaus als Beobachter

Einst sah Gott Rauch aufsteigen und schickte den heiligen Nikolaus aus, um nachzusehen, woher das käme. Nikolaus sah nun, wie der Teufel mit einigen Juden, die er zum Verkauf des Schnapses gedungen hatte, Branntwein aus Eicheln brannte. Nikolaus kostete davon, und sie fragten ihn: »Hast du auch Geld?« Er erwiderte: »Ich ging mit Gott ohne Geld, und er schickte mich hierher, um zu schauen, was ihr da macht.« Da fragten sie: »Wann wirst du uns das Geld geben?« Er sagte: »Ich will es euch nach dem Sommer geben, wenn Fichte und Tanne ihre Nadeln fallen lassen.« Damit waren sie einverstanden und warteten, bis das Laub fiele. Nikolaus kehrte zu Gott zurück, der ihn fragte: »Was bist du so lange geblieben?«

»Ich sah, wie der Teufel mit den Juden Schnaps brannte. Ich nahm ein Schälchen davon, aber Geld hatte ich nicht. Da habe ich ihm versprochen zu bezahlen, wenn Tanne und Fichte ihre Nadeln fallen lassen.« Da machte Gott es so, daß Tanne und Fichte ihre Nadeln immer behalten, und daher ist Nikolaus der Schuldner des Teufels und der Juden.

THOMAS

Der Thomastag (21. Dezember), benannt nach dem Apostel Thomas, ist der kürzeste Tag des Jahres. Dieser Umstand mag dazu beigetragen haben, daß die erzählerische Phantasie den Thomastag wie auch die vorausgehende Nacht als besonders ereignisreich und zur Erforschung der Zukunft geeignet angesehen hat (vgl. auch Andreastag).

19. Losbräuche in der Thomas- und in der Christnacht

Was vor sündliche Narrheiten, Teufflische Possen, und aberglaubische Lösel-Werck treiben nicht die Weibs-Bilder, sonderbahr die ledige Menscher, diese faule Fleisch-Katzen in St. Thomasnacht, fürnemlich aber in der Heiligen Christnacht? Etliche aus ihnen, damit sie wissen mögen, was sie für Bräutigamb und Männer haben werden, setzen Schäffer und Schüssel Wasser, und sprechen gewisse Teuffels-Seegen darüber, schauen hernach unter wehrender Christmeß darein, und glauben, sie werden darinn ihren künfftigen Liebsten sehen. Andere gehen etwan zu einer gewissen Lacken, sprechen den Seegen darüber, und schauen darein, ihren künftigen Mann darinn zu sehen. Andere klopfen in Mitternacht der Heiligen Weihnacht an das Hüener Hauß, und sagen: Gackert der Hahn, so krieg ich kenn, dann sie glauben, wann auf solches Ansprechen der Hahn krehet (welches durch des Teuffels zuthun geschicht) so bekommen sie gewiß selbiges Jahr einen Mann. O Närrinnen! Andere legen sich vor der Stuben- oder Kammer-Thür nieder, greiffen über sich hinaus umb etliche Haar, und nachdem sie ein schwartzes, rothes, graues oder anderes bekommen, also soll ihr Bräutigam jung oder alt, schwartz, weiß, grau oder rothaarig seyn. O Närrinnen.

Andere, damit sie mögen wissen, ob ihr Liebster werde gerad oder krum seyn, so tretten sie in der Heiligen Christnacht an ein Klaffter oder einen Stoß Holtz, und ziehen rücklige ein Scheid heraus, dann sie glauben, wie das Scheid ist, also werde auch der Liebste seyn...

Andere schauen in die Christall- oder Zauber-Spiegel: Andere knyen vor den Kuchel-Heerdt nieder, und betten das Vatter unser zuruck. Andere setzen ein Teller von allerley Speisen auf den Tisch, damit ihr künfftiger Bräutigam darzu erscheinen soll. Andere setzen sich ins Teufels

Nahmen unter der Christmeß zu Tisch, und zwar nakend, ziehen Arm und Füß zusammen, kehren den Leib abwerts von der Thür, reden kein Wort, und verrucken das Angesicht nicht, setzen drey Gläser, einen mit Wasser, das ander mit Bier, das dritte mit Wein angefüllet, ruffen darauf ihrem Bräutigamb, daß er kommen soll, und wann der das Glaß mit dem Wasser ergreifft, wird er reich, wann er das mit dem Bier ergreifft, mittelmäßiges Vermögens, wann er das mit Wasser ergreifft, arm seyn. O Närrinnen! O verfluchtes Teuffels-Gesind! heißt das die Heilige Weyhnachten, diese so gnaden-reiche Zeit geheiliget? ...

Advents-, Weihnachts- und Winterszeit

20. Per Gynt

In alten Zeiten lebte in Kvam ein Schütze, der hieß Per Gynt. Er lag beständig droben im Gebirge und schoß dort Bären und Elche, denn damals gab es noch mehr Wälder auf dem Fjäll, und in ihnen hielt sich derartiges Getier auf. Einmal, spät im Herbst, nachdem das Vieh schon längst von den Bergweiden herabgetrieben war, wollte Per Gynt wieder einmal hinauf in den Fjäll.

Außer drei Sennerinnen hatten schon alle Hirtenleute das Gebirge verlassen. Als Per Gynt die Hövringalm erreichte, wo er in einer Sennhütte übernachten wollte, war es schon so dunkel, daß er die Hand nicht vor sich sehen konnte. Da fingen die Hunde plötzlich so fürchterlich zu bellen an, daß es ihm ganz unheimlich zumute wurde. Plötzlich stieß er mit dem Fuß an etwas an, und als er es anfaßte, war es kalt und groß und schlüpfrig, da er aber nicht vom Wege abgekommen zu sein meinte, konnte er sich gar nicht erklären, was das sein könnte; aber geheuer war es ihm nicht.

»Wer ist denn das?« fragte Per Gynt, denn er merkte, daß es sich bewegte.

»Ei, ich bin der Krumme«, lautete die Antwort. Damit war aber Per so klug wie vorher. Er ging nun daran entlang, »denn einmal muß ich doch daran vorbeikommen«, dachte er.

Im Weitergehen stieß er plötzlich wieder an etwas, und als er es anfühlte, war es wieder kalt und groß und schlüpfrig.

»Wer ist das?« fragte Per Gynt.

»Ich bin der Krumme«, lautete die Antwort wieder.

»Ei, ob du gerade oder krumm bist, du mußt mich doch weiterlassen«, sagte Per Gynt, denn er merkte, daß er im Kreise herumging und der Krumme sich um die Sennhütte herumgeschlängelt hatte. Bei diesen Worten schob sich der Krumme ein wenig auf die Seite, so daß Per Gynt an die Sennhütte hingelangen konnte. Als er hineinkam, war es da drinnen nicht heller als draußen; er stolperte und tastete an den Wänden umher, denn er wollte seine Flinte abstellen und seine Jagdtasche ablegen.

Aber während er so suchend umhertappte, spürte er wieder das Kalte, Große und Schlüpfrige.

»Wer ist das denn jetzt?« rief Per Gynt.

»Ach, ich bin der große Krumme«, lautete die Antwort. Und wohin er auch faßte und wohin er den Fuß setzte, überall fühlte er den Ring des Krummen um sich gelegt.

»Hier ist nicht gut sein«, dachte Per Gynt, »denn dieser Krumme ist draußen und drinnen, aber ich werde diesen Querkopf bald gerademachen.« Er nahm seine Flinte, ging wieder hinaus und tastete den Krummen entlang, bis er den Kopf fand.

»Wer bist du denn eigentlich?« fragte er.

»Ach, ich bin der große Krumme von Etnedal«, sagte der große Troll. Da machte Per Gynt kurzen Prozeß und schoß ihm drei Kugeln mitten durch den Kopf.

»Schieß noch einmal« rief der Krumme. Aber Per Gynt wußte es besser, denn wenn er noch einmal geschossen hätte, wäre die Kugel auf ihn selbst zurückgeprallt. Als dies getan war, faßten Per Gynt und die Hunde fest zu und zogen den großen Troll aus der Hütte heraus, damit sie es sich in der Hütte bequem machen könnten. Währenddessen lachte und höhnte es von allen Bergen ringsum.

»Per Gynt zog viel, aber die Hunde zogen mehr!« ertönte es.

Am Morgen wollte Per Gynt hinaus auf die Jagd. Als er tief in den Fjäll hineinkam, sah er ein Mädchen, das Schafe und Ziegen über einen Berggipfel trieb. Als er aber den Gipfel erreicht hatte, war das Mädchen fort und die Tiere auch, und Per Gynt sah nichts als ein großes Rudel Bären.

»Ich habe doch noch nie Bären in Rudeln beisammen gesehen«, dachte Per Gynt. Als er aber näher kam, waren alle bis auf einen verschwunden. Da klang es von einem Berge in der Nähe:

> »Nimm in acht den Eber dein,
> Per Gynt steht draußen
> mit dem Stutzen sein!«

»Ach, dann geht es Per Gynt schlecht, nicht aber meinem Eber, denn er hat sich heute nicht gewaschen«, rief es aus dem Berge. Per Gynt wusch sich die Hände mit seinem eigenen Wasser und schoß den Bären tot. Im Berge erhob sich ein schallendes Gelächter.

»Du hättest auf deinen Eber achtgeben sollen«, rief die eine Stimme.

»Ich habe nicht daran gedacht, daß er die Waschschüssel in den Hosen hat«, erwiderte die andere.

Per Gynt zog dem Bären die Haut ab und vergrub den Körper im Geröll; aber den Kopf und das Fell nahm er mit. Auf dem Rückweg begegnete er einem Bergfuchs.

»Sieh, mein Lämmchen, wie fett du bist!« rief es von einem Hügel her. »Seht nur, wie hoch Per Gynt den Stutzen trägt!« tönte es von einem andern Hügel, als Per Gynt die Flinte zum Schießen an die Wange legte und den Fuchs erschoß. Er zog auch diesem den Balg ab und nahm ihn mit; und als er in der Sennhütte ankam, nagelte er die Köpfe mit aufgesperrten Rachen außen an die Wand. Darauf machte er Feuer und stellte einen Suppentopf darüber; aber es rauchte so fürchterlich, daß er kaum die Augen offenhalten konnte, und er mußte deshalb eine· Luke aufmachen. Plötzlich kam ein Troll herbei und steckte seine Nase durch die Luke herein, aber die Nase war so lang, daß sie bis an den Herd reichte.

»Hier kannst du sehen ein Riechehorn«, sagte er.

»Hier kannst du schmecken ein Suppenkorn«, sagte Per Gynt und goß ihm den ganzen Topf Suppe über die Nase. Der Troll stürzte davon und jammerte laut; aber ringsum von allen Höhen lachte und spottete und rief es:

»Gyri Suppenrüssel, Gyri Suppenrüssel!«

Hierauf war eine Weile alles still; doch dauerte es nicht lange, da erhob sich draußen wieder Lärm und Getöse. Per Gynt sah hinaus, und da erblickte er einen mit Bären bespannten Wagen; der große Troll wurde aufgeladen, und dann ging es hinauf in den Fjäll mit ihm. Plötzlich wurde ein Eimer Wasser durch den Schornstein herabgegossen und erstickte das Feuer, und Per Gynt saß im Dunkeln. Da begann es in allen Ecken zu lachen und zu spotten, und eine Stimme sagte:

»Jetzt wird es Per Gynt nicht besser gehen wie den Sennerinnen in der Val-hütte.«

Per Gynt zündete das Feuer wieder an, rief seine Hunde herbei, verschloß die Sennhütte und ging weiter nach Norden bis zu der Valhütte, in der die drei Sennerinnen waren. Als er eine Strecke zurückgelegt hatte, sah er ein Feuer, als wenn die ganze Valhütte in hellen Flammen stünde, und in demselben Augenblick stieß er auf ein Rudel Wölfe, von denen er einige niederschoß und die anderen erschlug. Als er die Valhütte erreicht hatte, war es stockfinster und weit und breit kein Brand zu sehen, aber es waren vier fremde Männer in der Hütte, die es auf die Sennerinnen abge-

sehen hatten; das waren vier Bergtrolle, die hießen Gust i Väre, Tron Valfjeldet, Kjöstöl Aabakken und Rolf Eldförpungen. Gust i Väre stand vor
der Tür und sollte Wache halten, während die anderen bei den Sennerinnen drinnen waren und zudringlich werden wollten. Per Gynt schoß auf
Gust i Väre, verfehlte ihn aber, und da lief er davon. Als dann Per Gynt in
die Stube kam, waren die Sennerinnen übel dran; zwei von ihnen waren
ganz außer sich vor Schrecken und flehten zu Gott um Hilfe und Ret-
tung, die dritte aber, die man die tolle Kari nannte, hatte keine Angst. Sie
sagte, sie sollten nur kommen, sie hätte wirklich Lust zu sehen, ob solche
Kerle auch Schneid hätten. Als aber die Trolle merkten, daß Per Gynt im
Zimmer war, fingen sie zu jammern an und sagten zu Eldförpungen, er
solle Feuer machen. In demselben Augenblick fielen die Hunde über
Kjöstöl Aabakken her und warfen ihn kopfüber auf den Herd, daß Asche
und Funken nur so umherstoben.

»Hast du meine Schlangen gesehen, Per Gynt?« fragte Tron Valfjeldet
– so nannte er die Wölfe.

»Ja, und nun sollst du denselben Weg gehen wie deine Schlangen!« rief
Per Gynt und erschoß ihn. Dann schlug er Aabakken mit dem Flinten-
kolben tot; aber Eldförpungen war durch den Schornstein entflohen.

Nachdem Per Gynt dies getan hatte, begleitete er die Sennerinnen nach ihrem Dorfe, denn sie trauten sich nicht länger in der Hütte zu bleiben.

Als nun die Weihnachtszeit herankam, war Per Gynt wieder unterwegs. Er hatte von einem Hof auf Dovre gehört, wo sich am Christabend so viele Trolle einfanden, daß die Bewohner flüchten und auf anderen Höfen Unterkunft suchen mußten; dieses Gehöft wollte Per Gynt aufsuchen, denn er hatte Lust, diese Trolle zu sehen. Er zog zerrissene Kleider an, nahm einen zahmen Bären, der ihm gehörte, sowie einen Pfriemen, Pech und Draht mit. Als er den Hof erreicht hatte, ging er ins Haus hinein und bat um Obdach.

»Gott steh uns bei!« sagte der Mann. »Wir können dir kein Obdach geben, wir müssen selbst den Hof verlassen, denn an jedem Heiligen Abend wimmelt es hier von Trollen.«

Aber Per Gynt meinte, er werde das Haus schon von den Trollen säubern. Da hieß man ihn dableiben, und er bekam noch obendrein eine Schweinshaut. Darauf legte sich der Bär hinter den Herd, Per holte Pech, Pfriemen und Draht hervor und machte sich daran, aus der ganzen Schweinshaut einen einzigen großen Schuh zu machen. Als Schnürband zog er einen dicken Strick hindurch, so daß er den Schuh rundherum zuschnüren konnte, und überdies hatte er noch zwei Handspeichen bereit. Plötzlich kamen die Trolle auch schon mit Fiedeln und Spielleuten dahergezogen, und die einen tanzten, die andern aßen von dem Weihnachtsessen, das auf dem Tisch stand, einige brieten Speck, andere brieten Frösche und Kröten und ähnliches ekelhaftes Zeug – dieses Weihnachtsessen hatten sie selber mitgebracht. Inzwischen bemerkten einige den von Per Gynt verfertigten Schuh. Da er offenbar für einen großen Fuß bestimmt zu sein schien, wollten die Trolle ihn anprobieren, und als jeder von ihnen einen Fuß hineingestellt hatte, zog Per Gynt den Schuh zu, zwängte eine Speiche hinein und schnürte ihn so stark zu, daß alle miteinander in dem Schuh festsaßen. Aber jetzt streckte der Bär die Nase vor und schnupperte nach dem Braten.

»Möchtest du Kuchen haben, mein weißes Kätzchen?« sagte einer der Trolle und warf dem Bären einen noch brennend heißen gebratenen Frosch in den Rachen.

»Schlag los, Meister Petz!« rief Per Gynt. Da wurde der Bär so zornig, daß er auf die Trolle losfuhr und nach allen Seiten Hiebe austeilte und sie kratzte. Und Per Gynt schlug mit der anderen Speiche in den Haufen hinein, wie wenn er allen den Schädel einschlagen wollte. Da mußten die

Trolle die Flucht ergreifen; Per Gynt aber blieb da und schmauste die ganze Weihnachtszeit über von dem Weihnachtsessen, und nun hörte man viele Jahre lang nichts mehr von den Trollen. Der Bauer aber hatte eine weiße Stute; da gab ihm Per Gynt den Rat, von dieser Stute Füllen aufzuziehen, diese dann in den Bergen herumstreifen und da Junge kriegen zu lassen.

Nach vielen Jahren war die Weihnachtszeit wieder einmal vor der Tür. Der Bauer war im Walde und fällte Holz zum Feste. Da kam ein Troll herbei und rief ihm zu: »Hast du deine große weiße Katze noch?«

»Ja, sie liegt daheim hinter dem Ofen«, sagte der Mann, »und sie hat sieben Junge bekommen, die noch viel größer und böser sind als sie selbst.«

»Dann kommen wir nie mehr zu dir!« rief der Troll.

21. Der Königssohn Ring und der Hund Snati-Snati

Es waren einmal ein König und eine Königin, die hatten eine Tochter mit Namen Ingeborg und einen Sohn, der hieß Ring; er war weniger mutig, als es sonst bei großen Herren üblich war, auch hatte er kein Verständnis für tüchtige Künste und Geschicklichkeiten. Als er zwölf Jahre alt war, ging er mit seinen Leuten an einem schönen Tage in den Wald, um sich zu vergnügen. Sie waren schon lange unterwegs, als sie eine Hindin mit einem Goldring um das Geweih erblickten. Der Königssohn wollte sie haben, wenn es irgendwie möglich wäre. Sie jagten und ritten so lange hinter ihr her, bis alle ihre Pferde totgeritten waren und zum Schluß auch das Vieh des Königssohns zusammenbrach.

Da kam ein so dichter Nebel, daß sie die Hindin nicht mehr sehen konnten. Sie waren weit abgekommen von jeder menschlicher Behausung und wollten nun sehen, daß sie wieder heimkämen – aber sie hatten sich verirrt. Sie gingen zuerst alle miteinander, bis sie uneins wurden und ein jeder den Weg ging, den er für richtig befand. Sie trennten sich, und jeder zog seine Straße fürbaß.

Als nun der Königssohn da und dort herumirrte und nicht aus noch ein wußte, kam er nicht weit vom Meer zu einem freien Platz im Walde. Da sah er eine Frau auf einem Stuhle sitzen mit einem großen Faß vor sich. Der Königssohn begrüßte die Frau höflich, indem er auf sie zuging, und auch sie erwiderte seinen Gruß freundlich. Da sah er in das Faß und erblickte auf dem Boden des Fasses einen überaus schönen Goldring, von dem er sich nicht mehr trennen konnte, da eine heftige Lust ihn zu besitzen über ihn kam. Das sah die Frau und sagte, sie merke wohl, daß sein Sinn nach dem Ringe stehe auf dem Boden des Fasses. Er sagte, so sei es auch. Er könne ihn bekommen, sagte sie, wenn er ihn aus dem Fasse heraushole. Er dankte und sagte, das Herausholen sei das wenigste; er beugte sich auch gleich über das Faß, das ihm gar nicht tief vorkam. Er wollte schnell den Ring fassen, aber daß Faß wurde immer tiefer, je mehr er sich ausstreckte. Als er halb überm Rande des Fasses hing, da stand die Frau auf, stieß ihn kopfüber in das Faß hinein und sagte, hier drinnen möge er nun als Gast weilen. Dann verschloß sie das Faß und wälzte es hinaus ins Meer.

Dem Königssohn kam dies wenig behaglich vor. Er merkte wohl, daß das Faß vom Land fortkam und von den Wogen getrieben wurde; er wußte nicht, wieviel Tage lang das dauerte, bis er endlich merkte, daß es gegen einen Felsen stieß. Der Königssohn war voller Freude darüber, denn er war der festen Hoffnung, er sei an Land und nicht auf eine Klippe gestoßen. Nun kam er auf den guten Gedanken, den Versuch zu machen, ob er nicht den Boden des Fasses austreten könne, denn er verstand sich aufs Schwimmen. Er entschloß sich auch dazu, obwohl er befürchten mußte, auf diesem Wege nicht an Land zu kommen; da aber flache und niedrige Felsen ins Meer hingen, so ging es doch, und es glückte ihm auch hinüberzukommen. Hier waren nun hohe Berge, und wollte er etwas ins Land hineinkommen, so kam ihm das schwierig vor; trotzdem ging er eine Weile am Fuße der Berge dahin und begann dann hinaufzuklettern, was ihm auch gelang. Als er oben war, schaute er sich um und sah, daß es eine Insel war, auf die er geraten war. Sie war mit Wald bewachsen und fruchtbar, und er sah da gute Äpfel zum Essen wachsen; und es kam ihm da vergnüglich vor, wohin er gekommen war.

Als er einige Tage dort gewesen war, hörte er auf einmal ein starkes Dröhnen im Walde; da erschrak er so furchtbar, daß er in den Wald lief und sich verstecken wollte. Da sah er einen Riesen auf einem großen Schlitten daherkommen und auf ihn zusteuern. Da wußte er sich keinen andern Rat, als sich dort niederzuwerfen, wo er stand. Als der Riese ihn fand, blieb er eine Weile stillstehen und sah ihn an, dann nahm er ihn in seine Arme, trug ihn zu sich heim und war ungewöhnlich gut zu ihm; dann gab er ihn seiner Frau, die krank und bettlägerig war.

Er sagte, er habe dies Kind hier im Walde gefunden, sie dürfe es nun eine ganze Woche lang um sich haben. Der Frau kam dies vor wie ein schöner erfüllter Wunsch, und sie streichelte den Königssohn und sprach freundlich mit ihm. Er blieb bei ihnen, war sehr willig und fügsam in allem, was sie von ihm verlangten, und darum waren sie von Tag zu Tag lieber zu ihm.

Eines Tages zeigte ihm der Riese alle seine Räume – nur nicht den Wohn- und Küchenraum. Da wurde der Königssohn neugierig, in diesen Raum zu sehen, weil er dachte, dort seien große Kostbarkeiten verborgen. Als einmal der Riese im Walde war, versuchte er in den Raum zu kommen, bekam aber die Türe nur halb auf; er sah, daß etwas Lebendiges sich schüttelte, im Zimmer hin und her lief und etwas sagte; der Königssohn jagte rückwärts zur Tür hinaus, schlug sie zu, und vor Angst wurden seine Hosen naß. Als dann die Angst von ihm gewichen war, unternahm er's noch einmal, denn er wollte gerne hören, was es sagte, aber es kam wieder so wie beim erstenmal. Nun war er ärgerlich auf sich selbst und wollte sich zusammennehmen, so gut er konnte.

Er versuchte es nun zum drittenmal, schloß das Zimmer auf und brachte es fertig stehenzubleiben; da sah er, daß es ein zottiger Hund war, der zu ihm gesprochen hatte und sagte: »Wähle du mich, Königssohn Ring!«

Er machte sich schnell wieder davon, ganz erschreckt, und dachte bei sich: »Das ist kein kostbares Kleinod«, aber die Worte, die er in dem Raume gehört hatte, blieben ihm trotzdem im Gedächtnis.

Es wird nicht erzählt, wie lange er noch beim Riesen war, aber einmal kam der Riese zu ihm und sagte, er wolle ihn von der Insel aufs Land bringen, denn er werde dort nicht mehr lange zu leben haben; er dankte nun dem Königssohne für seine guten Dienste und sagte, er möge sich etwas von seinem Eigentum auswählen und er solle sofort bekommen, was er gern haben möchte. Ring dankte ihm herzlich und sagte, sein Dienst sei keines Lohnes wert, aber wenn er ihm unbedingt etwas geben wolle, so wähle er für sich das, was im Wohn- und Küchenraum sei. Da war der Riese traurig und sagte: »Da wählst du die rechte Hand meiner alten Frau, aber ich mag trotzdem mein Wort nicht brechen.«

Dann ging er und holte den Hund. Als der Hund mit großer Freude und gewaltigen Sprüngen herzukam, da bekam der Königssohn einen solchen Schreck, daß er kaum wieder Mut fassen und sich davon erholen konnte. Dann ging der Riese mit ihm zum Meer hinab; da sah er ein Steinboot, das kaum so groß war, um sie beide samt dem Hunde aufzunehmen. Als sie ans Land kamen, sprach der Riese freundlich mit Ring und sagte, das solle ihm gehören, was auf der Insel sei, als Erbe, und er solle sich's im Verlauf eines halben Monats holen, denn da seien sie beide, er und seine Frau, tot. Der Königssohn dankte ihm herzlich für dies und alles andere.

Der Riese fuhr nun heim, und der Königssohn ging landeinwärts. Er wußte nicht, was das für ein Land war, und wagte es auch nicht, den Hund anzureden. Als sie eine Weile schweigend dahingegangen waren, da sprach der Hund zu ihm und sagte: »Du scheinst nicht neugierig zu sein, da du mich nicht nach meinem Namen fragst.«

Da sagte der Königssohn: »Wie heißt du denn?«

Der Hund sagte: »Am besten nennst du mich Snati-Snati. Und nun kommen wir in ein Königreich, und den König dort sollst du drum bitten, daß er dich den Winter über da bleiben läßt und dir ein kleines Zimmer gebe für uns beide.«

Dem Königssohn schwand nun die Angst vor dem Hund ein wenig. Er kam in das Königreich, bat den König, bei ihm bleiben zu dürfen den Winter über, und der König erlaubte es gern. Als die Leute des Königs den Hund sahen, fingen sie an zu lachen und den Hund zu hänseln. Als der Königssohn das sah, sagte er: »Ich rate euch, meinen Hund nicht zu reizen, sonst könnte es euch schlecht bekommen.« Sie machten sich über die beiden lustig. Ring blieb nun beim König, und sein Rat wurde beachtet. Als er schon einige Zeit dort war, schien es dem König zu gefallen, daß er gekommen sei, und er zeichnete ihn vor den andern aus.

Ein Ratgeber des Königs hieß Raud. Als er sah, daß der König den Ring andern vorzog, da packte ihn der Neid.

Eines Tages sprach Raud mit dem König und sagte, er verstehe nicht, was die Freundlichkeit bedeuten solle, die er jenem Manne, dem Fremdling, erweise, er habe sich ja durch keine Kunst oder Fertigkeit vor den andern hervorgetan. Der König meinte, er sei ja auch noch gar nicht lange da. Raud machte nun den Vorschlag, er solle sie beide am andern Morgen in den Wald schicken und Bäume fällen heißen, und da solle es sich zeigen, wer von beiden der Tüchtigere sei. Dies hörte Snati-Snati und erzählte es dem Ring; dann riet er ihm, den König um zwei Äxte zu bitten, damit er die andere habe für den Fall, daß die eine entzweigehe.

Am andern Morgen schickte der König Ring und Raud in den Wald zum Bäumefällen. Sie waren beide einverstanden. Ring bekam zwei Äxte, und dann ging jeder seines Wegs. Als Ring in den Wald gekommen war, nahm Snati eine Axt und fing an, mit dem Königssohn Bäume zu fällen. Am Abend kam der König, um sich das Tagewerk der beiden anzusehen, wie Raud es auch vorgeschlagen hatte; da war Rings Holzhaufen mehr als halbmal so hoch. Der König sagte: »Das war mir doch so, als sei Ring nicht gerade ein Schwächling. Ich habe noch nie eine solche Leistung in einem Tage gesehen.«

Ring genoß nun noch immer höheres Ansehen beim König als zuvor, aber Raud konnte das nur widerwillig mit ansehen. Eines Tages ging er denn auch wieder zum König und sagte: »Da Ring ein solcher Held ist, so bitte ihn doch, die Opfertiere draußen im Walde zu töten, sie abzuziehen und dir am Abend Haut und Hörner zu bringen.« Der König sagte: »Dünkt dir dies nicht ein gefährlicher Auftrag? Das bedeutet den Verlust dieses Mannes, denn noch keiner kam wieder, der es wagte, auf die Stiere loszugehen.« Raud aber sagte: er habe nur einmal sein Leben zu verlieren und es sei doch eine Lust und Genugtuung, eine Mannesprobe zu machen, und der König habe dann hinterher desto mehr Ursache ihn zu ehren, wenn er auch diese Heldentat vollbracht habe. So ließ der König sich nun doch beschwatzen von Rauds beharrlichem Gerede, obwohl er's nur sehr ungern tat, und so bat er denn eines Tages den Ring, für ihn die Stiere zu erschlagen im Walde und ihm am Abend Hörner und Haut herzubringen.

Ring wußte ja nicht, wie wild die Stiere waren und wollte gern dem König zu Willen sein; er ging auch gleich hinaus in den Wald: Raud war nun froh, denn nun zählte der Ring bereits zu den Toten.

Als nun Ring die Stiere zu Gesicht bekam, stürzten sie brüllend auf ihn los; der eine war mächtig groß, der andere kleiner. Ring geriet in furchtbare Angst, da sagte Snati: »Wie gefällt dir das jetzt?«

»Schlecht«, sagte der Königssohn. Snati sagte: »Es bleibt uns beiden nichts anderes übrig, als auf sie loszugehen, wenn es gut ausgehen soll, und geh du auf den kleineren los, ich auf den andern.« Zur selben Zeit lief Snati schon auf den mächtigen Bullen los, und es dauerte nicht lange, da hatte er ihn überwältigt. Der Königssohn ging schlotternd auf den kleineren Stier los, und als Snati kam, da hatte der Stier aber auch schon den Ring zu Boden geworfen; da war er nun nicht faul und half seinem Herrn. Dann machten sie sich fix über ihre Stiere her, und als Snati schon fertig war mit dem großen Stier, da hatte Ring dem kleinen Stier erst zur Hälfte die Haut abgezogen. Am Abend, als sie dann fertig waren, da traute sich Ring nicht zu, die Hörner und alle beide Häute zu tragen. Da sagte Snati, er solle sie nur auf seinen Rücken werfen, er werde sie schon heimwärts bis zum Burgtor tragen. Der Königssohn nahm dieses Anerbieten gerne an und überließ alles dem Hund bis auf die Haut vom kleinen Stier; mit ihr schleppte er sich selbst ab. Vor dem Burgtor ließ er alles zurück, ging zum König, bat ihn, mit ihm vors Tor zu gehen, und gab ihm Hörner und Häute von beiden Stieren.

Der König bewunderte aufs höchste seinen Heldenmut, sagte, es gebe nicht seinesgleichen und dankte ihm aufs innigste für seine Heldentat. Daraufhin ließ er ihn an seiner Seite sitzen, es ehrten ihn alle sehr und hielten ihn für den größten Helden, ja selbst Raud konnte nichts dagegen sagen, wälzte aber doch immer den Gedanken, ihn beiseite zu schaffen.

Und so kam ihm auch eines Tages ein guter Gedanke. Er ging zum König und sagte, er habe mit ihm etwas zu besprechen. Der König fragte, was denn das sei; da sagte er, der gute Goldmantel, das gute goldene Brettspiel und das gute leuchtende Gold seien ihm wieder eingefallen, die dem König doch vor Jahresfrist fortgekommen seien. Der König bat ihn, doch daran nicht zu erinnern, aber Raud sagte, ob ihm denn nicht derselbe Gedanke schon gekommen sei wie ihm. Der König fragte, was das denn für ein Gedanke sein solle. Raud sagte, man sehe, daß Ring ein ganz besonders großer Held sei, und er glaube, daß Ring alles fertigbringe; da sei ihm nun der Gedanke gekommen, dem König zu raten, er solle doch Ring bitten, ihm diese Kostbarkeiten zu suchen und sie ihm noch vor Weihnachten zu bringen; er solle ihm dafür auch seine Tochter versprechen. Der König aber sagte, es komme ihm recht unpassend vor, an Ring eine solche Bitte zu richten, da er ihm auch nicht einmal andeuten könne, wo die Dinge etwa sein könnten. Aber Raud tat, als höre er alle Ausreden des Königs gar nicht, und beschwatzte ihn so lange, bis der König auf sein Gerede hörte.

Ein Monat vor Weihnachten war's gerade, da kam einmal der König mit Ring ins Gespräch und sagte, er habe eine gar große Bitte an ihn. Ring fragte, was es denn sei. Der König sagte: »Dies ist die Bitte, daß du den guten goldenen Mantel, das gute goldene Brettspiel und das gute leuchtende Gold wiederfinden möchtest, das mir vor Jahresfrist gestohlen worden ist, und wenn du mir dies vor Weihnachten wiederbringst, dann will ich dir meine Tochter zur Frau geben.« Ring sagte: »Wo könnte ich am besten nach diesen Dingen suchen?« Der König sagte: »Das mußt du dir alleine sagen, denn ich weiß das nicht.«

Ring ging nun fort vom König und war schweigsam, denn es kam ihm

vor, als sei er auf Schwierigkeiten gestoßen, und doch wäre es ihm herrlich vorgekommen, wenn er die Königstochter hätte gewinnen können. Snati sah, daß sein Herr ratlos war, und sagte, er solle sich nicht grämen um die Bitte, die der König an ihn gerichtet habe, er möge nur auf ihn hören, sonst gehe es ihm ganz schlimm. Der Königssohn hörte darauf und fing an, sich zur Abfahrt zu rüsten. Dann ging er hinein zum König und sprach mit ihm. Als Ring sich vom König verabschiedet hatte, da sagte Snati: »Nun sollst du zunächst in der Umgegend herumfahren und soviel Salz holen, wie du bekommen kannst.« Der Königssohn tat dies auch und bekam soviel Salz, daß er's gar nicht tragen konnte. Snati sagte, er solle es nur ihm auf seinen Rücken laden. Das tat Ring auch.

Nun war's nahe an Weihnachten. Der Hund rannte so lange immer vor dem Königssohne her, bis sie zu einem Berge kamen. »Hier geht's hinauf«, sagte Snati. »Das wird nicht leicht sein«, sagte der Königssohn. »Halte du dich an meinem Schwanze fest«, sagte Snati. Dann sprang Snati mit Ring am Schwanze auf die niedrigste Stelle, da wurde Ring schwindlig. Dann sprang Snati mit ihm auf eine höhere Stelle, da war Ring nahe daran, bewußtlos zu werden. Beim drittenmal sprang er mit ihm ganz hinauf auf den Berg; da war Ring wirklich ganz bewußtlos. Als er nach einer Weile wieder zu sich gekommen war, da gingen sie eine Zeitlang auf ebenen Wegen, bis sie zu einer Höhle kamen. Es war dies am Weihnachtsabend. Sie gingen zur Höhle hinauf und fanden ein Fensterloch. Da hinein schauten sie und entdeckten vier Riesen, die am Feuer lagen und schliefen. Über dem Feuer hing ein großer Kessel mit Grütze. »Wirf nun alles Salz in den Grützetopf«, sagte Snati. Ring tat's, und da wachten die Riesen auf. Eine alte Riesin, die allerhäßlichste von ihnen, fing nun zuerst an, die Grütze zu kosten und sagte: »Die Grütze ist ganz versalzen, wie kommt das nur? Ich zauberte gestern die Milch aus vier Königreichen herbei, damit wir Grütze zu schlecken hätten, und jetzt ist sie salzig.«

Alle fingen nun an, sich an die Grütze zu machen, und sie schmeckte ihnen gut. Als sie fertig waren, da bekam das Riesenweib einen solchen Durst, daß sie's nicht mehr aushalten konnte; sie bat ihre Tochter, ihr am Fluß Wasser zu holen, der ja ganz nahe bei der Höhle vorbeifloß. »Ich gehe nicht«, sagte die Tochter, »wenn du mir nicht das schöne glänzende Gold zum Spielen gibst.«

»Eher komme ich um, als daß du's kriegst.«

»Nun, dann komm du um«, sagte das Riesenmädchen. »Da nimm's, du dummes Ding, und mach schnell mit dem Wasser.« Das Mädchen nahm das Gold und lief damit hinaus; da glänzte die ganze Ebene.

Als sie zum Fluß kam, legte sie sich über das Wasser hin und fing an zu trinken. Da liefen Ring und Snati vom Fensterloch herab und stießen sie mit dem Kopf in den Fluß hinein. Der alten Riesin fing's nun an, unerträglich zu werden, daß das Mädchen mit dem Wasser zum Trinken solange nicht kam, und sie sagte: »Sicher hüpft sie mit dem Gold draußen herum.« Und nun bat sie ihren Sohn um einen Schluck Wasser. »Ich hole keins«, sagte er, »wenn ich nicht den schönen Goldmantel kriege.«

»Eher komme ich um: Du bekommst ihn nicht!«

»Dann komm du um«, gab er zur Antwort. »Dann nimm ihn, du häßlicher Sohn, und geh und mach schnell mit dem Wasser«, sagte das alte Riesenweib. Er nahm nun den Mantel, und als er damit herauskam, leuchtete alles so, daß er gut den Weg finden konnte. Er kam nun zum Fluß und fing an zu trinken, wie seine Schwester auch getan hatte. Da liefen Ring und Snati zu ihm hin, zogen ihm den Mantel aus und warfen ihn in den Fluß.

Das alte Riesenweib konnte es nun vor Durst nicht mehr aushalten und bat ihren Mann, ihr was zum Trinken zu holen. »Sicher spielen die Kinder draußen, das ahnte ich gleich, als ich zum Unheil ihrem Betteln nachgab.«

»Ich gehe aber nicht«, sagte der alte Riese, »wenn du mir nicht das goldene Brettspiel gibst.«

»Eher sterb ich, als daß ich das tue«, sagte sie. »Nun, dann stirb, wenn du mir nicht diesen einen Wunsch erfüllen willst«, sagte der Riese. »Da nimm es, du Unmensch, du bist genau so einfältig wie die beiden Gören.«

Der Riese ging nun hinaus mit seinem Brettspiel, ging zum Fluß, wollte trinken, da kamen die beiden, nahmen ihm das Brettspiel weg und warfen ihn in den Fluß. Noch ehe sie zur Höhle wieder zurückgekommen waren, kam der tote Riese als Wiedergänger aus dem Wasser. Snati lief ihm sofort entgegen, Ring tat genau so, wenn auch der Mut ihm versagte, und nach schwerem Ringkampf besiegten sie ihn zum zweitenmal.

Als sie aber zum Fenster zurückkamen, da sahen sie das alte Riesenweib aus der Höhle herauskriechen. Da sagte Snati: »Nun bleibt uns nur übrig hineinzugehen und zu versuchen, mit ihr fertig zu werden; denn wenn sie erst draußen ist, dann können wir nicht Herr über sie werden. Sie ist das übelste Riesenweib, das es gibt, und kein Eisen beißt sie. Der eine von uns muß sie mit heißer Grütze aus dem Kessel begießen, der andere muß sie mit glühenden Eisen zwicken.«

Daraufhin gingen sie in die Höhle. Als das alte Weib Snati sah, sprach sie mit ihm und sagte: »Du bist hierhergekommen, Königssohn Ring, du hast wohl meinen Mann und meine Kinder gesehen.«

Snati merkte gleich, daß die Alte im Sinn hatte, einen Zauber auszusprechen, und ging mit glühendem Eisen auf sie los, Ring begoß sie dauernd mit der heißen Grütze, und so brachten sie sie schließlich ums Leben. Dann verbrannten sie den Riesen und sie zu Asche, untersuchten die Höhle und fanden noch mancherlei Gold und Kostbares. Das Beste nahmen sie mit und gingen fort. Dann beeilten sie sich, mit den Kostbarkeiten zum König zu kommen.

Spät am Weihnachtsabend kam nun Ring in die Halle und gab dem König die drei Kostbarkeiten. Da war der König ganz außer sich vor Freude und war erstaunt, wie tüchtig Ring sich erwies bei jeder Aufgabe, wo es auf Stärke und Schlauheit ankam. Nun war er ihm nur noch freundlicher gesinnt als je zuvor, versprach ihm seine Tochter, und die Hochzeit sollte noch zur Festzeit gefeiert werden.

Ring dankte dem König in höfischer Weise für alles Gute, was er ihm erwiesen hatte, und als er in der Halle gegessen und getrunken hatte, ging er in seine Stube, um sich schlafen zu legen. Da sagte Snati, er wolle ihn um die Erlaubnis bitten, heute nacht in seinem Bett schlafen zu dürfen, und er solle unten bleiben auf seinem Hundelager. Ring sagte, das tue er gern, und er dürfe wohl mehr von ihm verlangen als nur dies. Snati stieg nun ins Bett hinauf. Kurz danach kam er wieder herunter und sagte, der Königssohn möge nun hinaufsteigen, aber er solle daran denken, daß er sich im Bett nicht im geringsten bewegen dürfe.

Nun erzählt das Märchen von Raud, daß er in die Halle kam und dem König seinen rechten Arm zeigte, an dem die Hand fehlte. Er sagte, der König solle nun selbst sehen, was sein Schwiegersohn für Gewohnheiten habe, dies habe er ihm angetan, und zwar ohne jeden triftigen Grund.

Da war der König sehr zornig und sagte, die Wahrheit müsse gleich herauskommen, und wenn Ring ihm, ohne daß er etwas getan hätte, die Hand abgehauen habe, so solle er gehängt werden; wenn dem aber nicht so sei, dann müsse Raud sterben.

Der König rief nun Ring vor sich und fragte ihn, wie es komme, daß er dem Raud habe müssen die Hand abhauen, ob denn Raud nicht schuldlos gewesen sei. Snati hatte dem Ring erzählt, wer schuldig war, als es sich zutrug in der Nacht; er bat deshalb den König, mit ihm zu gehen, und sagte, er wolle ihm ein Merkmal zeigen. Der König ging mit Ring in seine Schlafstube und sah da eine Männerhand im Bett liegen, die ein Schwert festhielt. Ring sagte, eben diese Hand sei zur Nacht durch die Wand gekommen und habe ihn im Bett ermorden wollen; da habe er sein Schwert gezogen und sich gewehrt. Der König sagte, ihn treffe keine Schuld, er habe sich nur seiner Haut gewehrt, aber Raud habe sich sein eigenes Grab gegraben und müsse sterben. Raud wurde gehängt, und Ring hielt Hochzeit mit der Königstochter.

In der ersten Nacht, als sie zusammen schliefen, bat Snati den Ring um die Erlaubnis, zu seinen Füßen liegen zu dürfen. Ring gewährte ihm gern diese Bitte. Nun ging das Brautpaar zu Bett, und Snati schlief zu ihren Füßen. In der Nacht hörte Ring ein furchtbares Geheule und Gelärme neben sich. Er machte schnell Licht und sah da eine ungewöhnlich häßliche Hundehaut auf der Diele liegen, aber im Bett lag ein schöner Königssohn. Er nahm die Haut und verbrannte sie, den Königssohn, der bewußtlos dalag, brachte er mit Wasser zur Besinnung. Der Bräutigam fragte ihn dann, wie er heiße, und er sagte, er heiße Ring und sei ein Königssohn.

Er erzählte, er habe als kleines Kind seine Mutter verloren, und sein Vater habe eine Riesin geheiratet. Diese habe ihn verzaubert, daß er ein Hund werden und nie wieder von der Verzauberung loskommen solle, wenn nicht ein gleichnamiger Königssohn ihn in seiner Hochzeitsnacht zu seinen Füßen schlafen lasse.

Und so fuhr er fort: »Da sie wußte, daß ich an dir einen gleichnamigen Königssohn finden und durch dich erlöst werden könnte, da wollte sie dich aus dem Wege schaffen. Sie war die Hindin, die du mit deinen Gefährten erjagen wolltest, sie war die Frau, die du an der Waldlichtung bei der Tonne sitzen sahst, und sie war auch das Riesenweib, das wir in der Höhle erschlagen haben.«

Als die Hochzeit vorüber war, fuhren die beiden Namensbrüder zum Berg und brachten alles Kostbare in die Königshalle. Dann fuhren sie auch zur Insel, wo Ring bei den guten Riesen geweilt hatte, und holten dort, was an Kostbarem vorhanden war.

Ring gab seinem Namensbruder, der nun von seinem Zauber erlöst war, seine Schwester Ingeborg zur Frau und sein Vatererbe als Regierungssitz. Er selbst blieb beim König, seinem Schwiegervater, und teilte sich mit ihm in das Königreich. Nach dem Tode des Königs regierte er allein.

22. Wie ein Pope seine Knechte plagte

In einem Zarenreich, und zwar in dem, in dem auch wir wohnen, lebte einmal ein Bauer. der hatte drei Söhne. Zwei davon waren klug, und der dritte war ein Dummkopf. Sie waren sehr, sehr arm.

Der Vater schickte seine Söhne daher fort. »Geht wenigstens einer von euch als Knecht, zu Hause ist nichts zu tun!« Die Söhne kamen zusammen, und weder der eine noch der andere hatten Lust, als Knecht zu arbeiten. Sie berieten und beschlossen, das Los zu werfen, wer Knecht werden sollte. Sie warfen das Los, und es traf den ältesten Bruder.

Der fragte nun herum und machte sich dann auf den Weg. Schließlich wurde er Knecht bei einem Popen. Der jedoch gab ihm fast überhaupt nichts zu essen und ließ ihn den Winter über hungern. Der Älteste ging fort.

Im nächsten Jahr ging der mittlere Bruder zu dem gleichen Popen und starb auch dort beinahe vor lauter Hunger. Nun kam die Reihe an den kleinsten Bruder, Iwan der Dummkopf.

Er packte seine Siebensachen und machte sich auf den Weg. Als er aus dem Haus kommt, da begegnet ihm der Pope. »Willst du weg, guter Mann?« fragte der Pope.

»Ich will mir eine Arbeit suchen«, sagte der Kleinste.

»Nun, dann verdinge dich mir als Knecht.«

»Nimm mich!« sagte er. »Wieviel gibst du?«

»Hundert Rubel gebe ich für den Winter!«

»Na, wenn du hundert Rubel gibst, dann will ich bei dir bleiben!« sagte er.

»Gut, wenn du deine Entscheidung getroffen hast, dann besteig den Schlitten, wir wollen zu mir fahren!« Sie stiegen auf den Schlitten und machten sich auf den Weg zum Popen.

Dort angekommen, gab ihm der Pope Tee zu trinken und Abendbrot zu essen. »Leg dich schlafen!« sagte er, »morgen früh müssen wir nach Heu fahren.«

Am Morgen weckt der Pope den Knecht noch mitten in der Nacht: »Steh auf, wir müssen los!« Er selbst stärkte sich noch am Tee, frühstückte ordentlich, dem Knecht jedoch gab er nichts zu essen mit auf den Weg. Der Knecht spannte zwei Pferde an. »Nun, steig auf, Väterchen, fahren wir los!«

Sie stiegen auf und fuhren los. Da kamen sie aufs freie Feld. »Väterchen«, sprach der Knecht, »ich hab die Stricke vergessen! Wie sollen wir jetzt das Heu festbinden!«

»Ach, du Vergeßlicher. Nur gut, daß wir so bald dran gedacht haben. Lauf nur zu, ich werde hier warten!«

Iwan der Dummkopf kam zur Popenfrau gerannt. »Mütterchen, gib mir schnell einen Lachs und eine Flasche Wein! Der Pope hat's befohlen!« Die Popenfrau gab ihm sogleich das Gewünschte, und der Knecht rannte wieder los. »Hier sind die Stricke, Väterchen! Jetzt können wir das Heu festbinden.«

Sie fuhren an die vierzig Werst, beluden den Schlitten, banden alles fest, und dann machten sie sich auf den Heimweg. Außerdem wurde es schon dunkel, bis nach Hause waren es aber noch weitere vierzig Werst zu fahren. Iwan der Dummkopf sitzt auf der Fuhre, trinkt aus der Flasche und ißt Lachs. Der Pope sagt zu ihm: »Wanja, paß auf. Rechts geht ein Weg ab, daß das Pferd nicht etwa auf diesen Weg abbiegt. Ich will ein bißchen schlafen.«

»Ist gut, Väterchen, fahr nur zu. ich werde auf diesen Weg schon aufpassen.« Wanja fährt und fährt und paßt auf diesen Weg auf. Als er ihn sah, sprang er von der Fuhre herunter und führte das Pferd seitwärts auf den Weg, den sie nicht fahren sollten. Dann fuhren sie so an die fünfzehn Werst. Da wachte der Pope auf, besah sich verwundert die Gegend und bemerkte, daß sie hier nicht auf dem richtigen Weg sein konnten.

»Wanja, wir fahren doch falsch!«

»Woher soll ich wissen«, sagte der, »was richtig und was falsch ist! Du sitzt doch vorn und ich hinter dir.«

»Ach, Wanja, ich habe dir doch gesagt, paß auf, rechts geht ein Weg ab, und du bist gerade in ihn eingebogen!«

»So ist's richtig, sitzt selbst vorn, und ich bin eingebogen!«

»Nun läßt sich ja nichts mehr ändern, Wanja. Jetzt müssen wir diesen Weg schon fahren. Nicht weit von hier muß ein Dorf sein, dort müssen wir dann, da hilft alles nichts, übernachten.« So fuhren sie also in der gleichen Richtung weiter.

Nach einiger Zeit gelangen sie in ein Dorf. Der Pope schickt den Knecht: »geh und bitte den und den Bauern um ein Nachtlager!« Der Knecht lief zur Tür. Er sieht, daß die Tür verschlossen ist. Sogleich kam die Frau heraus und öffnete die Tür. Der Knecht trat ein und bat den Bauern: »Laß uns hier übernachten, den Popen und mich.«

»Ja, gerne«, sagten sie, »bleibt nur hier!«

»Ich wollte euch zugleich um noch eins bitten: Gebt dem Popen kein Abendessen. Wenn ihr ihm etwas gebt, treibt er es nur noch schlimmer. Laßt ein Wort davon fallen, aber fordert ihn nicht weiter zum Setzen auf. Wenn ihr ihn aber an den Tisch setzt, dann beschwert euch nicht, wenn er es schlimm treibt!«

»Nun, es ist gut so!«

Der Knecht spannte die Pferde aus und stellte sie neben den Schlitten. Sie gingen hinein und zogen sich aus, der Pope und der Knecht.

»Ihr wollt wohl nichts zu Abend essen, Väterchen!« Der Pope gibt nichts zur Antwort. Der Knecht aber, nicht faul, setzt sich sofort an den Tisch. Er aß zu Abend, wie es sich gehörte; dem Popen aber war es peinlich, sich hinzusetzen, sie hatten nur so dahingeredet und ihn auch nicht weiter zum Setzen aufgefordert, dabei hatte er doch solchen Hunger!

Der Knecht jedoch hatte, wie gesagt, gegessen und kletterte auf den Hängeboden. Der Pope hinterher. Nun fing der Knecht, kaum hatte er sich niedergelegt, mächtig an zu schnarchen, während der Pope, den der Hunger quälte, nicht einschlafen konnte. Er stieß den Knecht in die Seite: »Knecht, ich habe doch Hunger!«

»Ach, da soll doch gleich ..., du Naseweis! Sie haben dich aufgefordert, am Tisch Platz zu nehmen, du aber hast dich nicht gesetzt. Bist doch hier nicht zu Hause, wo die Popenfrau dich an den Händen zum Tisch führt. Geh, ich habe bei der Bäuerin einen Topf Brei stehen, geh und iß!« Der Pope kletterte vom Hängeboden herunter und fand auch einen Topf. »Knecht«, sagte er, »womit soll ich den Brei denn essen? Ich kann nirgends einen Löffel entdecken!«

»Ach, du Hungerleider, was bist du für eine Nervensäge! Zu essen hat man dir gegeben, und auch dann gibst du noch keine Ruhe! Kremple die Ärmel hoch und iß dann so!«

Der Pope fuhr mit den Händen hinein und verbrannte sich. Denn in dem Topf war gar kein Brei, sondern Pech. Und so kam er wieder mit dem Topf gerannt: »Knecht, ich kriege die Hände nicht wieder heraus!«

Der Knecht sagte: »Ach, da hat man mir aber ein zottiges Gespenst aufgebunden. Die ganze Nacht gibst du keine Ruhe mit deinem Brei.«

Die Nacht war ganz klar, der Mond schien hell. »Dort«, so sagte er, »an der Schwelle liegt ein Wetzstein, schlag mit dem Topf dagegen, dann kannst du deine Hände herausziehen!« Der Pope nahm Anlauf und wuchtete gegen diesen Wetzstein. Aber das war gar kein Wetzstein, was dort lag, sondern es war der kahlköpfige Bauer, der dort schlief. Und der Pope hatte gegen seine Glatze geschlagen!

Der Bauer brüllte auf, der Pope sprang erschrocken zurück und heraus aus dem Haus. Da sprang die ganze Familie hoch und rannte nach Licht. Der Bauer schrie etwas, und der Knecht schrie: »Wo ist der Pope hin?«

Nun, ich weiß nicht, was alles geschah. Die Bauersleute jedenfalls schrien den Knecht an: »Warum habt ihr den Alten erschlagen?« Und der Knecht schrie sie an: »Wohin habt ihr den Popen gebracht? Los, her mit ihm! Wenn ihr ihn nicht wieder herbeischafft, gehe ich auf der Stelle zum Dorfpolizisten und hole das ganze Dorf zusammen! Bringt mir den Popen sofort, egal woher!«

Da stutzten die Bauersleute: »Wohin ist der Pope geraten?«

»Gebt mir dreihundert Rubel«, sagte der Knecht, »und ich will die ganze Sache vergessen, wenn nicht, dann gehe ich zum Dorfpolizisten.« Die Bauersleute drucksten hin und her und gaben schließlich die dreihundert Rubel. »Nur erzähl niemandem, was geschehen ist!«

Nun spannte der Knecht die Pferde an und fuhr mit seinem Heu nach Hause. Der Pope war also nicht zu finden.

Er fährt durch das Dorf, da steht der Pope an einer Scheune, steht da, guckt hinter einer Ecke hervor und sieht, daß der Knecht mit dem Heu angefahren kommt. Der Pope fragt: »Bist du es, Wanja, der da gefahren kommt?«

»Ich bin es wahrhaftig, du Schlaumeier!« sagt der. »Du wirst bald im Gefängnis landen, weil du den Bauern erschlagen hast!«

»Hab ich ihn denn wirklich totgeschlagen, Wanja?«

»Gib dreihundert Rubel, dann werde ich nicht darüber sprechen, wenn nicht, wirst du ins Gefängnis kommen.«

Da erklärte sich der Pope einverstanden, dem Knecht die geforderten dreihundert Rubel zu bezahlen, wenn er nicht darüber sprechen würde. Der Knecht kehrte daraufhin ins Dorf zurück, stand eine Weile da und kehrte wieder um. »Fahr zu, Väterchen. Jetzt wird nichts mehr geschehen. Laß uns heimfahren!«

Sie kamen zu Hause an. Der Pope war die Liebenswürdigkeit in Person: Er hatte auf einmal ein Herz für alle Knechte. Wenn er sich hinsetzte, um Tee zu trinken, dann hieß er auch den Knecht, bei ihm Platz zu nehmen. Wanja blieb den Winter über dort und hatte nun insgesamt siebenhundert Rubel erhalten statt nur hundert. Und als er nach Hause zu seinem Vater kam, sagte er: »Hier, Vater, nimm, das ist Geld! Sieh nur, was ich alles verdient habe! Im Gegensatz zu deinen anderen beiden klugen Söhnen!«

Und hernach lebten sie herrlich und in Freuden und als reiche Leute. Auch heute noch geht es ihnen gut.

23. Der Dümmling und das Zauberpferd

In uralten Zeiten lebten in einem Lande drei Brüder. Der eine war dumm, die beiden anderen waren klug. Ihre Mutter war schon längst verstorben, und der Vater war bereits ziemlich alt. Im Sommer mähten sie Gras im Sumpf und errichteten einen großen Heuschober. Das Heu war sehr gut. Im Sommer konnten sie jedoch das Heu nicht heimfahren, denn es war sehr naß im Moor, und zu Pferd kam man nicht an das Heu heran.

Als im Winter der Boden im Sumpf festgefroren war, begab sich der Vater der Brüder in den Sumpf, um nachzusehen, ob man das Heu bald einfahren könnte. Und als er nun zum Heuschober hinkam, da bemerkte er im Heu eine große Lücke entstanden war. Er schüttelte den Kopf und dachte, das ist ja sonderbar! Er ging wieder nach Hause und erzählte seinen Söhnen, was er gesehen hätte – jemand stehle das Heu! Die Söhne verwunderten sich: »Wer könnte denn unser Heu stehlen?«

Am nächsten Tag ging der Vater wieder zum Heuschober hin und sah, daß noch mehr Heu fehlte. Jetzt konnte er gar nicht mehr verstehen, wer das Heu stehlen könnte. Als er nach Hause kam, sagte er zu seinem ältesten und klügsten Sohn: »Du mußt gehen und das Heu bewachen, sonst wird uns das ganze Heu gestohlen, und wir haben nichts, was wir unserem Kuchen zu fressen geben können.«

Der älteste Sohn gehorchte. Er briet Fleisch, kaufte sich ein Päckchen Tabak und begab sich dann zum Heuschober, Wache zu halten. Als er das Fleisch aufgegessen hatte, übermannte ihn der Schlaf. Er legte sich neben den Heuhaufen hin und schlief ein. Als er am anderen Morgen aufwachte, sah er, daß noch mehr Heu fehlte, und ging nach Hause. Als er dort ankam, fragte sein Vater: »Nun, mein Sohn, was hast du gesehen?«

»Ich habe nichts gesehen, Väterchen. Die Hunde bellen, die Blätter rascheln, die Wölfe heulen – sonst nichts.«

Der Vater war bekümmert, daß der älteste Sohn den Dieb nicht erwischt hatte, und sagte zu seinem mittleren Sohn: »Geh du, Söhnchen, und halte Wache. Vielleicht gelingt es dir, den Dieb zu stellen.«

Der mittlere Sohn gehorchte dem Vater, nahm noch mehr Fleisch und Tabak und dazu noch Brot mit und begab sich in den Sumpf, das Heu zu bewachen. Als er Fleisch und Brot aufgegessen und den Tabak aufgeraucht hatte, legte er sich hin und schlief ein. Als er am Morgen aufwachte, sah er, daß wieder Heu gestohlen worden war, vom Heudieb jedoch war keine Spur zu finden. Der Vater zu Hause dachte: »Dieser von meinen Söhnen wird den Dieb gewiß gefangen haben!« Und als der Sohn heimkam, fragte er ihn: »Nun, mein Söhnchen, was hast du gesehen?«

»Ich habe nichts gesehen, Vater. Die Hunde bellen, die Wölfe jaulen, die Blätter rascheln – ja, das ist alles.«

Da wurde der Vater noch trauriger, nun wußte er gar nicht mehr, wie man den Dieb festnehmen könnte. Der Dümmling, der auf dem Ofen hockte, sagte: »Laßt mich gehen, Vater, und das Heu bewachen, vielleicht kann ich den Dieb fangen.«

»Wie willst du Dummerchen denn den Dieb fangen?« fragte der Vater.

Aber der Dümmling gab dem Vater keine Ruhe, und schließlich ließ er ihn gehen. Er nahm nur wenig Fleisch und Tabak mit und ging. Er kam zum Heuschober und begann zu warten. Bis zur Mitternacht ging er um das Heu herum, aber es war nichts zu sehen. Kurz nach Mitternacht hörte er: Die Erde erdröhnt, jemand kommt vorbeigelaufen. Er versteckt sich hinter dem Heuhaufen und wartet, da sieht er: Auf der anderen Seite des Heuschobers beginnt ein prächtiges Pferd das Heu zu fressen. Er springt hervor und ergreift den Zaum des Pferdes. Es will sich losreißen, aber der Dümmling hält es fest. Dann schwang er sich auf das gefangene Pferd und ritt darauf heim. Zu Hause führte er es in seinen Stall. Das Pferd war wunderschön. Das eine Haar des Fells war silbern, das andere golden. Der Vater fragte den Dümmling: »Nun, mein Söhnchen, was hast du gesehen?«

Der Dümmling sagte dem Vater nicht, daß er das Pferd gefangen hatte, und antwortete nur: »Es war nichts zu sehen, nur die Blätter raschelten, die Hunde bellten, und die Wölfe heulten.«

Der Vater schickte den Dümmling wieder hin, Wache zu halten, vielleicht würde es ihm schließlich gelingen, das Heu zu bewachen. Der Dümmling nahm ein Päckchen Tabak und gebratenes Fleisch mit und ging. Er ging hin, aß das Fleisch auf, rauchte den Tabak auf und setzte sich dann neben den Heuhaufen hin und wartete. Nach Mitternacht hörte er, wie die Erde erdröhnte. Der Dümmling dachte: »Wer kann denn so laufen, daß die ganze Erde dabei dröhnt!«

Er sieht: Es kommt ein noch prächtigeres Pferd herbeigelaufen. Der Dümmling erschrickt, schleicht hinter den Heuschober und steht und wartet. Als es herbeigelaufen kommt und das Heu zu fressn beginnt, springt der Dümmling hinter dem Heuhaufen hervor und ergreift den Zaum des Pferdes. Es will sich losreißen, aber der Dümmling hält es fest.

Dann schwingt er sich aufs Pferd und reitet heim. Er führt das Tier in den Stall und begibt sich dann ins Haus. Der Vater fragt sogleich: »Nun, Sohn, hast du den Dieb gefangen?«

Der Dümmling will dem Vater nicht sagen, daß er das Pferd gefangen hat, deshalb antwortet er wie immer: »Die Blätter raschelten, die Hunde bellten, und die Wölfe heulten – das war alles!«

Der Vater begibt sich zum Heu und sieht, daß nur wenig davon gestohlen ist. Der Dümmling bittet: »Vater, laß mich noch einmal Wache halten, vielleicht schaffe ich es doch noch!« Der Vater dachte sich nichts dabei und ließ ihn erneut gehen. Nun briet der Dümmling eine Menge Fleisch, kaufte sich zwei Päckchen Tabak und begab sich zum Heuschober.

Als er hinkam, setzte er sich neben den Heuschober, aß das Fleisch auf und rauchte den Tabak auf. Danach stand er auf und ging um den Heuschober herum. Er ging und ging – bis es ihm langweilig wurde: Es geschah nichts. Aber um Mitternacht hörte er: Die Erde erdröhnt, jemand kommt herbeigelaufen. Er läuft hinter den Heuschober und lauscht, was nun weiter geschehen wird. Das Pferd, das herbeigelaufen kommt, beginnt das Heu zu fressen. Da springt der Dümmling hervor und ergreift den Zaum. Von allen drei Pferden war dieses das schönste. Seine Fellhaare waren alle aus reinem Gold, und auf der Stirn hatte es einen Stern. Zwar versuchte das Pferd auch, sich loszureißen, aber der Dümmling hielt es gut fest. Dann schwang er sich aufs Pferd und ritt heim. Das Pferd war sehr gut und sehr schnell. Wie der Wind trug es ihn nach Hause. Dort angekommen, führte er das Tier sogleich in den Stall und ging dann selbst ins Haus. »Nun, mein Sohn«, hast du jetzt den Dieb gefangen?« fragte der Vater.

Und der Dümmling antwortete: »Ich habe niemanden gesehen, nur der Wind blies, weiter nichts.«

Als der Vater am nächsten Morgen den Heuhaufen besah, merkte er, daß kein Heu mehr gestohlen war. Der Sumpf war jetzt fest zugefroren, so daß er das Heu nach Hause bringen konnte.

Am dritten Tag setzte sich der Dümmling auf eines der weniger schönen Pferde und brachte die beiden anderen zum Markt, um sie zu verkaufen. In aller Frühe ritt er schon los, damit der Vater und seine Brüder ihn dabei nicht sehen konnten. Er überholte einen König. Der König erblickte den Dümmling mit den schönen Pferden und sagte zu seinen Knechten: »Wer reitet denn da mit so schönen Pferden? Sagt ihm, er soll zu mir aufs Schloß kommen. Vielleicht kann er mein Knecht werden. Außerdem möchte ich die schönen Pferde kaufen.«

Da sagten die Diener des Königs zu dem Dümmling: »Reite du zu unserem Herrn, er hat mit dir zu sprechen!«

Der Dümmling begab sich zum Königsschloß. Da fragte ihn der König: »Und wohin wolltest du die Pferde bringen?«

»Ich wollte sie auf den Markt bringen und dort verkaufen.«

Da sprach der König: »Verkaufe sie mir. Wieviel verlangst du?«

Der Dümmling antwortete: »Gib mir einen Tausender für die zwei schönsten!«

Der König kaufte die beiden schönsten, das weniger schöne Pferd behielt der Dümmling selbst. Dann sprach der König: »Mir fehlt gerade ein Knecht. Willst du bei mir als Knecht anfangen?«

Der Dümmling sah, daß der König nicht hart, sondern gut war, und verdingte sich bei ihm als Knecht. Er trat seinen Dienst an und diente redlich.

Eines Morgens befahl der König dem Dümmling, durch den Wald nach irgendeinem Ort zu reiten. Der Dümmling bestieg das Pferd und ritt durch den Wald, so wie es ihm der König befohlen hatte. Da sah er in der Dunkelheit einen Lichtschein und wollte nun nachsehen, woher das Licht kam. Das Pferd aber sagte: »Reite nicht zu dem Licht hin, tust du es dennoch, so wird es dir später schlecht ergehen.«

Aber der Dümmling gehorchte dem Pferd nicht und ritt nur weiter in die Richtung des Lichtscheins. Da sah er: Es waren leuchtende Federn, die so strahlten. Sobald er sie in die Tasche steckte, hörten sie auf zu leuchten, sobald er sie wieder herauszog, leuchteten sie von neuem. Als er nach dem Schloß zurückkehrte, erzählte er niemandem etwas von den gefundenen Federn.

Wie er nun des Nachts aufstehen mußte, um die Pferde zu versorgen, zeigte sich schnell, daß die Federn äußerst nützlich waren. Sobald er sie aus der Tasche herauszog, wurde der ganze Stall hell erleuchtet. So ging der Dümmling jeden Abend mit den Federn und ohne Windlaterne in den Stall.

Als er eines Abends wieder in den Stall ging, bemerkten es die anderen Knechte. Sie meldeten dem König, daß der Dümmling sonderbare Federn besäße. Der wurde sehr zornig auf den Dümmling, weil er selbst solche Federn nicht besaß, und sprach: »Ich habe einen Garten, und in dem Garten steht ein Apfelbaum, der goldene Äpfel trägt, und jede

Nacht werden mir Äpfel gestohlen. Niemand kann den Dieb fangen. Du mußt ihn fangen und zu mir führen, andernfalls lasse ich dich köpfen!«

Betrübt schlich der Dümmling von dannen zu seinem Pferd, um sich mit ihm zu besprechen. Das Pferd sagte: »Siehst du, ich hatte dir vorausgesagt: Heb die Federn nicht auf, es wird schlimm werden! Dieser Kummer ist aber noch gar kein großer Kummer, später wird es noch ärger kommen!«

»Was soll ich tun?« fragte der Dümmling.

Und das Pferd antwortete: »Der Vogel, der die Äpfel stiehlt, lebt auf dem Meer. Besteige mich, dann wollen wir zum Meer reiten.«

Am nächsten Morgen in aller Herrgottsfrühe bestieg der Dümmling sein Pferd, das er einst gefangen hatte, und begab sich zum Meer. Da sprach das Pferd zu ihm: »Bald wird der Vogel herbeigeschwommen kommen. Schleich dich schwimmend leise an ihn heran und fang ihn.«

Der Dümmling begab sich zum Meer. Nach einiger Zeit erhob sich ein starker Wind. Der Dümmling ging ins Meer und begann zu schwimmen. Er fing auch den Vogel, hielt ihn fest und schwamm kräftig dem Ufer zu.

Als er aus dem Wasser stieg, kam das Pferd herbeigelaufen und wieherte vor Freude, als es den Dümmling mit dem Vogel sah. Fröhlich bestieg der Dümmling mit dem Vogel sein Pferd und ritt nach dem Schloß zurück.

Der König nahm den Vogel entgegen und sperrte ihn in eine Kammer ein, die nun Tag und Nacht im Glanz des Vogels hell erstrahlte. Dennoch sann der König auf Rache, denn er konnte nicht begreifen, wie der Dümmling an den Vogel gekommen war. Der Dümmling ging jeden Abend ohne Windlaterne in den Stall. Wenn er seine Federn in die Tasche steckte, leuchteten sie nicht. Wenn er sie wieder herauszog, leuchteten sie.

Am vierten Tag sagte der König wieder zu dem Dümmling: »Du sollst mir die Truhe der Sonnentochter herbeischaffen. Kannst du es nicht, lasse ich dich köpfen!«

Voller Sorge begab sich der Dümmling von dannen. Er wußte nicht, was er tun sollte. So ging er schließlich in den Stall und erzählte alles seinem Pferd. »Der König hat mit befohlen, ich soll die Truhe der Sonnentochter herbeischaffen. Wenn ich es nicht tue, will er mich einen Kopf kürzer machen.«

Das Pferd antwortete: »Sei nicht traurig. Dieser Kummer ist kein großer Kummer: Du wirst noch viel größeren Kummer haben. Besteige mich, wir wollen zum Meer reiten und die Truhe der Sonnentochter holen.«

Der Dümmling saß auf und ritt zum Meer. Dort angekommen, stieg er vom Pferd und fragte, was er denn nun tun sollte. »Geh jetzt ins Wasser und schwimme ins Meer hinaus. Du wirst es sehr schwer haben, aber vielleicht gelingt es dir, die Truhe zu bekommen.«

Der Dümmling schwamm und schwamm und erblickte plötzlich eine große Truhe. Fast wäre er ertrunken, als er sich abmühte, die Truhe an Land zu bringen. Er packte sie nochmals kräftig an, und irgendwie gelang es ihm schließlich, die Truhe ans Ufer zu schleppen. Wieder bestieg er sien Pferd und ritt zum Schloß zurück. Als der Dümmling mit der Truhe auf dem Schloß erschien, konnte der König sich nicht genug darüber verwundern, woher die Truhe wohl bekommen hätte.

Am vierten Tag sagte er zum Dümmling: »Jetzt mußt du die Sonnentochter selbst holen, die in demselben Meer wohnt. Wenn du sie auch noch herbeischaffst, dann soll sie deine Frau werden, und ich gebe dir mein ganzes Königreich dazu. Wenn es dir mißlingt, ist es um deinen Kopf geschehen!«

Als der Dümmling dies hörte, erschrak er gewaltig und – da er nicht wußte, was er tun könnte, suchte er wiederum Rat bei seinem Pferd. Das Pferd sprach: »Hatte ich dir nicht gesagt, du solltest die leuchtenden Federn nicht aufheben! Du hast meine Worte nicht ernst genommen! Nun, vielleicht können wir auch noch diesen Kummer überwinden. Die Sonnentochter befindet sich auf dem Meer. Ich habe einen Kraftapfel. Wenn du dort kämpfen mußt, so werde ich dir den Apfel geben!«

Er ritt zum Meer und ließ das Pferd am Ufer zurück. Ein gewaltiger Sturm erhob sich. Der Dümmling erschrak, denn der Teufel kam herbeigelaufen und rief ihm zu: »Laß uns kämpfen! Was suchst du hier! Vielleicht dieses Mädchen?«

»Ja, ich will sie holen.«

Da wurde der Teufel furchtbar wütend und stürzte sich auf ihn, wobei er fürchterlich fauchte und Feuer spie. Sie begannen miteinander zu kämpfen. Kaum faßte der Teufel ihn an, da fiel der Dümmling zu Boden. Aber da kam sein Pferd herbeigaloppiert und gab ihm die Hälfte des Apfels zu essen. Nun setzten sie den Kampf fort, doch der Teufel war immer noch stärker als der Dümmling. Da gab ihm das Pferd auch noch die andere Seite zu essen, und nun erschlug er den Teufel. Dann hob er die Sonnentochter aufs Pferd und ritt zum Schloß des Königs zurück. Der König übergab ihm sein ganzes Reich. Der Dümmling heiratete die Sonnentochter, holte seinen Vater und seine Brüder zu sich aufs Schloß und lebte und herrschte glücklich.

24. Die grüne Feige

Ein König, der eine einzige, schöne Tochter hatte, bekam einen gar sonderbaren Einfall. Er ließ im ganzen Lande ausrufen, wer ihm um Weihnachten eine grüne Feige bringe, der solle Gemahl seiner Tochter werden. Nun war da ein Mann auf dem Lande, der hatte drei Söhne, von denen der älteste ein Schuster, der zweite ein Schneider war, der jüngste aber gar kein Handwerk trieb, sondern nur den Küchenpeter machte.

Eines Tags um Weihnachten findet der Vater dieser drei Burschen einen Baum im Walde, an welchem drei grüne Feigen hingen. Er nimmt sie mit nach Hause, legt eine davon in ein Körbchen und sagt zu dem ältesten Sohne: »Zieh dein bestes Zeug an und bring diese Feige zum König!« Der Bursche kleidet sich flugs an und macht sich auf den Weg. Er kommt in einen großen Wald, da begegnet ihm ein altes Männchen und fragt: »Was hast du in dem Korbe?«

»Ih, was wollt ich drin haben! 'n Dreck«, sagt der Schuster. »So«, versetzt das Männlein, »ist's 'n Dreck, soll's auch 'n Dreck bleiben.« Der Bursche setzt nun seinen Weg fort und langt endlich vor dem königlichen Schlosse an. Hier fragt ihn die Wache, was er wolle. Er sagt: »Dem Könige eine grüne Feige bringen.« Man läßt ihn durch. Als er vor den König tritt und sein Körbchen überreicht, findet sich's so, wie das Männlein gesagt hatte. Der Bringer erhält tüchtige Prügel und den Laufpaß.

Daheim erzählt er, seine Sendung sei unglücklich abgelaufen, unterläßt aber, rein auszubeichten, wie es hergegangen. Da sagt der Schneider: »Jedenfalls mußt du dich recht dumm gestellt haben; ich würde es schon klüger anfangen, wenn der Vater mich mit einer andern Feige senden wollte.«

»Geh denn!« sagt der Alte und legt ihm die zweite Feige in ein Körbchen. Der Schneider hatte dasselbe Abenteuer im Walde, antwortete dem Männlein noch unbescheidener und ward im Schlosse noch reichlicher mit Prügeln bedacht als sein Bruder. Heimgekehrt mochte auch er keinen reinen Wein einschenken, sondern gab ebenfalls nur an, die Botschaft sei ihm mißglückt. Jetzt verlangt der Aschenpeter mit der dritten Feige ge-

schickt zu werden. Seine Brüder sagen: »Was willst du dummer Teufel da
machen? Dich lassen die Wärter nicht einmal durch.« Der Jüngling läßt
indes seinem Vater keine Ruhe, bis er ihm gestattet, mit der dritten Feige
zu gehen. Auch er trifft das Männlein im Walde. Als er gefragt wird, was
er im Körbchen habe, antwortet er offen und bescheiden: »Eine grüne
Feige, die ich dem Könige bringen soll.«

»Nun, mein Sohn«, sagt das Männlein, »wenn du eine grüne Feige darin hast, soll's auch eine grüne Feige bleiben. Aber weil du ein so ehrlicher Jüngling bist, will ich dir auch etwas schenken. Hier hast du ein Pfeifchen! Wenn du darauf flötest, kommt alles, was du dir wünschest.«

Der Bursche steckt dankend das Pfeifchen ein und gelangt vor das Königsschloß. Als er nach einigen Schwierigkeiten Einlaß erhalten, überreicht er sein Körbchen, und siehe, die Feige war nicht verwandelt. Aber der Königstochter steht es schlecht an, den Burschen zum Gemahl zu nehmen. Sie sagt: »Unter einer Bedingung will ich dich: Wenn du hundert Hasen, die im Stalle sind, acht Tage im Walde weidest und keinen verlierst.« Er nimmt das an, und sein Pfeifchen setzt ihn in den Stand, am ersten Abend alle hundert zurückzubringen. Da denkt die Prinzessin: »Hier muß List helfen.« Verkleidet reitet sie tags darauf durch den Wald, wo er hütet, und fragt: »Willst du mir nicht einen Hasen verkaufen?«

»Verkaufen nicht«, sagt er, »aber abverdienen kannst du mir einen.«

»Und womit?« fragt sie weiter. »Wenn du dem Esel, den du reitest, den Hintern küssest«, versetzt er. »Lieber das«, denkt sie, »als diesen Bauern zum Mann nehmen«, und läßt sich's gefallen. Er gibt ihr einen Hasen. Als sie aber eine Strecke fort ist, läßt er sein Pfeifchen ertönen. Stracks macht sich der Hase los und ist im Nu wieder bei seinem Hüter. So hat er auch am zweiten Abend alle hundert beisammen.

Am folgenden Tage kommt die Königin verkleidet, und ihr geht's ebenso. Am vierten Tage entschließt sich der König, einen Versuch zu machen, und ihm geht's nicht besser. Als die acht Tage um sind, denkt der Jüngling, er werde nun die Prinzessin erhalten. Aber jetzt verlangt der König noch eine Leistung. »Du mußt mir«, sagt er, »zuvor drei Säcke voll Wahrheit bringen.« Da bittet der Bursche sich Bedenkzeit aus, verläßt das Schloß und geht dem Walde zu. Indem er sich so den Kopf zerbricht und am Ende alle Hoffnung traurig aufgeben will, trifft ihn das Männlein und erkundigt sich teilnehmend, warum er so niedergeschlagen sei. Als er seine Sache erzählt hat, ruft er aus: »Oh, das ist ja gar nichts! Sage nur, was beim Hasenhandel vorgefallen ist!« Er geht darauf wieder ins Schloß und sagt: »Ich habe das Verlangte.«

»Laß hören!« versetzt der König. »Als ich die Hasen hütete«, hebt der Jüngling an, »da kam am zweiten Tage die Prinzessin und wollte mir einen abhandeln; sie erhielt ihn aber nicht eher, bis sie ihrem Esel den H–.«

»Halt!« ruft der König. »Ein Sack ist voll.«

»Tags darauf«, fährt der Bursche fort, »kam auch die Königin und wollte mir –.«

»Halt!« ruft der König. »Der zweite Sack ist voll.«

»Am folgenden Tage«, sagt der Bursche, »kam auch der –.«

»Halt!« ruft der König. »Auch der dritte Sack ist voll.« Der König veranstaltete nun die Hochzeit, da wurde tüchtig geschmaust und getrunken. Ich bin auch mit darauf gewesen und in die Küche gegangen. Als ich da ein wenig am Braten nippelte, hat mich der Koch mit dem Schaumlöffel vor den Hintern geschlagen, daß ich geflogen bin bis hierher.

25. Fuchs und Wolf als Jagdgenossen

Der Fuchs begegnete dem Wolf, und nun begaben sich beide zusammen auf die Jagd. Einst hatten sie einer Bäuerin einen Buttertopf gestohlen. Der Fuchs sagte zum Wolf: »Wir wollen die Butter für den Winter aufheben. Jetzt kann man noch Hühner fangen oder dem Hirten einen Hammel stehlen, aber im Winter werden wir nichts bekommen können.« Sie brachten die Butter in den Wald und versteckten sie in der Höhle.

Als die Kirchenglocken am Morgen läuteten, sprach der Fuchs zum Wolf: »Ich werde als Taufmutter zur Taufe gerufen!« Nachdem der Fuchs das gesagt hatte, begab er sich in den Wald und fraß die obere Schicht Butter aus dem Buttertopf. Als er wieder zurückkam, fragte der Wolf: »Was hat das Kind denn für einen Namen bekommen?«

»Oberschicht«, antwortete der Fuchs.

Als die Kirchenglocken am nächsten Morgen wieder läuteten, sagte der Fuchs zum Wolf: »Ich bin zur Taufe geladen!«

Dann ging er in den Wald und fraß die mittlere Schicht aus dem Buttertopf. Danach ging er zum Wolf zurück.

Der Wolf fragte: »Welchen Namen hat denn dein Patenkind bekommen?«

»Mittelschicht«, antwortete der Fuchs. Und der Bär glaubte, daß der Fuchs wirklich zur Taufe gegangen war und nicht in den Wald, um Butter zu fressen.

Am dritten Morgen läuteten wieder die Kirchenglocken. Und wieder sagte der Fuchs zum Wolf: »Ich bin zur Taufe geladen!«

Der Wolf wunderte sich und sprach: »Wieso werde ich niemals zur Taufe geladen?«

Darauf der Fuchs: »Sei nicht traurig, ich werde dir Festbrote mitbringen.«

Der Fuchs lief in den Wald und fraß die restliche Butter auf. Als er nach Hause kam, brachte er dem Wolf einen Knochen, den er am Waldesrand gefunden hatte, mit. Der Wolf fragte: »Welchen Namen hat denn dein Patenkind bekommen?«

»Unterschicht«, antwortete der Fuchs. Der Wolf nagte den Knochen und brach sich dabei die Zähne aus. »Dein Festbrot schmeckt mir nicht!« sagte er.

Der Winter kam, dem Fuchs und dem Wolf fehlte es an Nahrung. Da erinnerte sich der Wolf, daß sie einen Buttertopf versteckt hatten, und ging gemeinsam mit dem Fuchs dahin. Doch als sie am Versteck angekommen waren, fanden sie keine Butter. Da sprach der Fuchs zum Wolf: »Nun, andere Tiere haben wohl die Butter gefunden und aufgefressen!«

Und weiter sagte er: »Ich weiß, daß es auf einem Hof eine Hochzeit gibt. Dort haben sie viel gebratenes Fleisch, Butter, Brot und andere gute Sachen.«

Der Wolf und der Fuchs begaben sich ins Dorf. In der Nähe des Dorfes kitzelt der Fleischgeruch in der Nase des Wolfs. Sie kamen an das Vorratshaus. In der Wand des Vorratshauses war ein Fensterlein: Der Wolf könnte hindurchkriechen. So sagte der Fuchs: »Kriech in das Vorratshaus und wirf das Fleisch zum Fenster hinaus.« Der Wolf ließ sich das nicht zweimal sagen und warf ein Stück Fleisch hinaus. Der Fuchs fraß es. Er warf noch ein Stück hinaus – er fraß es wieder. Als er ein drittes Stück Fleisch hinauswarf, da fingen im Hof die Schellen an zu klingeln. Der Fuchs, der das Fleisch aufgefressen hatte, floh in den Wald.

Als die Bäuerin sich zum Vorratshaus begab, um Fleisch zu holen, da fand sie den Wolf vor. Sie fing an zu schreien: »Der Wolf im Vorratshaus, der Wolf im Vorratshaus.« Nun liefen die Hochzeitsgäste herbei, die einen mit Äxten, die anderen mit Spaten, die dritten mit Stöcken und schlugen auf den Wolf ein. Mit letzter Kraft erreichte er den Wald und sagte zu dem Fuchs: »Nun hol du das Fleisch, damit ich mich für die argen Schläge wenigstens satt essen kann.«

Der Fuchs antwortete: »Die Hunde wollten mich zerreißen und haben mir das Fleisch weggenommen!«

So bekam der Wolf gar nichts für die Schläge. Der Fuchs sagte: »Komm, laß uns weiterfliehen, sie könnten uns verfolgen.«

Auf der Flucht trennten sie sich und kamen nicht mehr zusammen.

26. Die zwölf Räuber und die Müllerstochter

Vor vielen Jahren ist es geschehen in einer Mühle, die stand am Walde, und es ist eine ganz besondere Geschichte. Der Müller dort hatte einen Sohn und drei Töchter, und in der Mühle arbeitete ein alter Mühljunge. Einmal nun, wie die Weihnachten wieder herankamen, da hatte die jüngste Müllerstochter, das war die klügste, einen ganz sonderbaren Traum; es träumte ihr, sie solle daheim bleiben in der Mettennacht, dann würde das Haus vor einem großen Unglück bewahrt. Und darum bestand das Mädel darauf, daß sie daheim blieb, während alle anderen in die Kirche gingen.

In der finsteren Stube, in der nur am Altarl ein armseliges Ölfunserl brannte, blieb nun das Mädchen sitzen beim offenen Fensterguckerl und horchte in die Nacht hinaus; denn es war ihr immer, als müßte tatsächlich etwas kommen, dem sie begegnen müsse. Es dauerte auch gar nicht lange, so hörte sie Knistern im Schnee und sah zwölf Gestalten auf die Mühle zuschreiten. Sie hielt sich nun mäuschenstill und vernahm, wie die heimlich ausmachten: »Durchs Fenster können wir nicht, denn alle sind vergittert. Die Tür ist verriegelt, es bleibt nur das Kellerfenster übrig, und da können wir leicht hinein, einer nach dem andern.«

Da nahm das mutige Mädchen rasch die Ampel vom Altarl weg und eilte damit in den Vorkeller, so daß das Kellerfenster in einem Dämmerschein lag, rückte den Hackstock zum Fenster hin und bewaffnete sich mit der Fleischhacken aus der Kematen. Es währte auch gar nicht lange, so kamen die zwölf Räuber zum Kellerfenster hin, hoben vorsichtig das Glasfenster aus und ließen dann den ersten einsteigen. Kaum steckte er aber den Kopf in den Keller über den Hackstock, da sauste die Hacke nieder, und der Kopf rollte in einen Winkel. Dann faßte sie den Geköpften und zog ihn in den Keller.

Und das gleiche geschah dem zweiten, dem dritten, jedem, auch dem elften Räuber.

Der zwölfte aber war der Hauptmann, und der war schlauer als die anderen; dem war die Stille im Keller aufgefallen, und einen Schatten hatte er gemerkt, der ihm verdächtig vorkam. Und so ging er vorsichtig zu Werke. Aber bald hätte es auch ihn getroffen. Das Mädel hatte aber zu früh zugeschlagen und dem Hauptmann mit der Hacke einen Hieb in die Wange versetzt, worauf er sofort zurückkroch und flüchtete.

Nicht lange darauf kamen die Hausleute. Auf ihr Klopfen ließ sie die zuerst nicht ein und öffnete ihnen erst auf ihr Rufen, darauf erzählte sie ihnen, was sie getan hatte. Die andern wollten ihr zwar anfangs nicht glauben, als sie aber dann die elf Leichen sahen, da lobten alle sie wegen ihrer Tapferkeit. Man grub nun am Waldesrand eine tiefe Grube und legte die Leiber der Geköpften und ihre Köpfe hinein.

Der Winter verging, der Frühling kam und der Sommer auch. Da sprach ein fremder, fescher Mühljunge mit verbundener Wange bei der Mühle vor und fragte um Arbeit. Da der alte Mühljunge bereits recht gebrechlich war, so war es dem Müller ganz recht, noch einen Gehilfen zu dem Alten zu bekommen, und der neue Mühljunge war so fleißig und willig, daß bald seine Kameraden wie auch seine Herrenleute große Stücke auf ihn hielten, zumal er von besseren Leuten war. »Ja, meine Familie stammt aus der Stadt und ist reich«, sagte er des öfteren, »und mein Vater hat auch eine Kunstmühle, und da soll ich Müller werden. Aber ich soll es zuerst noch in der Fremde probieren, hat der Vater gesagt.«

Nur eine war im ganzen Haus, die ihn nicht leiden konnte, und das war die jüngste Tochter. Sie hatte eine solche Scheu vor ihm, sie wußte selbst nicht warum, und wich ihm aus, wo sie nur konnte. Und gerade auf sie schien er es abgesehen zu haben, er ging ihr nach auf Schritt und Tritt, wenn's möglich war, und sagte auch, er wüßte schon, welche von allen er allein nehmen möchte. So trat er denn eines Tages vor den Müller hin und warb um die Jüngste. Der Alte war hocherfreut, einen solchen vornehmen Schwiegersohn zu bekommen, doch als er seine Tochter in der Küche fragte, was sie dazu sage, da erwiderte sie kurz und bündig: »Nein.« Umsonst machte der Müller dem Freier eine Aussicht auf eine der beiden anderen: »Entweder die Jüngste oder keine«, sagte der.

Wieder vergingen etliche Wochen voll Arbeit, und der Mühljunge war fleißiger denn je. Und dann trat er wieder vor den Müller mit der Werbung hin. Der nahm sich wieder die Tochter ins Gebet, doch trotz aller Vermahnung blieb die bei ihrem »Nein«.

Aber noch nicht ließ sich's der Mühljunge verdrießen und arbeitete, daß es eine Freude war, ihm zuzusehen, und der Müller bereute bereits, daß er dem Dickköpferl zuviel nachgegeben, und nahm sich vor, falls der Mühljunge nochmals mit der Werbung komme, einfach sein Mädel zum Jawort zu zwingen.

Und als nach ein paar Wochen neuerdings der Mühljunge mit seiner Werbung vor ihm stand, da sagte er sofort Ja und Amen, ließ seine Tochter rufen und befahl ihr, zur Werbung Ja zu sagen; sie möge des vierten

Gebotes eingedenk sein. Darauf erwiderte das Mädchen: »Euretwillen wohl, aber meinetwillen nicht.«

Da tat der Mühljunge einen Juchzer und erbat einen mehrtägigen Urlaub. Und nach drei Tagen kam er mit einem feinen Gefährt zurück, um, wie er sagte, seiner Braut seine Kunstmühle zu zeigen.

Wohl zögernd stieg sie in den Wagen – wenn sich auch der Bräutigam immer zart benommen hatte – und fuhr mit ihm fort. Zuerst ging es in den dunklen Wald, dann über Waldwiesen zu einem Jungwald, wo einzelne hochragende Samlärchen standen.

»Hier ist's schön«, meinte er da, »hier wollen wir rasten. Der Baumstrunk ladet zum Sitzen ein. Setz dich hin und schau nach, was mich am Kopfe beißt; es wird doch kein Ungeziefer sein!« Dabei legte er ihr den Kopf in den Schoß und streifte das Tüchlein dabei von der Wange. Als sie an der Wange die Schramme sah, erkannte sie in ihrem Bräutigam den zwölften Räuber und erschrak in ihrem Herzen gar sehr; er aber vernahm ihr Herzklopfen, erhob sich plötzlich und sagte: »So, jetzt hab ich dich endlich. Elf Knechte hast du mir umgebracht. Dafür will ich dich nun mutternackt ausziehen und aus deiner Haut mir Riemen schneiden und damit dich dann zu Tode peitschen.«

»Ach, lieber Räuber«, bat sie ihn da voll Todesangst, »eine Gnade nur gewähre mir! Dreimal laß mich um Hilfe schreien!«

»Das magst du meinetwegen tun«, sagte er und wetzte dabei das Messer, »denn niemand wird dich hören.«

Da lief sie ein paar Schritte hinweg und lief laut in den Wald hinein: »Lieber, vielLieber Vater mein, o komm, mir zu helfen! Er will mich morden, Riemen schneiden aus meinem Leib.«

Doch rauschten nur die Bäume im Wind, sonst war kein Laut umher.

Und wiederum rief sie in den Wald: »Liebe, viellieb Mutter mein, o komm, mir zu helfen! Er will mich ermorden, Riemen schneiden aus meinem Leib.«

Und wieder war nichts anderes zu hören als nur das Rauschen in den Bäumen. Der Räuber aber hatte sein Messer gewetzt und ging nun daran, ihr die Kleider auszuziehen, um Riemen aus ihr zu schneiden.

Da rief sie zum dritten Male noch lauter in den Wald: »Lieber, viel lieber Bruder mein, o komm, mir zu helfen! Er will mich ermorden, Riemen schneiden aus meinem Leib.«

Dabei fiel aber schon das letzte Stück Gewand von des armen Mädchens Leib, und er band sie mit Stricken an einen Lärchenbaum.

Den Ruf aber hatte der Bruder des Mädchens gehört, der im Walde jagen war; rasch schickte er seinen Hund voraus, und dieser fiel den Räuber an und riß ihn zu Boden, während das zitternde Mädchen auf die Seite taumelte.

Bald kam auch der Jäger selbst; der machte mit dem Räuber kurzen Prozeß, band ihn an den Baum und erschoß ihn. Dann half er dem Mädchen beim Ankleiden, sperrte das Messerbesteck in das Wagenkastle, kehrte den Wagen um und fuhr mit seiner Schwester heim.

War das ein Staunen und dann eine Freude, als der Bruder erzählte, wie er die Schwester gerettet hatte!

27. Weißröschen und Rosenrot

Mitten in einem Wald, in einem kleinen Häuschen, wohnte eine arme Witwe mit ihren beiden Töchtern, die Weißröschen und Rosenrot hießen. Sie führten ein armes, aber redliches Leben. Weißröschen half der Mutter im Haushalt, Rosenrot fütterte das Geißlein und das Lämmchen und spielte mit der Taube, die auf einer Holzstange hinterm Ofen saß.

Die zwei Schwestern hatten sich sehr gern. Sie hielten einander immer an den Händen, wenn sie fortgingen. Weißröschen sagte zu ihrer Schwester: »Niemals werden wir uns trennen!«, und Rosenrot antwortete: »Wir werden uns niemals trennen!«, und die Mutter sprach: »Amen!«

Ich muß Euch noch sagen, daß sich dies zur Zeit zutrug, als es noch Hexen und Zauberer gab.

Eines Abends im Winter, es war gegen Weihnachten, hörte man an die Türe klopfen. Die Mutter ging öffnen. Draußen stand ein schönes Reh, das trug kein Rehgeweih, sondern ein prächtiges Hirschgeweih. Die Schwestern zitterten vor Furcht. Die Mutter aber sagte ihnen, daß sie sich nicht zu fürchten brauchten. Währenddessen wischte sie das schöne Tier ab, denn es war voll Schnee. Sie schürte das Feuer und machte ihm beim hellen warmen Feuer ein Lager. Am frühen Morgen öffnete sie ihm die Türe, und mit einem Satz sprang es in den Wald. Den ganzen Winter hindurch kam es, um sich aufzuwärmen, wenn es allzu kalt war.

Eines Tages holten die beiden Schwestern Holz. Sie hörten ein Geräusch hinter einem großen Wurzelstock und sahen einen kleinen Mann mit einem großen Bart, der sich in den Brombeerranken verfangen hatte. Er hatte bei sich einen Sack mit kostbaren Steinen, die in der Sonne

funkelten. Er sagte: »Weißröschen, komm her zu mir, ich gebe dir diesen Schatz.«

Rosenrot hielt sie zurück und sagte: »Wir wollen uns niemals trennen.«

»Niemals wollen wir uns trennen«, sagte Weißröschen.

Die beiden Schwestern liefen nach Hause.

Ein anderes Mal gingen die Mädchen an einem Bach im Wald fischen. Da sahen sie den kleinen Mann wieder, wie er fluchend einen Sack aus den Ginstersträuchern zog. »Weißröschen, hilf mir!« schrie er. Diesmal waren es Perlen, die in der Sonne glänzten. »Wir wollen uns niemals trennen«, sagte Rosenrot, und sie entflohen nach Hause.

Ein anderes Mal gingen die Mädchen an einen Bach im Wald Erdbeeren pflücken. Und wieder sahen sie den kleinen Mann. Diesmal hatte er einen großen Sack mit Goldtalern, die er in der Sonne zählte. »Weißröschen, komm her zu mir. Mein Vermögen gehört dir«, sagte er.

Im selben Augenblick kam von hinten das Reh und stürzte ihn mit seinem Geweih den Felsen hinab. Er war sofort tot. Alsbald wurde das Reh in einen schönen jungen Prinzen verwandelt, dessen Kleider in der Sonne glänzten. Er blies in ein goldenes Horn. Da füllte sich der ganze Wald mit Jägern, Knechten, Dienerinnen und mit einer Schar anderer Leute. Und eine prächtige Kutsche mit vier weißen Pferden stand da. Er hieß Weißröschen und Rosenrot aufsteigen, und sie fuhren zur Mutter. Der Prinz hielt um Weißröschens Hand an. Rosenrot aber sagte: »Wir wollen uns niemals trennen!« Der Prinz lachte und sagte zu ihr: »Niemals wollen wir uns trennen, denn du wirst meinen Bruder heiraten.«

Er erzählte, wie der kleine Mann, der ein Zauberer war, ihn eines Tages auf der Jagd in ein Reh verwandelt hatte, um ihm sein Vermögen zu nehmen und seine Schätze zu rauben.

Die Hochzeit dauerte vierzehn Tage. Im ganzen Land war die Freude so groß, daß man heute noch davon spricht.

28. Brauen von Julbier

Ein Bauer aus Jursagaard in der Gemeinde Hanger war an einem der Tage vor Weihnachten im Wald gewesen und machte sich spätabends auf den Heimweg. Als er gerade an den Klintaberg kam, hörte er jemanden rufen: »Sag der Würzsau, daß sie heimkommen soll, ihr Kind ist ins Feuer gefallen.« Als der Bauer heimkam, stand seine Frau da und braute Julbier und klagte, daß, wie sie auch braute und braute, es doch keine richtige Würze geben wolle. Da berichtete er, was ihm vom Berge zugerufen worden war, aber in dem Augenblick fuhr eine Trollhexe, die sie zuvor nicht gesehen hatten, vom Ofen herunter und eiligst hinaus.

Und als sie nachsahen, merkten sie, daß die Trollhexe einen großen Kessel zurückgelassen hatte, voll mit vortrefflicher Würze, die sie beim Brauen gesammelt hatte. Deswegen war auch der Frau zuvor beim Brauen die Würze nicht geglückt. Der Kessel war ein großer Erzkessel mit Ornamenten und wurde lange in Hanger aufbewahrt. Aber schließlich wurde er 1838 versteigert und eingeschmolzen.

29. Die Geschichte vom weißen Lamm

Vorzeiten war einmal ein Bauer, der hatte ein weißes Lamm, und als das Christfest herankam, dachte er, er wolle das weiße Lamm schlachten. Das weiße Lamm hörte das, und es beschloß fortzulaufen, und das tat es auch.

Es war noch nicht weit gekommen, als es einem Stier begegnete. Sagte der Stier zu ihm: »Heil und Segen dir! Weißes Lamm, wo gehst du hin?«

»Ich gehe fort«, sagte das weiße Lamm, »um mein Glück zu versuchen, sie wollten mich schlachten zum Christfest, und da beschloß ich, lieber fortzulaufen.«

»Es ist wohl besser für mich«, sagte der Stier, »wenn ich mit dir gehe, denn das gleiche wollten sie auch mit mir machen.«

»Mir soll es recht sein«, sagte das weiße Lamm, »je mehr Gesellschaft, desto mehr Vergnügen.«

Sie gingen also weiter, bis sie auf einen Hund stießen.

»Heil und Segen dir, weißes Lamm!« sagte der Hund.

»Heil und Segen auch dir, Hund!«

»Wohin gehst du?« sagte der Hund.

»Ich bin fortgelaufen, denn ich hörte die Leute sagen, sie wollten mich zum Christfest töten.«

»Mit mir wollten sie das gleiche machen«, sagte der Hund, »und so will ich lieber mit dir gehen.«

»Komm nur mit«, sagte das weiße Lamm.

Sie gingen also weiter, bis ihnen eine Katze begegnete. »Heil und Segen dir, weißes Lamm!« sagte die Katze.

»Heil und Segen, o Katze!«

»Wohin gehst du?« sagte die Katze.

»Ich bin ausgezogen, mein Glück zu versuchen«, sagte das weiße Lamm, »denn sie wollten mich zum Christfest schlachten.«

»Sie haben auch bei mir davon gesprochen, mich zu töten«, sagte die Katze, »und so ist es wohl besser, wenn ich mit dir komme.«

»Komm nur mit«, sagte das weiße Lamm.

Darauf gingen sie weiter, bis ein Hahn zu ihnen stieß. »Heil und Segen, weißes Lamm!« sagte der Hahn.

»Heil und Segen dir selber, o Hahn!« sagte das weiße Lamm.

»Wo gehst du hin?« sagte der Hahn.

»Ich will fortgehen«, sagte das weiße Lamm, »denn mir drohte zum Christfest der Tod.«

»Mich wollten sie genau zu der gleichen Zeit umbringen«, sagte der Hahn, »und so will ich mit dir gehen.«

»Komm mit uns«, sagte das weiße Lamm.

Sie gingen weiter, bis sie einer Gans begegneten. »Heil und Segen, weißes Lamm!« sagte die Gans.

»Heil und Segen dir selber, o Gans!« sagte das weiße Lamm.

»Wo gehst du hin?« sagte die Gans.

»Ich bin davongelaufen«, sagte das weiße Lamm, »weil sie vorhatten, mich zum Christfest zu schlachten.«

»Das hatten sie mit mir auch vor«, sagte die Gans, »und so will ich denn lieber mit dir gehen.«

Die Gesellschaft zog weiter, bis die Nacht hereinbrach, da sahen sie ein kleines Licht in der Ferne; und wenn es auch in der Ferne war, so brauchten sie doch nicht lange, um hinzugelangen. Als sie zu dem Haus kamen, sagten sie zueinander, sie wollten durchs Feuer hineinschauen und sehen, wer in dem Hause sei, und sie sahen eine Schar Räuber, die zählten Geld; und das weiße Lamm sagte: »Jeder von uns soll seine Stimme erheben und seinen Ruf ausstoßen. Ich will meine Stimme erheben; und der Stier soll seine Stimme erheben; der Hund soll seine Stimme erheben; und die Katze die ihre; und der Hahn seine Stimme, und die Gans ihre Stimme.« Mit dem stießen sie alle zusammen einen einzigen fürchterlichen Schrei aus!

Als die Räuber das Geschrei draußen hörten, dachten sie, der Leibhaftige wäre vor der Tür; sie liefen hinaus und flohen in einen Wald, der in der Nähe war. Als das weiße Lamm und seine Gefährten sahen, daß das Haus leer war, gingen sie hinein, und sie bekamen all das Geld, das die Räuber gezählt hatten. Sie teilten es unter sich; und dann meinten sie, sie wollten sich zur Ruhe begeben. Sprach das weiße Lamm: »Wo willst du heute nacht schlafen, o Stier?«

»Ich will«, sagte der Stier, »hinter der Tür schlafen, wie ich es gewohnt bin.«

»Wo willst du schlafen, weißes Lamm?«

»Ich will«, sagte das weiße Lamm, »mitten auf dem Fußboden schlafen, wie ich es gewohnt bin!«

»Wo willst du schlafen, o Hund?« sagte das weiße Lamm. »Ich will neben dem Feuer schlafen, wie ich es gewohnt bin«, sagte der Hund. »Wo willst du schlafen, o Katze?«

»Ich will«, sagte die Katze, »im Kerzenschrank schlafen, wie ich es immer schon gerne tat.«

»Wo willst du schlafen, o Hahn?« sagte das weiße Lamm. »Ich«, sagte der Hahn, »will auf dem Dachgebälk schlafen, wo ich gewöhnlich sitze.« »Wo willst du schlafen, o Gans?«

»Ich will«, sagte die Gans, »auf dem Misthaufen schlafen, wie ich es gewöhnlich tue.«

Sie hatten sich noch nicht lange zur Ruhe niedergelassen, als einer der Räuber zurückkam um nachzusehen, ob er irgend jemanden in dem Haus entdecken könne. Es war alles ganz still, er tastete sich an den Kerzenschrank heran und wollte eine Kerze holen, die er anzünden könne, um Licht zu haben; aber als er seine Hand hineinsteckte, hieb ihm die Katze ihre scharfen Krallen in die Hand; trotzdem nahm er eine Kerze mit und versuchte, sie anzuzünden. Da stand der Hund auf, und er steckte seinen Schwanz in einen Krug mit Wasser, der neben dem Feuer war. Er wedelte mit dem Schwanz und löschte die Kerze aus. Nun meinte der Räuber tatsächlich, der Leibhaftige wäre im Haus, und floh davon; als er aber an dem weißen Lamm vorübereilte, gab es ihm einen Stoß, und ehe er an dem Stier vorbei war, hatte ihm der einen Tritt gegeben; und der Hahn fing an zu krähen; und als er ins Freie kam, bearbeitete die Gans seine Schenkel mit ihren Flügeln.

Der Räuber lief in den Wald, wo seine Gefährten waren, so schnell seine Füße ihn trugen. Sie fragten ihn, wie es ihm ergangen sei. »Nun«, sagte er, »nicht besonders gut; als ich zum Kerzenschrank kam, war ein Mann darin, der zehn Messer in meine Hand stieß; und als ich zur Feuerstelle ging, um die Kerze anzuzünden, lag da ein großer schwarzer Kerl, der sprengte Wasser darauf, um sie wieder auszulöschen; und als ich versuchte hinauszukommen, war ein großer Mann mitten auf dem Fußboden, der gab mir einen tüchtigen Schubs; und ein anderer Mann hinter der Tür stieß mich mit einem Tritt hinaus; und ein kleines, freches Balg saß im Dachboden und schrie: CUIR – A – NEES – AN – SHAW – AY – S – FONI – MI – HAYN – DA, das sollte wohl heißen: Schick ihn nur rauf, mit dem werd' ich schon fertig – und auf dem Misthaufen draußen war ein Schuster, der bearbeitete meine Schenkel fürchterlich mit seiner Schürze.«

Als die Räuber das hörten, wagten sie nicht mehr umzukehren, um den Haufen Geld zu holen, den sie zurückgelassen hatten. Das weiße Lamm und seine Gefährten behielten es für sich; und sie lebten friedlich und ohne Sorgen zusammen bis an das Ende ihrer Tage.

30. *Katze und Maus in Gesellschaft*

Eine Katze hatte Bekanntschaft mit einer Maus gemacht und ihr so viel von der großen Liebe und Freundschaft vorgesagt, die sie zu ihr trüge, daß die Maus endlich einwilligte, mit ihr zusammen in einem Hause zu wohnen und gemeinschaftliche Wirtschaft zu führen. »Aber für den Winter müssen wir Vorsorge tragen, sonst leiden wir Hunger«, sagte die Katze, »du, Mäuschen, kannst dich nicht überall hinwagen und gerätst mir am Ende in eine Falle.«

Der gute Rat ward also befolgt und ein Töpfchen mit Fett angekauft. Sie wußten aber nicht, wo sie es hinstellen sollten; endlich nach langer Überlegung sprach die Katze: »Ich weiß keinen Ort, wo es besser aufgehoben wäre als die Kirche, da getraut sich niemand etwas wegzunehmen: wir stellen es unter den Altar und rühren es nicht eher an, als bis wir es nötig haben.« Das Töpfchen ward also in Sicherheit gebracht, aber es dauerte nicht lange, so trug die Katze Gelüsten danach und sprach zur Maus: »Was ich dir sagen wollte, Mäuschen, ich bin von meiner Base zu Gevatter gebeten: sie hat ein Söhnchen zur Welt gebracht, weiß mit braunen Flecken, das soll ich über die Taufe halten. Laß mich heute ausgehen und besorge du das Haus allein.«

»Ja, ja«, antwortete die Maus, »geh in Gottes Namen, wenn du was Gutes issest, so denk an mich: von dem süßen roten Kindbetterwein tränk ich auch gerne ein Tröpfchen.«

Es war aber alles nicht wahr, die Katze hatte keine Base und war nicht zu Gevatter gebeten. Sie ging geradeswegs nach der Kirche, schlich zu dem Fettöpfchen, fing an zu lecken und leckte die fette Haut ab. Dann machte sie einen Spaziergang auf den Dächern der Stadt, besah sich die Gelegenheit, streckte sich hernach in der Sonne aus und wischte sich den Bart, sooft sie an das Fettöpfchen dachte. Erst als es Abend war, kam sie wieder nach Haus. »Nun, da bist du ja wieder«, sagte die Maus, »du hast gewiß einen lustigen Tag gehabt.«

»Es ging wohl an«, antwortete die Katze. »Was hat denn das Kind für einen Namen bekommen?« fragte die Maus. »Hautab«, sagte die Katze ganz trocken.

»Hautab«, rief die Maus, »das ist ja ein wunderlicher und seltsamer Name, ist der in eurer Familie gebräuchlich?«

»Was ist da weiter«, sagte die Katze, »er ist nicht schlechter als Bröseldieb, wie deine Paten heißen.«

Nicht lange danach überkam die Katze wieder ein Gelüsten. Sie sprach zur Maus: »Du mußt mir den Gefallen tun und nochmals das Hauswesen allein besorgen, ich bin zum zweitenmal zu Gevatter gebeten, und da das Kind einen weißen Ring um den Hals hat, so kann ich's nicht absagen.«

Die gute Maus willigte ein, die Katze aber schlich hinter der Stadtmauer zu der Kirche und fraß den Fettopf halb aus. »Es schmeckt nichts besser«, sagte sie, »als was man selber ißt«, und war mit ihrem Tagewerk ganz zufrieden.

Als sie heimkam, fragte die Maus: »Wie ist denn dieses Kind getauft worden?«

»Halbaus«, antwortete die Katze.

»Halbaus! Was du sagst! Den Namen habe ich mein Lebtag noch nicht gehört, ich wette, der steht nicht in dem Kalender.«

Der Katze wässerte das Maul bald wieder nach dem Leckerwerk. »Aller guten Dinge sind drei«, sprach sie zu der Maus, »da soll ich wieder Gevatter stehen, das Kind ist ganz schwarz und hat bloß weiße Pfoten, sonst kein weißes Haar am ganzen Leib, das trifft sich alle paar Jahr nur einmal: du lässest mich doch ausgehen?«

»Hautab! Halbaus!« antwortete die Maus, »es sind so kuriose Namen, die machen mich so nachdenksam.«

»Da sitzest du daheim in deinem dunkelgrauen Flausrock und deinem langen Haarzopf«, sprach die Katze, »und fängst Grillen: das kommt davon, wenn man bei Tage nicht ausgeht.«

Die Maus räumte während der Abwesenheit der Katze auf und brachte das Haus in Ordnung, die naschhafte Katze aber fraß den Fettopf rein aus. »Wenn erst alles aufgezehrt ist, so hat man Ruhe«, sagte sie zu sich selbst und kam satt und dick erst in der Nacht nach Haus. Die Maus fragte gleich nach dem Namen, den das dritte Kind bekommen hätte. »Er wird dir wohl auch nicht gefallen«, sagte die Katze, »er heißt Ganzaus.«

»Ganzaus!« rief die Maus, »das ist der allerbedenklichste Name, gedruckt ist er mir noch nicht vorgekommen. Ganzaus! Was soll das bedeuten?«

Sie schüttelte den Kopf, rollte sich zusammen und legte sich schlafen. Von nun an wollte niemand mehr die Katze zu Gevatter bitten, als aber der Winter herangekommen und draußen nichts mehr zu finden war, gedachte die Maus ihres Vorrats und sprach: »Komm, Katze, wir wollen zu unserm Fettopfe gehen, den wir uns aufgespart haben, der wird uns schmecken.«

»Jawohl«, antwortete die Katze, »der wird dir schmecken, als wenn du deine feine Zunge zum Fenster hinausstreckst.«

Sie machten sich auf den Weg, und als sie anlangten, stand zwar der Fettopf noch an seinem Platz, er war aber leer.

»Ach«, sagte die Maus, »jetzt merke ich, was geschehen ist, jetzt kommt's an den Tag, du bist mir die wahre Freundin! Aufgefressen hast du alles, wie du zu Gevatter gestanden hast: erst Haut ab, dann halb aus, dann . . .«

»Willst du schweigen«, rief die Katze, »noch ein Wort, und ich fresse dich auf.«

»Ganz aus«, hatte die arme Maus schon auf der Zunge, kaum war es heraus, so tat die Katze einen Satz nach ihr, packte sie und schluckte sie hinunter.

Siehst du, so geht's in der Welt.

31. Die Schneekönigin
Ein Märchen in sieben Geschichten

Erste Geschichte,
die vom Spiegel und von den Scherben handelt

Siehst du, jetzt fangen wir an! Wenn wir am Ende der Geschichte angelangt sind, wissen wir mehr, als wir jetzt wissen, denn das war ein böser Troll! Es war einer von den allerschlimmsten, es war der Teufel! Eines Tages war er in allerbester Laune, denn er hatte einen Spiegel hergestellt, der die Eigenschaft besaß, daß sich alles Gute und Schöne darin so sehr verkleinerte, bis es fast gar nicht mehr da war, während das, was nichts taugte und sich schlecht ausnahm, erst recht hervortrat und noch schlimmer wurde. Die schönsten Landschaften sahen wie gekochter Spinat darin aus, und die besten Menschen wurden abscheulich oder standen ohne Bauch auf dem Kopf; die Gesichter wurden so verzerrt, daß sie nicht mehr zu erkennen waren, und wer eine Sommersprosse hatte, der konnte sicher sein, daß sie ihm jetzt über Mund und Nase lief. Das sei ungeheuer lustig, sagte der Teufel. Wenn nun ein guter, frommer Gedanke durch einen Menschen ging, dann erschien im Spiegel ein Grinsen, und der Troll-Teufel mußte über seine kunstvolle Erfindung lachen. Alle, die in die Troll-Schule gingen – denn er hielt Troll-Schule ab –, erzählten weit und breit, es sei ein Wunder geschehen; erst jetzt könne man richtig erkennen, meinten sie, wie die Welt und die Menschen in Wirklichkeit ausschauten. Sie liefen mit dem Spiegel überall hin, und schließlich gab es kein Land und keinen Menschen mehr, der nicht darin verzerrt worden wäre. Nun wollten sie sogar zum Himmel fliegen, um mit den Engeln und unserm Herrgott ihren Spaß zu treiben. Je höher sie mit dem Spiegel flogen, desto unverschämter wurde sein Grinsen, so daß sie ihn kaum noch festhalten konnten. Sie flogen höher und höher, näher und näher zu Gott und den Engeln. Da wurde der Spiegel von seinem Grinsen so furchtbar erschüttert, daß er aus ihren Händen glitt und auf die Erde stürzte, wo er in hundert Millionen, Billionen und noch mehr Stücke zersprang und just dadurch noch viel mehr Unglück als zuvor anrichtete. Einige Stücke nämlich, die kaum so groß wie ein Sandkorn waren, flogen in die weite Welt, und wenn sie den Leuten in die Augen gerieten, blieben sie sitzen, und dann sahen diese Menschen alles verkehrt oder erkannten an einer Sache nur das, was verkehrt war, denn jedes kleine Spiegelkörnchen besaß noch dieselben Kräfte wie der ganze Spiegel. Einige Menschen bekamen sogar eine kleine Spiegelscherbe ins Herz, und das war ganz entsetzlich, ihr Herz wurde gleichsam ein Klumpen Eis. Manche

Stücke des Spiegels waren so groß, daß sie als Fensterglas eingesetzt wurden, aber durch eine solche Scheibe betrachtete man seine Freunde besser nicht. Andere Stücke gerieten in Brillen, und wenn die Leute diese Brillen aufsetzten, um richtig zu sehen und gerecht zu sein, dann ging das nicht gut; der Böse lachte, daß ihm der Bauch platzte, und das fand er so schön kitzlig. Aber es flogen noch mehr kleine Glasscherben durch die Luft. Jetzt werden wir hören!

Zweite Geschichte
Ein kleiner Junge und ein kleines Mädchen

In der großen Stadt, wo es so viele Häuser und Menschen und so wenig Platz gibt, daß nicht alle Leute einen kleinen Garten haben können und sich die meisten daher mit Blumen in Töpfen begnügen müssen, wohnten zwei arme Kinder, deren Garten doch etwas größer als ein Blumentopf war. Sie waren nicht verschwistert, hatten sich aber so lieb, als wären sie Bruder und Schwester. Ihre Eltern wohnten in zwei Dachkammern, die einander direkt gegenüberlagen, und wo das eine Dach an das Dach des Nachbarhauses stieß und die Dachrinnen verliefen, da hatte jedes Haus ein kleines Fenster; man brauchte also nur über die Rinne zu steigen, um von dem einen Fenster zum anderen zu gelangen.

Die Eltern hatten vor jedem Fenster einen großen Holzkasten angebracht, und darin bauten sie Kräuter an, die sie in der Küche brauchten, und dann war in jedem Kasten auch ein kleiner Rosenstock, der ganz wunderbar gedieh. Nun kamen die Eltern auf die Idee, die Kästen quer über die Dachrinne zu stellen, so daß sie beinah von einem Fenster zum anderen reichten und ganz und gar wie zwei Blumenbeete wirkten. Die Erbsenranken hingen über die Ränder, und die Rosenstöcke wanden ihre lange Zweige um die Fenster und neigten sich einander zu – das sah fast wie eine Ehrenpforte aus Blättern und Blüten aus. Weil diese Kästen sehr hoch waren und die Kinder wußten, daß sie nicht auf den Rand klettern durften, wurde es ihnen oft erlaubt, einander zu besuchen und auf ihren kleinen Schemeln unter den Rosen zu sitzen, und da spielten sie wunderbar.

Im Winter war es mit diesem Vergnügen dann vorbei. Oft waren die Fenster ganz und gar zugefroren, aber die Kinder erwärmten auf dem Kachelofen Kupferschillinge, drückten sie gegen die gefrorene Scheibe, so daß dort ein herrliches Guckloch schmolz, ganz rund, ganz rund. Hindurch schaute ein liebes, mildes Auge, eins von jedem Fenster – der kleine Junge und das kleine Mädchen. Er hieß Kay, und sie hieß Gerda. Im Sommer konnten sie mit einem Sprung zueinander kommen, im Winter mußten sie erst viele Treppen hinunter und viele Treppen hinauf, und draußen stiebte der Schnee.

»Da schwärmen die weißen Bienen«, sagte die alte Großmutter.

»Haben sie auch eine Bienenkönigin?« fragte der kleine Junge, denn er wußte, daß es bei den wirklichen Bienen eine solche gab.

»Die haben sie«, sagte die Großmutter. »Sie fliegt dort, wo sie am dichtesten schwärmen. Sie ist die größte von allen, und sie bleibt niemals auf der Erde liegen, sondern fliegt wieder mit der schwarzen Wolke empor. So manche Winternacht fliegt sie durch die Straßen der Stadt und guckt in die Fenster, und dann frieren sie so wunderlich zu, wie mit Blumen bedeckt.«

»Ja, das haben wir gesehen«, sagten beide Kinder, und da wußten sie, daß es stimmte.

»Kann die Schneekönigin zu uns hereinkommen?« fragte das kleine Mädchen.

»Das soll sie nur«, sagte der Junge, »ich setze sie auf den warmen Kachelofen, und dann schmilzt sie.«

Doch die Großmutter strich ihm über das Haar und erzählte andere Geschichten.

Abends, als der kleine Kay zu Hause und halb ausgezogen war, kletterte er auf den Stuhl am Fenster und guckte durch das kleine Loch hinaus. Ein paar Schneeflocken fielen vom Himmel, und eine davon, die allergrößte, blieb auf dem Rand des einen Blumenkastens liegen. Sie wuchs und wuchs, und schließlich war sie ein ganzes Frauenzimmer, eingehüllt in den feinsten weißen Flor, der aus Millionen von sternähnlichen Flocken zusammengesetzt schien. Sie war sehr schön und fein, jedoch aus Eis, dem blendenden, blitzenden Eis, und doch war sie lebendig. Ihre Augen starrten wie zwei helle Sterne, aber darin war weder Rast noch Ruh. Sie nickte zum Fenster und winkte mit der Hand. Der kleine Junge sprang erschrocken vom Stuhl, da war es, als flöge draußen ein großer Vogel vorüber.

Am nächsten Tag herrschte klarer Frost – und dann wurde es Frühling, die Sonne schien, das Grün kam zum Vorschein, die Schwalben bauten Nester, die Fenster öffneten sich, und die Kinder saßen wieder in ihrem kleinen Garten in der Dachrinne, hoch über allen Stockwerken.

In diesem Sommer blühten die Rosen so schön wie nie. Das kleine Mädchen hatte einen Choral gelernt, in dem es um Rosen ging, und dabei dachte sie an ihre eigenen; und sie sang ihn dem kleinen Jungen vor, und der sang mit:

> »Die Rosen sind voller Blüten,
> Das Jesuskind wird uns behüten!«

Und die Kinder hielten sich an den Händen, küßten die Rosen, schauten in Gottes hellen Sonnenschein und sprachen zu ihm, als wäre darin das Jesuskind. Wie schön waren diese Sommertage, wie herrlich war es unter den frischen Rosenstöcken, die aussahen, als wollten sie niemals aufhören zu blühen!

Kay und Gerda betrachteten gerade das Bilderbuch mit Tieren und Vögeln, da geschah es – die Uhr auf dem großen Kirchturm schlug genau fünf – , daß Kay ausrief: »Au, es hat mir ins Herz gestochen! Und jetzt habe ich etwas ins Auge bekommen!«

Das kleine Mädchen faßte ihn um den Hals; er zwinkerte mit den Augen, nein, da war nichts zu sehen.

»Ich glaube, es ist weg«, sagte er, aber es war nicht weg. Es war just eins dieser Glaskörnchen, die aus dem Spiegel gesprungen waren, dem Trollspiegel, wir erinnern uns wohl, dem häßlichen Glas, das alles Große und Gute, wenn es sich darin spiegelte, klein und häßlich machte, und alles

Böse und Schlechte so recht hervortreten ließ, so daß jeder Fehler an einem Ding sogleich in die Augen fiel. Ein weiteres Körnchen war dem armen Kay mitten ins Herz geflogen und würde es bald in einen Eisklumpen verwandeln. Es tat zwar nicht mehr weh, aber das Körnchen war da.

»Warum weinst du?« fragte er. »Das macht dich häßlich! Mir fehlt doch gar nichts. Pfui!« rief er auf einmal. »An dieser Rose hat ein Wurm genagt! Und sieh mal, da ist eine ganz schief. Eigentlich sind diese Rosen abscheulich, sie sind wie die Kästen, in denen sie stehen!« Und dann versetzte er dem Kasten einen kräftigen Fußtritt und riß die beiden Rosen ab.

»Kay, was tust du!« rief das kleine Mädchen. Und als er ihr Entsetzen sah, riß er eine dritte Rose ab, verschwand rasch durch sein Fenster und ließ die liebe kleine Gerda allein.

Als sie später mit dem Bilderbuch zu ihm kam, sagte er, das sei für Säuglinge, und wenn die Großmutter Geschichten erzählte, hatte er ständig ein *Aber*. Wenn er eine Gelegenheit dazu fand, stellte er sich hinter sie, setzte eine Brille auf und ahmte sie nach, und zwar ganz genau, und brachte damit die Leute zum Lachen. Bald gab es in der ganzen Straße keinen Menschen mehr, dessen Sprache und Gang er nicht imitieren konnte; alles, was bei den Leuten auffällig und unschön war, verstand Kay nachzumachen, und es wurde gesagt: »Dieser Junge ist bestimmt ein vorzüglicher Kopf!« Aber es lag an dem Glas, das er ins Auge bekommen hatte, und an dem Glas, das in seinem Herzen saß, das war der Grund, weshalb er sogar die kleine Gerda hänselte, die ihn von ganzer Seele liebte.

Er spielte nun ganz andere Spiele als zuvor, sie waren überaus vernünftig. An einem Wintertag, als die Schneeflocken stiebten, holte er sich ein großes Brennglas, hob den Zipfel seines blauen Mantels an und ließ die Schneeflocken darauf fallen.

»Guck mal durch das Glas, Gerda!« sagte er, und da war jede Schneeflocke viel größer geworden und glich einer prächtigen Blume oder einem zehneckigen Stern – das war ein herrlicher Anblick.

»Siehst du, wie kunstvoll!« sagte Kay. »Die sind viel interessanter als die wirklichen Blumen, und an denen ist kein einziger Fehler, sie sind ganz akkurat, wenn sie nur nicht schmelzen.«

Kurz darauf zog Kay große Handschuhe an, nahm seinen Schlitten auf den Rücken und schrie Gerda direkt ins Ohr: »Ich darf zum großen Platz fahren, wo die andern spielen!« Und weg war er.

Auf diesem Platz kam es oft vor, daß die kecksten Jungen ihre Schlitten an einem Bauernwagen festbanden und dann ein gutes Stück mitfuhren. Das war ein besonderer Spaß. Gerade als sie am besten spielten, näherte sich ein großer Schlitten, der ganz weißgemalt war, und darin saß eine Gestalt, die einen zottigen weißen Pelz und eine weiße zottige Mütze trug. Als der Schlitten zweimal den Platz umrundet hatte, band Kay rasch seinen kleinen Schlitten daran fest und fuhr nun mit. Es ging schneller, immer schneller und in die nächste Straße hinein; die weiße Person drehte sich um und nickte Kay so freundlich zu, als ob sie Bekannte wären. Jedesmal, wenn Kay seinen Schlitten losbinden wollte, nickte sie wieder, und da blieb er sitzen, und sie fuhren geradewegs zum Stadttor hinaus. Nun fiel der Schnee in solchen Mengen, daß der kleine Junge keine Hand mehr vor Augen sehen konnte, und doch fuhr er weiter. Da ließ er schnell die Schnur los, um von dem großen Schlitten freizukommen, aber das half nichts, sein kleines Fahrzeug hing fest, und in Windeseile ging es davon. Er schrie ganz laut, ohne daß ihn jemand hörte, und der Schnee stiebte, und der Schlitten flog weiter und machte dann und wann einen Sprung, als überquerte er Gräben und Zäune. Zutiefst erschrocken wollte Kay sein Vaterunser beten, doch das einzige, was ihm einfiel, war das große Einmaleins.

Die Schneeflocken wurden größer und größer, sahen schließlich wie große weiße Hühner aus und flogen plötzlich zur Seite. Der große Schlitten hielt an, und die Person, die ihn gefahren hatte, erhob sich – ihr Pelz und ihre Mütze waren aus purem Schnee. Es war eine Dame, sehr groß und stolz und blendend weiß, es war die Schneekönigin.

»Wir sind gut vorangekommen«, sagte sie. »Aber du frierst ja! Kriech zu mir in den Bärenpelz!« Und sie setzte ihn neben sich auf den Schlitten und hüllte ihn in ihren Pelz; dabei war ihm, als würde er in einer Schneewehe versinken. »Frierst du noch?« fragte sie, und dann küßte sie ihn auf die Stirn. Hu, das war kälter als Eis und fuhr ihm mitten ins Herz, das ja schon halbwegs ein Eisklumpen war. Ihm war zum Sterben zumute – doch nur für einen Augenblick, dann tat es gerade gut; von der Kälte, die ihn umgab, spürte er nichts mehr.

»Mein Schlitten! Vergiß meinen Schlitten nicht!« Das fiel ihm als erstes ein, und der wurde nun einem der weißen Hühner auf den Rücken gebunden, und das flog nun mit ihm hinterdrein. Die Schneekönigin küßte den Jungen noch einmal, und da hatte er die kleine Gerda und die Großmutter und alle daheim vergessen.

»Mehr Küsse bekommst du jetzt nicht«, sagte sie, »sonst küsse ich dich zu Tode.«

Kay betrachtete sie: sie war wunderschön, er konnte sich kein klügeres, reizvolleres Gesicht vorstellen. Jetzt schien sie nicht aus Eis, wie damals, als sie vor seinem Fenster gesessen und ihm zugewinkt hatte, sie war in seinen Augen vollkommen. Er verspürte nicht die geringste Furcht und erzählte ihr, was er konnte: Kopfrechnen und Rechnen mit Brüchen, wie viele Quadratmeilen und wie viele Einwohner die Länder hatten. Weil sie die ganze Zeit lächelte, glaubte er, er wisse doch nicht genug, und schaute in den großen, großen Luftraum hinauf. Und sie flog mit ihm weiter, flog hoch empor auf der schwarzen Wolke, und der Sturm sauste und brauste und schien alte Lieder zu singen. Sie flogen über Wälder und Seen, über Meere und Länder; unter ihnen pfiff der kalte Wind, heulten die Wölfe, funkelte der Schnee, krächzten schwarze Krähen. Doch am Himmel schien der Mond so groß und hell, und ihn sah Kay in der langen, langen Winternacht an, während er am Tage zu Füßen der Schneekönigin schlief.

Dritte Geschichte
Der Blumengarten der Frau, die zaubern konnte

Doch wie erging es der kleinen Gerda, als Kay nicht wiederkehrte? Wo war er nur? – Niemand wußte es, niemand konnte Auskunft geben. Die anderen Jungen erzählten, sie hätten nur gesehen, daß er seinen kleinen Schlitten an einen prächtigen großen gebunden habe und mit ihm dann die Straße entlang und zum Stadttor hinausgefahren sei. Niemand wußte, wo er war, viele Tränen flossen, die kleine Gerda weinte und weinte bitterlich. – Dann sagten die Leute, er sei tot, sei im Fluß nahe der Stadt ertrunken. Ach, das waren sehr lange, dunkle Wintertage.

Dann kam der Frühling, und die Sonne schien wärmer.

»Kay ist tot und verschwunden!« sagte die kleine Gerda.

»Das glaube ich nicht«, sagte der Sonnenschein.

»Er ist tot und verschwunden!« sagte sie zu den Schwalben.

»Das glauben wir nicht«, antworteten sie, und schließlich glaubte es die kleine Gerda auch nicht.

»Ich will meine neuen roten Schuhe anziehen«, sagte sie eines Morgens, »die Kay nie gesehen hat, und dann will ich hinunter zum Fluß gehen und den fragen.«

Und es war noch ganz früh; sie küßte ihre alte Großmutter, die noch schlief, zog sich die roten Schuhe an und ging ganz allein zum Tor hinaus und zum Fluß.

»Stimmt es, daß du mir meinen kleinen Spielgefährten weggenommen hast? Ich will dir meine roten Schuhe schenken, wenn du ihn mir zurückgibst!«

Es kam ihr so vor, als ob die Wellen sonderbar nickten, und da nahm sie ihre roten Schuhe, die ihr das Liebste waren, und warf sie alle beide in den Fluß. Doch sie fielen so dicht am Ufer nieder, daß die kleinen Wellen sie rasch wieder zu ihr trugen, als wollte der Fluß ihr Liebstes nicht haben, weil auch er den kleinen Kay nicht hatte. Sie aber glaubte, sie hätte nur nicht weit genug geworfen, und als sie im Schilf ein Boot erblickte, kletterte sie hinein, ging bis ans äußerste Ende und warf die Schuhe noch einmal ins Wasser. Doch das Boot war nicht festgebunden, und sie stieß es durch ihre Bewegung vom Ufer ab. Als sie das merkte, wollte sie schleunigst an Land zurück, aber das Boot war schon mehr als eine Elle weit entfernt und schwamm immer schneller davon.

Da bekam die kleine Gerda einen großen Schreck und fing laut an zu weinen, was keiner hörte außer den Spatzen, und die konnten sie nicht an Land tragen. Doch sie flogen am Ufer entlang und sangen, wie um sie zu trösten: »Hier sind wir! Hier sind wir!« Das Boot trieb mit der Strömung, die kleine Gerda saß ganz still, nur in Strümpfen; ihre kleinen roten Schuhe schwammen hinterdrein, konnten aber das Boot nicht erreichen, denn es trieb immer rascher davon.

Die Ufer waren schön zu beiden Seiten, prächtige Blumen, alte Bäume und Hänge mit Schafen und Kühen waren zu sehen, doch nirgends ein Mensch.

»Vielleicht trägt der Fluß mich zum kleinen Kay«, dachte Gerda, und da wurde ihre Stimmung besser, sie richtete sich auf und betrachtete viele Stunden die schönen grünen Ufer. Dann trieb sie auf einen großen Kirschgarten zu, in dem ein Häuschen stand, das merkwürdige rote und blaue Fenster und ein Strohdach hatte, und davor standen zwei hölzerne Soldaten, die schulterten für die Vorbeifahrenden das Gewehr.

Gerda glaubte, sie wären lebendig, und rief sie an, doch natürlich gaben sie keine Antwort. Der Fluß trieb das Boot ganz dicht an sie heran und direkt zum Ufer.

Als Gerda noch lauter rief, kam aus dem Haus eine alte, alte Frau. Sie stützte sich auf einen Krummstab und trug auf dem Kopf einen großen Sonnenhut, der mit den schönsten Blumen bemalt war.

»Du armes Kindchen!« sagte die alte Frau. »Wie bist du nur in diesen großen, reißenden Strom geraten und so weit in die Welt hinausgetrieben?« Und dann watete sie durch das Wasser, packte mit ihrem Krummstab das Boot, zog es an Land und hob die kleine Gerda heraus.

Und obwohl sich Gerda freute, daß sie nun auf dem Trockenen war, hatte sie vor der fremden alten Frau doch ein wenig Angst.

»Jetzt erzähl mir mal, wer du bist und was dich hierhergeführt hat!« sagte die Alte.

Da begann Gerda zu erzählen, und die Frau schüttelte den Kopf und sagte: »Hm! Hm!« Und nachdem Gerda alles berichtet und sie gefragt hatte, ob sie nicht den kleinen Kay gesehen habe, antwortete die Frau, er sei zwar noch nicht vorbeigekommen, würde es aber sicher tun; Gerda solle nur nicht traurig sein, sondern ihre Kirschen probieren und die Blumen betrachten, die seien schöner als irgendein Bilderbuch, und jede könne eine ganze Geschichte erzählen. Dann nahm sie Gerda bei der Hand, ging mit ihr in das Häuschen und schloß die Tür auf.

Die Fenster saßen sehr hoch, hatten rote, blaue und gelbe Scheiben und ließen das Tageslicht ganz sonderbar in allen Farben schimmern. Auf dem Tisch standen die herrlichsten Kirschen, und Gerda durfte so viele essen, wie sie wollte. Und während sie aß, kämmte die alte Frau mit einem goldenen Kamm ihr Haar, bis es sich kräuselte und mit wunderbarem gelben Glanz ihr freundliches kleines Gesicht umrahmte, das ganz rund war und wie eine Rose aussah.

»So ein liebes kleines Mädchen habe ich mir immer gewünscht«, sagte die Alte. »Jetzt sollst du sehen, wie gut wir zwei uns vertragen!« Und je länger sie Gerdas Haare kämmte, um so weniger dachte das Mädchen an Kay, ihren Pflegebruder. Die alte Frau konnte nämlich zaubern, war aber kein böses Trollweib, sondern zauberte nur ein bißchen zu ihrem eigenen Vergnügen, und nun wollte sie die kleine Gerda gern behalten. Deshalb ging sie in den Garten, richtete ihren Krummstab auf alle Rosenstöcke, und die mochten noch so schön blühen, sie versanken doch allesamt in der schwarzen Erde, und nichts ließ erkennen, wo sie gestanden hatten. Die Alte befürchtete nämlich, Gerda könnte beim Anblick dieser Blumen an ihre Rosen zu Hause denken und sich dann an den kleinen Kay erinnern und davonlaufen.

Nun führte sie Gerda in den Blumengarten. – Nein, was für ein Duft und welch eine Schönheit! Alle nur denkbaren Blumen, und zwar aus allen Jahreszeiten, standen im herrlichsten Flor – kein Bilderbuch konnte bunter und schöner sein. Gerda hüpfte vor Freude und spielte nun hinter den hohen Kirschbäumen, bis die Sonne unterging. Dann bekam sie ein schönes Bett mit roten Seidendecken, die mit blauen Veilchen gefüllt waren, und sie schlief und träumte so herrlich wie eine Königin an ihrem Hochzeitstag. Am nächsten Tag durfte sie wieder mit den Blumen im warmen Sonnenschein spielen – so vergingen viele Tage. Gerda kannte jede Blume, doch wie viele es hier auch gab, eine schien ihr doch zu fehlen, nur welche, das wußte sie nicht. Eines Tages fiel ihr Blick auf den Sonnenhut der alten Frau, der mit Blumen bemalt war, und just die schönste davon war eine Rose. Während die Alte alle anderen Rosen in die Erde gezaubert hatte, hatte sie die am Hut vergessen – so ist das, wenn man seine Gedanken nicht beisammen hat!

»Wie«, sagte Gerda, »soll es hier keine Rosen geben?«

Doch als sie zwischen die Beete sprang, suchte und suchte, konnte sie keine finden. Da setzte sie sich nieder und weinte, und ihre heißen Tränen fielen gerade auf jene Stelle, wo ein Rosenstock versunken war, und als sie die Erde näßten, wuchs er mit einem Mal empor, so blühend wie einst. Und Gerda umarmte ihn, küßte die Blüten und dachte an ihre schönen Rosen daheim und damit auch an den kleinen Kay.

»Oh, wie bin ich aufgehalten worden!« sagte das kleine Mädchen. »Ich war doch auf der Suche nach Kay! – Wißt ihr nicht, wo er ist?« fragte sie die Rosen. »Glaubt ihr, daß er tot ist und verschwunden?«

»Tot ist er nicht«, sagten die Rosen. »Wir kommen ja aus der Erde, wo alle Toten sind, aber Kay war nicht dabei.«

»Habt vielen Dank!« sagte die kleine Gerda. Dann ging sie zu den anderen Blumen, schaute in ihre Kelche und fragte: »Wißt ihr nicht, wo der kleine Kay ist?«

Doch jede Blume stand in der Sonne und träumte ihr eigenes Märchen, ihre eigene Geschichte; davon hörte Gerda so viele, viele, doch keine wußte etwas von Kay.

Und was erzählte die Feuerlilie?

»Hörst du die Trommel: bum! bum! Sie hat nur zwei Töne, immer bum! bum! Hör den Trauergesang der Frauen! Hör die Rufe der Priester! Auf dem Scheiterhaufen steht im langen roten Gewand die Hindu-Frau, die Flammen umlodern sie und ihren toten Mann. Doch sie denkt an den Lebendigen in diesem Kreis, an ihn, dessen Augen heißer brennen als die Flammen, der mit dem Feuer seiner Augen eher ihr Herz erreicht als jene Flammen, die ihren Körper bald zu Asche verwandeln. Kann die Flamme des Herzens in den Flammen des Scheiterhaufens sterben?«

»Das verstehe ich gar nicht«, sagte die kleine Gerda.

»Das ist mein Märchen!« sagte die Feuerlilie.

Und was sagte die Winde?

»Über dem schmalen Gebirgspfad ragt eine alte Ritterburg auf; an ihren alten roten Mauern wächst dichtes Immergrün, Blatt an Blatt, und windet sich um den Balkon, auf dem ein schönes Mädchen steht. Sie beugt sich über die Brüstung und blickt auf den Weg hinunter. Keine Rose am Strauch ist frischer, keine Apfelblüte im Wind schwebt anmutiger als sie; wie raschelt ihr prächtiges Seidengewand. ›Kommt er denn nicht?‹«

»Ist es Kay, den du meinst?« fragte die kleine Gerda.

»Ich rede nur von meinem Märchen, meinem Traum«, antwortete die Winde.

Was sagte das kleine Schneeglöckchen?

»Zwischen den Bäumen hängt an Stricken ein langes Brett, das ist eine Schaukel. Zwei niedliche kleine Mädchen – die Kleider sind weiß wie Schnee, lange grüne Seidenbänder flattern von den Hüten – schwingen sich hin und her. Ihr Bruder, der größer ist als sie, steht auf dem Brett und hat nur den Arm um den Strick gelegt, denn in der einen Hand hält er eine kleine Schüssel, in der anderen eine Tonpfeife – er macht Seifenblasen. Die Schaukel geht hin und her, und die Blasen fliegen mit prächtigen, wechselnden Farben, die letzte hängt noch am Pfeifenstiel und flattert im Wind; die Schaukel schwingt. Das schwarze Hündchen, leicht wie die

Blasen, stellt sich auf die Hinterbeine und will auch auf die fliegende Schaukel; es fällt auf die Nase, kläfft und ist wütend – es ist genarrt, die Seifenblasen platzen. – Ein schaukelndes Brett, ein zerspringendes Schaumbild, das ist mein Lied!«

»Es mag ja hübsch sein, was du erzählst, aber du sagst es so traurig, und Kay nennst du gar nicht. Was sagen die Hyazinthen?«

»Es waren drei schöne Schwestern, so durchsichtig und fein; die eine hatte ein rotes Gewand, die zweite ein blaues, die dritte ein ganz weißes. Hand in Hand tanzten sie im hellen Mondschein am stillen See. Sie waren keine Elfen, sondern Menschenkinder. Es duftete so süß, und die Mädchen verschwanden im Wald; der Duft wurde stärker – drei Särge kamen aus dem Dickicht des Waldes und glitten über den See, darin lagen die schönen Mädchen; Glühwürmchen schwirrten leuchtend herum, wie kleine schwebende Lichter. Schlafen die tanzenden Mädchen, oder sind sie tot? – Der Blumenduft sagt, daß sie gestorben sind, die Abendglocke läutet für die Toten!«

»Du machst mich ganz traurig«, sagte die kleine Gerda. »Du duftest so stark, ich muß an die toten Mädchen denken. Ach, ist der kleine Kay wirklich gestorben? Die Rosen waren in der Erde, und sie sagen nein!«

»Ding, dang!« läuteten die Glocken der Hyazinthen. »Wir läuten nicht für den kleinen Kay, den kennen wir nicht. Wir singen nur unser Lied, das einzige, das wir können.«

Und Gerda ging zur Butterblume, die zwischen den glänzenden grünen Blättern schimmerte.

»Du bist eine kleine helle Sonne!« sagte Gerda. »Sag mir, ob du weißt, wo ich meinen Spielgefährten finde!«

Und die Butterblume leuchtete so schön und erwiderte Gerdas Blick. Was für ein Lied konnte sie wohl singen? Es handelte auch nicht von Kay.

»Am ersten Frühlingstag schien Gottes liebe Sonne so warm in einen kleinen Hof und ließ ihre Strahlen an der weißen Wand des Nachbarn hinuntergleiten, wo gleich daneben die ersten gelben Blumen wuchsen, leuchtendes Gold in der warmen Sonne. Die alte Großmutter saß auf ihrem Stuhl vor dem Haus, ihre Enkeltochter, das arme, schöne Dienstmädchen, kam zu einem kurzen Besuch und küßte sie. In diesem lieben Kuß war Gold, das Gold des Herzens. Gold auf dem Munde, Gold auf dem Grunde, Gold dort oben in der Morgenstunde! Siehst du, das ist meine kleine Geschichte«, sagte die Butterblume.

»Meine arme alte Großmutter!« seufzte Gerda. »Ja, sie hat gewiß nach mir Sehnsucht, ist betrübt über mich, genauso wie über den kleinen Kay. Aber ich kehre bald zurück, und dann bringe ich Kay mit. – Es nützt nichts, daß ich die Blumen frage, sie können nur ihr eigenes Lied, sie geben mir keine Auskunft.« Und dann schürzte sie ihr Kleidchen, damit sie schneller laufen konnte. Doch eine Narzisse, über die sie sprang, schlug sie gegen die Beine. Da blieb sie stehen, betrachtete die lange gelbe Blume, beugte sich zu ihr hinunter und fragte: »Weißt du vielleicht etwas?«

Und was sagte die Narzisse?

»Ich kann mich selbst sehen! Ich kann mich selbst sehen!« sagte die Narzisse. »Oh, oh, wie ich dufte! – In der kleinen Dachkammer steht, halbbekleidet, eine kleine Tänzerin, bald steht sie auf einem Bein, bald auf zweien, sie tritt die ganze Welt mit Füßen, sie ist nur eine Augentäuschung. Sie gießt Wasser aus dem Teekessel auf ein Stück Stoff, das ist ihr Schnürleib – Reinlichkeit ist eine gute Sache! Das weiße Kleid dort am Haken hat sie auch im Teekessel gewaschen und auf dem Dach getrocknet; das zieht sie nun an, das safrangelbe Halstuch läßt es noch weißer leuchten. Hoch das Bein! Schau, wie stolz sie sich reckt auf einem Stiel! Ich kann mich selbst sehen! Ich kann mich selbst sehen!«

»Das gefällt mir überhaupt nicht!« sagte Gerda. »Das ist nichts für meine Ohren!« Und dann lief sie bis an die Grenze des Gartens.

Die Tür war geschlossen, doch sie rüttelte die verrostete Krampe los, und die Tür sprang auf, und dann lief die kleine Gerda auf nackten Füßen in die weite Welt hinaus. Sie blickte dreimal zurück, doch niemand verfolgte sie. Schließlich konnte sie nicht mehr laufen und setzte sich auf einen großen Stein, und als sie sich umsah, war der Sommer vergangen, und es war Spätherbst, was in dem prächtigen Garten, wo immer die Sonne schien und Blumen aller Jahreszeiten blühten, gar nicht zu spüren gewesen war.

»Gott, wie habe ich mich verspätet!« sagte die kleine Gerda. »Es ist ja schon Herbst! Da darf ich nicht ruhen!« Und sie stand auf und wollte weitergehen.

Ach, ihre kleinen Füße waren wund und müde, und ringsum sah es kalt und unwirtlich aus. Die langen Weidenblätter waren ganz gelb und trieften von Nässe, Blatt für Blatt fiel herab, nur der Schlehdorn trug Früchte, so herb, daß es einem den Mund zusammenzog. Ach, wie grau und bedrückend war es in der weiten Welt.

Vierte Geschichte
Prinz und Prinzessin

Als sich Gerda wieder ausruhen mußte, sah sie vor sich eine große Krähe im Schnee hüpfen; die hatte lange dort gesessen, das Mädchen betrachtet und mit dem Kopf gewackelt. Jetzt sagte sie: »Kra! Kra! – Gu’ Ta’! Gu’ Ta’!« Besser konnte sie sich nicht ausdrücken, doch sie meinte es gut mit dem kleinen Mädchen und fragte, wohin sie so allein in der weiten Welt unterwegs sei.

Das Wort *allein* verstand Gerda sehr gut und fühlte so recht, was darin lag, und da erzählte sie der Krähe ihr ganzes Leben und fragte, ob sie Kay nicht gesehen habe.

Und die Krähe nickte sehr nachdenklich und sagte: »Das könnte sein! Das könnte sein!«

»Glaubst du wirklich?« rief das kleine Mädchen und hätte die Krähe mit ihren Küssen fast totgedrückt.

»Vernünftig! Vernünftig!« sagte die Krähe. »Ich glaube, ich weiß – ich glaube, das könnte der kleine Kay sein. Aber er hat dich nun gewiß über der Prinzessin vergessen.«

»Wohnt er bei einer Prinzessin?« fragte Gerda.

»Hör zu!« sagte die Krähe. »Aber es fällt mir so schwer, deine Sprache zu sprechen. Wenn du Krähenwelsch verstehst, dann kann ich besser erzählen.«

»Nein, das habe ich nicht gelernt«, sagte Gerda, »aber Großmutter konnte es, und Löffelsprache konnte sie auch. Hätte ich es doch nur gelernt!«

»Macht nichts«, sagte die Krähe, »ich will erzählen, so gut ich kann, aber schlecht wird es trotzdem.« Und dann erzählte sie, was sie wußte.

»In dem Königreich, in dem wir jetzt sitzen, wohnt eine Prinzessin, die ist ungeheuer klug; aber sie hat auch alle Zeitungen, die es auf der Welt gibt, gelesen und dann wieder vergessen, so klug ist sie. Neulich sitzt sie auf ihrem Thron, und das ist gar nicht mal lustig, sagt man, und da summt sie unwillkürlich eine Melodie, und das war just das Lied ›Warum soll ich nicht heiraten‹. – ›Da ist etwas dran‹, sagt sie, und dann wollte sie heiraten, aber sie wollte einen Mann haben, der zu antworten wußte, wenn man ihn ansprach, nicht so einen, der nur vornehm aussieht, denn das ist so langweilig. Nun ließ sie alle Hofdamen zusammentrommeln, und als diese von ihrem Wunsch hörten, wurden sie ganz vergnügt. ›Das gefällt mir gut‹, sagten sie. ›An so etwas habe ich neulich auch schon gedacht.‹ – Glaub mir, jedes Wort, das ich sage, ist wahr!« beteuerte die Krähe. »Ich habe eine zahme Liebste, die läuft frei im Schloß herum, und die hat mir alles erzählt.«

Diese Liebste war natürlich auch eine Krähe, denn eine Krähe sitzt gern bei der andern.

»Die Zeitungen bekamen sogleich einen Rand mit Herzen und dem Namenszug der Prinzessin; man konnte lesen, daß es jedem jungen Mann von gutem Aussehen freistehe, aufs Schloß zu kommen und mit der Prinzessin zu reden; und denjenigen, der am unbefangensten und am besten reden konnte, den wollte die Prinzessin zum Mann nehmen. – Ja, ja«, sagte die Krähe. »Glaub mir, das ist so gewiß, wie ich hier sitze! Die Leute strömten herbei, es gab ein Gedränge und Gelaufe, doch keinem gelang es, weder am ersten noch am zweiten Tag. Draußen auf der Straße konnten sie allesamt gut reden, aber sowie sie durch das Schloßtor kamen und die Garde in Silber erblickten und auf den Treppen die Lakaien in Gold und dann die großen, hell erleuchteten Säle, da verschlug es ihnen die Sprache; und wenn sie vor dem Thron standen, auf dem die Prinzessin saß, dann wußten sie nichts weiter zu sagen als das letzte Wort, das sie gesagt hatte, und das mochte sie nicht noch einmal hören. Es war, als hätten die Leute im Schloß Schnupftabak auf den Bauch bekommen und wären in einen Dämmerschlaf gefallen, doch als sie dann wieder auf die Straße kamen, ja, da konnten sie reden! Da standen sie alle in einer ganzen Reihe da, vom Stadttor bis zum Schloß. Ich habe es mit eigenen

Augen gesehen!« sagte die Krähe. »Sie bekamen Hunger und Durst, aber vom Schloß wurde ihnen nicht einmal soviel wie ein Glas lauwarmes Wasser gegeben. Zwar hatten sich einige der Klügsten Butterbrote mitgenommen, aber die wollten sie nicht mit ihren Nachbarn teilen, denn sie dachten wohl so: ›Soll er doch hungrig aussehen, dann nimmt ihn die Prinzessin nicht!‹«

»Aber Kay, der kleine Kay?« fragte Gerda. »Wann ist er denn gekommen? War er unter den vielen?«

»Warte ab! Warte ab! Gleich sind wir bei ihm. Es war am dritten Tag, da kam ein kleiner Bursche, der hatte weder Pferd noch Wagen und marschierte ganz beherzt spornstreichs zum Schloß. Seine Augen glänzten wie deine, er hatte schönes langes Haar, aber sonst ärmliche Kleider.«

»Das war Kay!« jubelte Gerda. »Oh, dann habe ich ihn gefunden!« Und sie klatschte in die Hände.

»Er trug ein kleines Ränzel auf dem Rücken«, sagte die Krähe.

»Nein, das war sicher sein Schlitten«, sagte Gerda, »denn den hatte er zuletzt bei sich.«

»Das mag schon sein«, sagte die Krähe, »ich habe nicht so genau hingesehen. Aber das weiß ich von meiner zahmen Liebsten, als er durchs Schloßtor ging und die Leibgarde in Silber und auf der Treppe die Lakaien in Gold erblickte, da wurde er kein bißchen bange, sondern nickte ihnen zu und sagte: ›Es muß langweilig sein, auf der Treppe zu stehen, ich gehe lieber hinein.‹ Im Schloß strahlten die Säle von Lichtern, Geheimräte und Exzellenzen liefen barfuß und trugen goldene Schalen – da konnte einem ganz feierlich zumute werden! Seine Stiefel knarrten ganz furchtbar laut, aber er bekam doch keine Angst!«

»Das war ganz bestimmt Kay!« sagte Gerda. »Ich weiß, daß er neue Stiefel hatte, ich habe sie in Großmutters Stube knarren gehört.«

»Ja, geknarrt haben sie«, sagte die Krähe, »und keck ging er geradewegs zur Prinzessin, die auf einer Perle so groß wie ein Spinnrad saß. Und rundherum waren alle Hofdamen mit ihren Mägden und den Mägden ihrer Mägde und alle Kavaliere mit ihren Dienern und den Dienern ihrer Diener und deren Knecht aufgestellt, und je näher sie der Tür standen, um so stolzer sahen sie aus. Den Knecht der Diener der Diener, der immer in Pantoffeln geht, konnte man fast nicht ansehen, so stolz stand er in der Tür.«

»Das muß grauenhaft sein!« sagte die kleine Gerda. »Und Kay hat doch die Prinzessin bekommen?«

»Wäre ich nicht eine Krähe gewesen, dann hätte ich die Prinzessin genommen, und das, obwohl ich verlobt bin. Er soll genausogut gesprochen haben wie ich, wenn ich Krähenwelsch spreche, das habe ich von meiner zahmen Liebsten. Er war keck und hübsch; er wollte gar nicht um die Prinzessin freien, sondern war nur gekommen, um ihre Klugheit zu hören, und die gefiel ihm gut, und er gefiel ihr auch gut.«

»Ja, bestimmt war das Kay!« sagte Gerda. »Er war so klug, er konnte Kopfrechnen mit Brüchen! – Ach, bitte führ mich doch ins Schloß!«

»Das ist leicht gesagt«, entgegnete die Krähe. »Aber wie stellen wir das an? Ich will mit meiner zahmen Liebsten reden, sie kann uns wohl raten. Denn eins muß ich dir sagen: so einem kleinen Mädchen wie dir erlaubt man nie, ordentlich hineinzukommen!«

»Doch, das schaffe ich!« sagte Gerda. »Wenn Kay hört, daß ich hier bin, kommt er sofort heraus, um mich zu holen.«

»Warte auf mich dort am Steg!« sagte die Krähe, wackelte mit dem Kopf und flog davon.

Erst als es dunkler Abend war, kehrte sie zurück: »Kra! Kra!« sagte sie. »Ich soll dich vielmals von meiner Liebsten grüßen, und hier ist ein Stückchen Brot für dich, das hat sie in der Küche gestohlen, da gibt es genug davon, und du bist sicher hungrig. – Du kannst unmöglich ins Schloß hineingehen, du hast ja nackte Füße; das würden die Garde in Silber und die Lakaien in Gold nicht erlauben. Aber weine nicht, du sollst doch hineingelangen. Meine Liebste weiß eine kleine Hintertreppe, die zur Schlafkammer führt, und sie weiß auch, wo man den Schlüssel holt.«

Dann gingen sie in den Garten, in die große Allee, wo ein Blatt nach dem anderen fiel, und als nach und nach die Lichter im Schloß erloschen, führte die Krähe die kleine Gerda zu einer Hintertür, die nur angelehnt war.

Oh, wie Gerdas Herz vor Angst und Sehnsucht klopfte! Ihr war zumute, als sollte sie etwas Schlimmes tun, und sie wollte doch nur in Erfahrung bringen, ob es der kleine Kay war – ja, er mußte es sein! Sie stellte sich ganz lebhaft seine klugen Augen, sein langes Haar vor und konnte richtig sehen, wie er damals lächelte, als sie daheim unter den Rosen saßen. Sicher würde er sich freuen, wenn er sie erblickte, wenn er hörte, welch einen weiten Weg sie seinetwegen gegangen war, wenn er wüßte, wie es alle zu Hause bekümmert hatte, als er nicht zurückgekehrt war. Oh, wie sie sich fürchtete und freute!

Nun hatten sie die Treppe erreicht. Auf einem Schrank brannte eine kleine Lampe, mitten auf dem Fußboden stand die zahme Krähe, drehte den Kopf nach allen Seiten und betrachtete Gerda, die einen Knicks machte, wie die Großmutter ihr beigebracht hatte.

»Mein Verlobter hat so hübsch von Ihnen gesprochen, mein kleines Fräulein«, sagte die zahme Krähe, »Ihre Vita, wie man das nennt, ist auch äußerst rührend! – Würden Sie bitte die Lampe tragen, dann will ich vorangehen. Wir nehmen diesen geraden Weg, da begegnen wir keinem.«

»Mir scheint, es kommt jemand hinter uns her«, sagte Gerda, denn es schwirrte etwas an ihr vorüber, wie Schatten an der Wand, Pferde mit flatternden Mähnen und dünnen Beinen, Jägerburschen, Herren und Damen zu Pferde.

»Das sind nur die Träume«, sagte die Krähe. »Sie holen die Gedanken der hohen Herrschaft zur Jagd, das ist gut, da können Sie die beiden im Bett besser betrachten. Aber ich darf wohl erwarten, daß Sie mir ein dankbares Herz bezeigen, wenn Sie zu Ehren und Würden gelangen!«

»Das ist doch ganz selbstverständlich!« sagte die Krähe aus dem Wald.

Nun kamen sie in den ersten Saal, dessen Wände mit rosenrotem Atlas und künstlichen Blumen bekleidet waren. Auch hier schwirrten die Träume an ihnen vorüber, und zwar so schnell, daß Gerda die hohe Herrschaft nicht sehen konnte. Ein Saal war prächtiger als der andere, ja, da konnte man schon staunen, und nun waren sie in der Schlafkammer. Die Zimmerdecke glich einer großen Palme mit Blättern aus Glas, kostbarem Glas, und in der Mitte hingen an einem dicken goldenen Stengel zwei Betten, von denen jedes einer Lilie glich. Das eine war weiß, darin lag die Prinzessin; das andere war rot, und darin sollte Gerda nun den kleinen Kay suchen. Sie bog eins der roten Blätter zur Seite und erblickte einen braunen Nacken – oh, das war Kay! Sie rief ganz laut seinen Namen, ließ den Lichtschein der Lampe auf ihn fallen – da schwirrten die Träume zu Pferde rasch ins Zimmer zurück – er wachte auf, wandte den Kopf – – und war nicht der kleine Kay.

Der Prinz ähnelte ihm nur im Nacken, doch er war jung und schön. Und aus dem weißen Lilienbett guckte die Prinzessin hervor und fragte, was es gebe. Da weinte die kleine Gerda und erzählte ihre ganze Geschichte und alles, was die Krähen für sie getan hatten.

»Du armes Ding!« sagten der Prinz und die Prinzessin, und sie lobten die Krähen und versicherten, sie seien ihnen überhaupt nicht böse, aber sie sollten das bitte nicht noch einmal tun. Indessen sollten sie eine Belohnung bekommen.

»Wollt ihr frei fliegen«, fragte die Prinzessin, »oder wollt ihr eine feste Anstellung als Hofkrähen haben, mit allem, was in der Küche abfällt?«

Und beide Krähen verneigten sich und baten um eine feste Anstellung, denn sie dachten an ihr Alter. »Es ist doch gut, wenn man auf seine alten Tage etwas hat«, wie sie sich ausdrückten.

Da stieg der Prinz aus seinem Bett und ließ Gerda darin schlafen, und mehr konnte er nicht tun. Sie faltete ihre kleinen Hände und dachte: »Wie gut Menschen und Tiere doch sind!« Und dann schloß sie die Augen und fiel in einen gesegneten Schlaf. Sämtliche Träume kamen wieder hereingeflogen, und sie sahen wie Gottes Engel aus und zogen einen kleinen Schlitten, und darauf saß Kay und nickte. Aber alles war nur Träumerei und deshalb auch wieder verschwunden, als Gerda erwachte.

Am nächsten Tag kleidete man sie von Kopf bis Fuß in Samt und Seide; sie wurde eingeladen, auf dem Schloß zu bleiben und sich's gut sein zu lassen. Aber sie bat nur um einen kleinen Wagen mit einem Pferd und um ein Paar kleine Stiefel, dann wollte sie wieder in die weite Welt hinausfahren und Kay suchen.

Und sie bekam zu den Stiefeln noch einen Muff und wurde allerliebst eingekleidet, und als sie aufbrechen wollte, hielt vor der Tür eine neue Kutsche aus purem Gold, daran leuchtete das Wappen des Prinzen und der Prinzessin wie ein Stern; Kutscher, Diener und Vorreiter, denn Vorreiter gab es auch, trugen goldene Kronen. Der Prinz und die Prinzessin halfen Gerda persönlich in den Wagen und wünschten ihr viel Glück. Die Waldkrähe, die jetzt verheiratet war, begleitete sie die ersten drei Meilen und saß neben ihr, weil sie Rückwärtsfahren nicht vertrug. Die zweite Krähe stand im Tor und schlug mit den Flügeln, sie wollte nicht mitkommen, denn seitdem sie eine feste Anstellung und zuviel zu essen hatte, litt sie an Kopfschmerzen. Die Kutsche war innen mit Zuckerkringeln gefüttert, und auf dem Sitz lagen Früchte und Pfeffernüsse.

»Leb wohl! Leb wohl!« riefen Prinz und Prinzessin, und die kleine Gerda weinte, und die Krähe weinte – so ging es die ersten Meilen, dann sagte auch die Krähe Lebewohl, und das war der schmerzlichste Abschied; sie flog auf einen Baum und schlug mit ihren schwarzen Flügeln, solange sie den Wagen sah, und der glänzte wie der helle Sonnenschein.

Fünfte Geschichte
Das kleine Räubermädchen

Sie fuhren durch den dunklen Wald, doch die Kutsche leuchtete wie eine Flamme; das schnitt den Räubern so in die Augen, daß sie es nicht ertragen konnten.

»Das ist Gold! Das ist Gold!« riefen sie, stürzten hervor, packten die Pferde, schlugen die kleinen Vorreiter, den Kutscher und die Diener tot und zerrten dann die kleine Gerda aus dem Wagen.

»Sie ist fett, sie ist hübsch, sie ist mit Nußkernen gemästet!« sagte das alte Räuberweib, das einen langen, struppigen Bart und Brauen bis über die Augen hatte. »Die ist so gut wie ein fettes Lämmchen, ha, die wird uns schmecken!« Und dann zückte sie ihr blankes Messer, und das blitzte – es war grauenhaft!

»Au!« rief die Alte im gleichen Moment, denn ihre eigene kleine Tochter hatte sie ins Ohr gebissen. Sie hing auf ihrem Rücken und war so wild und ungezogen, daß es eine Lust war. »Du freche Göre!« sagte die Mutter und hatte nun keine Zeit mehr, Gerda zu schlachten.

»Sie soll mit mir spielen!« sagte das kleine Räubermädchen. »Sie soll mir ihren Muff und ihr hübsches Kleid geben und in meinem Bett schlafen!« Und dann biß sie noch einmal zu, daß die Räuberalte in die Höhe sprang und herumwirbelte, und alle Räuber lachten und sagten: »Guckt mal, wie sie mit ihrer Kleinen tanzt!«

»Ich will in die Kutsche!« sagte das kleine Räubermädchen, und sie war so verwöhnt und so dickköpfig, daß sie ihren Willen haben wollte und mußte.

Sie setzte sich nun zu Gerda, und dann fuhren sie über Stock und Stein tiefer in den Wald. Das kleine Räubermädchen war nicht größer als Gerda, jedoch kräftiger, hatte breitere Schultern und eine dunkle Haut; die Augen waren ganz schwarz und sahen fast traurig aus. Sie legte ihren Arm um die kleine Gerda und sagte: »Sie sollen dich nicht schlachten, solange ich nicht wütend auf dich bin. Bist Du wirklich eine Prinzessin?«

»Nein«, sagte Gerda und erzählte alles, was sie erlebt und wie gern sie den kleinen Kay hatte.

Das Räubermädchen sah sie sehr ernst an, nickte kurz mit dem Kopf und sagte: »Sie sollen dich nicht schlachten, auch nicht, wenn ich wütend auf dich werde, dann will ich das schon selber tun!« Und sie trocknete Gerda die Augen und steckte beide Hände in ihren hübschen Muff, der war so weich und so warm.

Nun hielt die Kutsche an, sie waren mitten im Hof eines Räuberschlosses. Das war von oben bis unten geborsten, Raben und Krähen flogen aus den offenen Löchern, und riesige Bullenbeißer, von denen jeder aussah, als könnte er einen Menschen verschlingen, sprangen hoch, aber sie bellten nicht, denn das war verboten.

In der Mitte des großen alten, verrußten Saals brannte auf dem Steinfußboden ein gewaltiges Feuer; der Rauch zog unter der Decke entlang und mußte sich selbst einen Abzug suchen; in einem großen Braukessel kochte Suppe, und Hasen und Kaninchen drehten sich am Spieß.

»Du sollst heute nacht bei mir und allen meinen Tierchen schlafen!« sagte das Räubermädchen.

Sie bekamen zu essen und zu trinken und gingen dann in eine Ecke, wo Stroh und Decken lagen. Darüber saßen auf Stäben und Latten fast hundert Tauben, die alle zu schlafen schienen, doch als die beiden Mädchen kamen, regten sie sich ein wenig.

»Die gehören alle mir«, sagte das kleine Räubermädchen, packte rasch eine der nächsten an den Beinen und schüttelte sie, daß sie mit den Flügeln schlug. »Gib ihr einen Kuß!« rief sie und klatschte die Taube Gerda ins Gesicht. »Da sitzen die Waldkanaillen!« fuhr sie fort und zeigte auf ein Loch hoch oben in der Mauer, das mit vielen Stangen verschlossen war. »Das sind Waldkanaillen, die beiden, sowie man sie nicht richtig einsperrt, fliegen sie weg. Und hier ist mein alter Liebling Bä« – dabei zog sie ein Rentier, das einen blanken Kupferring um den Hals trug und festgebunden war, am Geweih. »Den müssen wir auch in die Zange nehmen, sonst läuft er uns weg. Jeden Abend kitzle ich seinen Hals mit meinem scharfen Messer, davor hat er große Angst.« Und das kleine Mädchen zog aus einem Spalt in der Mauer ein langes Messer und ließ es über den Hals des Rentiers gleiten; das arme Tier schlug mit den Beinen aus, und das Räubermädchen lachte, und dann zerrte sie Gerda ins Bett.

»Willst du das Messer bei dir behalten, wenn du schläfst?« fragte Gerda und sah es etwas ängstlich an.

»Ich schlafe immer mit einem Messer!« sagte das kleine Räubermädchen. »Man weiß nie, was kommen kann. Aber jetzt erzähl mir noch einmal die Geschichte mit dem kleinen Kay, und warum du hinaus in die weite Welt gegangen bist!«

Und Gerda erzählte von vorn, und die Waldtauben im Bauer gurrten, während die anderen Tauben schliefen. Das kleine Räubermädchen, das seinen Arm um Gerdas Hals gelegt hatte und in der andern Hand das Messer hielt, schlief, daß es zu hören war. Doch Gerda konnte kein Auge zutun, sie wußte nicht, ob sie leben oder sterben sollte. Die Räuber, die rund um das Feuer saßen, sangen und tranken, während das alte Räuberweib Purzelbäume schlug. Ach, das war für das kleine Mädchen ein gräßlicher Anblick! Da sagten die Waldtauben: »Kurre, kurre! Wir haben den kleinen Kay gesehen. Ein weißes Huhn trug seinen Schlitten, er saß bei der Schneekönigin im Wagen und fuhr mit ihr dicht über den Wald hinweg, als wir im Nest saßen. Sie hat uns angeblasen, und alle Jungen sind gestorben, nur wir zwei nicht; kurre, kurre!«

»Was sagt ihr da oben?« rief Gerda. »Wo ist die Schneekönigin hingefahren? Wißt ihr etwas darüber?«

»Wahrscheinlich ist sie nach Lappland gefahren, weil es da immer Schnee und Eis gibt. Frag nur das Rentier, das dort angebunden steht.«

»Da gibt es Eis und Schnee, da ist es erfrischend und gut!« sagte das Rentier. »Da läuft man frei herum in den großen schimmernden Tälern, da hat die Schneekönigin ihr Sommerzelt; aber ihr festes Schloß ist oben am Nordpol, auf jener Insel, die Spitzbergen heißt.«

»Ach Kay, lieber Kay!« seufzte Gerda.

»Jetzt lieg aber still«, sagte das Räubermädchen, »sonst bekommst du das Messer in den Bauch!«

Am Morgen erzählte Gerda ihr alles, was die Waldtauben gesagt hatten, und das kleine Räubermädchen wurde sehr ernst, nickte jedoch mit dem Kopf und sagte: »Das macht nichts! Das macht nichts! – Weißt du, wo Lappland liegt?« fragte sie das Rentier.

»Wer sollte das besser wissen als ich«, sagte das Tier, und seine Augen leuchteten. »Dort bin ich geboren und aufgewachsen, dort bin ich über das Schneefeld gelaufen.«

»Hör zu!« sagte das Räubermädchen zu Gerda. »Wie du siehst, sind alle unsre Kerle weg, nur Mutter ist noch hier und bleibt auch hier. Aber gegen Morgen genehmigt sie sich einen Schluck aus der großen Flasche und macht danach ein Nickerchen – da werde ich etwas für dich tun!«

Dann sprang sie aus dem Bett, fiel ihrer Mutter um den Hals, zog sie am Schnurrbart und sagte: »Mein lieber guter Ziegenbock, guten Morgen!« Und die Mutter kniff sie in die Nase, daß sie rot und blau wurde, doch all das geschah aus lauter Liebe.

Als die Mutter dann aus ihrer Flasche getrunken hatte und ihr Nickerchen machte, ging das Räubermädchen zum Rentier und sagte: »Ich hätte riesige Lust, dich noch viele Male mit dem scharfen Messer zu kitzeln, dann bist du nämlich so lustig, aber das ist egal, ich will deinen Strick lösen und dir hinaus ins Freie helfen, damit du nach Lappland laufen kannst. Aber du mußt die Beine in die Hand nehmen und mir dieses kleine Mädchen zum Schloß der Schneekönigin bringen, wo ihr Spielkamerad ist. Du hast ihre Erzählung wohl gehört, sie hat ja laut genug geredet, und du bist ein Horcher!«

Das Rentier tat einen Freudensprung. Das Räubermädchen hob die kleine Gerda hinauf und band sie vorsichtshalber fest, ja, sie gab ihr sogar ein kleines Kissen zum Sitzen. »Das macht nichts«, sagte sie, »da hast du deine Fellstiefel, es wird ja kalt. Aber den Muff behalte ich, der ist zu hübsch! Trotzdem sollst du nicht frieren. Hier hast du die großen Fausthandschuhe meiner Mutter, die reichen dir bis zum Ellenbogen, zieh sie an! – Jetzt siehst du an den Händen genauso aus wie meine abscheuliche Mutter.« Und Gerda weinte vor Freude.

»Ich kann dein Geflenne nicht leiden!« sagte das kleine Räubermädchen. »Du sollst jetzt gerade vergnügt aussehen! Und hier hast du zwei Brote und einen Schinken, damit du nicht hungerst.« Beides wurde

dem Rentier aufs Hinterteil gebunden; das kleine Räubermädchen öffnete die Tür, lockte alle großen Hunde herein, und dann zerschnitt sie
mit ihrem Messer den Strick und sagte zum Rentier: »Jetzt lauf! Aber gib
gut auf das kleine Mädchen acht!«

Und Gerda streckte ihre Hände in den großen Fausthandschuhen zu
dem Räubermädchen aus und rief Lebwohl, und dann flog das Rentier davon, über Büsche und Baumstümpfe, durch den großen Wald, über Moore
und Steppen, so schnell es konnte. Die Wölfe heulten, und die Raben
schrien. »Fut! Fut!« sagte es am Himmel, der aussah, als nieste er rot.

»Das sind meine alten Nordlichter!« sagte das Rentier, »sieh, wie sie
leuchten!« Und dann lief es noch schneller, Nacht und Tag. Die Brote
wurden gegessen, der Schinken auch, und dann waren sie in Lappland.

Sechste Geschichte
Die Lappin und die Finnin

Sie hielten vor einem kleinen Haus, das zum Erbarmen aussah. Das Dach
ging bis zur Erde, und die Tür war so niedrig, daß die Familie auf dem
Bauch kriechen mußte, wenn sie hinaus- oder hineinwollte. Hier war
niemand außer einer alten Lappenfrau, die im Schein einer Tranlampe Fische briet. Das Rentier erzählte ihr Gerdas ganze Geschichte, doch zuerst seine eigene, denn die hielt es für sehr viel wichtiger, und Gerda war
von der Kälte so mitgenommen, daß sie nicht sprechen konnte.

»Ach, ihr Armen, ihr Unglücklichen!« sagte die Lappin, »da habt ihr noch weit zu laufen! Ihr müßt über hundert Meilen tief nach Finnmarken, dort hat die Schneekönigin ihren Landsitz und zündet jeden Abend Blaulicht an. Ich werde ein paar Worte auf einen gedörrten Klippfisch schreiben, Papier habe ich nicht, den will ich euch für die Finnin da oben mitgeben, die kann euch besser Auskunft geben als ich.«

Und als sich Gerda nun aufgewärmt und gegessen und getrunken hatte, schrieb die Lappin ein paar Worte auf einen gedörrten Klippfisch, bat Gerda, gut darauf achtzugeben, und band sie wieder auf dem Rentier fest, und das rannte los. »Fut! Fut!« sagte es hoch oben in der Luft, wo die ganze Nacht die herrlichsten blauen Nordlichter brannten. – Und dann erreichten sie Finnmarken und klopften bei der Finnin an den Schornstein, denn die hatte nicht einmal eine Tür.

Bei ihr war es so heiß, daß sie fast nackt war; klein war sie und ziemlich schmuddelig. Weil die kleine Gerda die Hitze sonst nicht ausgehalten hätte, öffnete sie ihr sogleich die Kleider und zog ihr Fausthandschuhe und Stiefel aus, und das Rentier bekam ein Stück Eis auf den Kopf. Dann las sie, was auf dem Klippfisch geschrieben stand, sie las dreimal, bis sie es auswendig konnte, und steckte danach den Fisch in den Kochtopf, denn der war durchaus zu essen, und sie warf niemals etwas weg.

Nun erzählte das Rentier erst seine und dann Gerdas Geschichte, und die Finnin blinzelte mit ihren klugen Augen, blieb jedoch stumm. »Du bist so klug«, sagte das Rentier, »ich weiß, daß du sämtliche Winde der Welt mit einem Zwirnsfaden zusammenbinden kannst. Löst der Schiffer den einen Knoten, bekommt er guten Wind, löst er den zweiten, weht es scharf, und wenn er den dritten und vierten löst, dann wird es so stürmisch, daß die Wälder umfallen. Willst du dem kleinen Mädchen nicht einen Trunk einflößen, damit sie Zwölfmännerstärke bekommt und die Schneekönigin überwinden kann?«

»Zwölfmännerstärke«, sagte die Finnin, »ja, das wird wohl viel nützen!« Und dann ging sie zu einem Regal, nahm ein großes Stück Leder und rollte es auseinander; merkwürdige Buchstaben waren darauf geschrieben, und die Finnin las, daß ihr der Schweiß von der Stirne troff.

Doch als das Rentier noch einmal ganz innig für die kleine Gerda Fürsprache einlegte und das Mädchen die Finnin so flehend und mit Tränen in den Augen ansah, begann diese wieder zu blinzeln, zog das Rentier in einen Winkel und flüsterte ihm etwas ins Ohr, wobei sie ihm frisches Eis auf den Kopf legte.

»Freilich ist der kleine Kay bei der Schneekönigin und glaubt, dies wäre der beste Teil der Welt, weil er alles nach Wunsch und Verlangen findet. Aber das ist nur deshalb, weil er einen Glassplitter ins Herz und ein Glaskörnchen ins Auge bekommen hat; die müssen erst heraus, sonst wird er nie wieder ein Mensch und bleibt in der Gewalt der Schneekönigin.«

»Aber kannst du der kleinen Gerda nicht etwas einflößen, daß sie Macht darüber gewinnt?«

»Ich kann ihr keine größere Macht verleihen, als sie schon hat. Siehst du denn nicht, wie groß die ist? Siehst du nicht, wie Menschen und Tiere ihr dienen müssen, wie es ihr gelungen ist, auf nackten Füßen so gut durch die Welt zu kommen? Nicht von uns soll sie von ihrer Macht erfahren, die trägt sie im Herzen, die hat sie, weil sie ein liebes, unschuldiges Kind ist. Wenn es ihr nicht aus eigener Kraft gelingt, bis zur Schneekönigin vorzudringen und den kleinen Kay von den Glassplittern zu befreien, dann können wir auch nicht helfen! Zwei Meilen von hier fängt der Garten der Schneekönigin an, dorthin kannst du das kleine Mädchen tragen und es dann an dem großen Busch, der im Schnee rote Beere trägt, absetzen; mach kein langes Gerede und komm schnell wieder zurück!« Und dann hob die Finnin die kleine Gerda auf das Rentier, und das lief davon, was es nur konnte. »Ach, ich habe meine Stiefel nicht an! Ich habe meine Fausthandschuhe nicht an!« rief die kleine Gerda, als sie die schneidende Kälte spürte. Aber das Rentier wagte nicht anzuhalten, es lief bis zu dem großen Busch mit den roten Beeren; dort setzte es Gerda ab, küßte sie auf den Mund, wobei ihm große, blanke Tränen über die Wangen liefen, und dann rannte es mit großen Sätzen wieder zurück. Da stand die arme Gerda nun ohne Schuhe, ohne Handschuhe mitten in der furchtbaren, eiskalten Finnmark.

Sie lief weiter, so schnell sie konnte. Da kam ihr ein ganzes Regiment Schneeflocken entgegen, die jedoch nicht vom Himmel fielen, der ganz klar und leuchtend von Nordlichtern war, sondern auf der Erde entlangliefen und um so größer wurden, je näher sie kamen. Gerda konnte sich wohl an die großen, kunstvollen Schneeflocken erinnern, die sie durch das Brennglas gesehen hatte; aber diese hier waren viel größer und schrecklicher, sie waren lebendig, sie waren die Vorposten der Schneekönigin. Dabei hatten sie die seltsamsten Gestalten: einige sahen wie große, häßliche Igel aus, andere wie ganze Bündel von Schlangen mit erhobenen Köpfen und noch andere wie kleine dicke Bären mit gesträubtem Fell; alle waren glänzend weiß, alle waren lebendige Schneeflocken.

Da betete die kleine Gerda ihr Vaterunser, und die Kälte war so groß, daß sie ihren eigenen Atem sah, der ihr wie eine Rauchfahne vor dem Mund stand. Er verdichtete sich und formte sich zu kleinen hellen Engeln, die, als sie die Erde berührten, immer größer wurden und alle einen Helm auf dem Kopf und Speer und Schild in den Händen trugen. Sie vervielfachten sich, und als Gerda ihr Gebet beendet hatte, war sie von einer ganzen Legion umgeben. Sie schlugen mit ihren Speeren auf die schrecklichen Schneeflocken ein, daß sie in hundert Stücke zersprangen, und die kleine Gerda ging ganz sicher und furchtlos weiter. Die Engel streichelten ihre Füße und Hände, da empfand sie die Kälte weniger und ging beherzt auf das Schloß der Schneekönigin zu.

Aber nun wollen wir erst einmal sehen, wie es um Kay steht. Er hatte die kleine Gerda vollkommen vergessen, und zuallerletzt stellte er sich vor, daß sie das Schloß erreicht hatte.

Siebente Geschichte
Was im Schloß der Schneekönigin geschehen war und
was dann geschah

Das Schloß hatte Wände aus stiebendem Schnee und Fenster und Türen aus schneidenden Winden. Je nachdem, wie der Schnee stiebte, gab es über hundert Säle, deren größter sich viele Meilen weit erstreckte, alle von kräftigen Nordlichtern erhellt, und sie waren so groß, so leer, so eisig kalt und so schimmernd. Niemals gab es hier eine Lustbarkeit, nicht einmal soviel wie einen kleinen Bärenball – da hätte der Sturm aufblasen, die Eisbären hätten auf den Hinterbeinen laufen und feine Manieren zeigen können –, niemals eine kleine Spielgesellschaft mit Maulschellen und Tatzenschlag, niemals einen kleinen Kaffeeklatsch der weißen Fuchs-Fräulein; leer, groß und kalt war es in den Sälen der Schneekönigin. Die Nordlichter flammten so genau, daß man sich ausrechnen konnte, wann sie den höchsten und wann den tiefsten Punkt erreichten. Mitten in dem leeren, unendlichen Schneesaal lag ein zugefrorener See. Sein Eis war in tausend Stücke geborsten, doch jedes Stück glich so genau dem anderen, daß es ein ganzes Kunstwerk war, und mitten darauf saß die Schneekönigin, wenn sie zu Hause war, und dann sagte sie, sie sitze im Spiegel des Verstandes, und der sei der einzige und beste auf dieser Welt.

Der kleine Kay war vor Kälte ganz blau, ja fast schwarz, aber das spürte er nicht, denn die Schneekönigin hatte ihm den Frostschauer ja weggeküßt, und sein Herz war so gut wie ein Eisklumpen. Er schleppte ein paar scharfe, flache Eisstücke hin und her und legte sie in allen möglichen Mustern, denn er wollte einen Gewinn daraus haben – das war wie unser Spiel, das wir das chinesische nennen, bei dem wir Figuren aus kleinen Holzstücken legen. Auch Kay legte mit seinen Stücken Figuren, und zwar die allerkunstvollsten, das war das *Eisspiel des Verstandes*. Sie kamen ihm ganz vorzüglich und von allerhöchster Wichtigkeit vor, das bewirkte das Glaskorn, das ihm im Auge saß. Er legte ganze Figuren, und immer war es ein geschriebenes Wort, doch nie brachte er jenes Wort zustande, das er gern schreiben wollte, nämlich das Wort *Ewigkeit*. Die Schneekönigin hatte ihm gesagt: »Kannst du mir diese Figur herausbekommen, dann sollst du dein eigener Herr sein, und ich will dir die ganze Welt und ein Paar neue Schlittschuhe schenken.« Aber er schaffte es nicht.

»Jetzt fliege ich davon«, sagte die Schneekönigin, »ich will in die warmen Länder und in die schwarzen Töpfe gucken!« – Das waren die feuerspeienden Berge, Aetna und Vesuv, wie man sie nennt. – »Ich werde sie ein wenig weißen! Das gehört dazu, das wird den Zitronen und Weintrauben guttun.« Und dann verschwand sie, und Kay saß ganz allein in dem leeren, viele Meilen großen Eissaal und sah die Eisstücke an und dachte so heftig, daß es in ihm knackte, ganz steif und still saß er da, man hätte meinen können, er sei erfroren.

Da geschah es, daß die kleine Gerda durch das große Schloßtor trat, das aus schneidenden Winden bestand; doch als sie ein Abendgebet gesprochen hatte, legten sie sich, als wollten sie schlafen, und nun ging Gerda durch die großen, leeren, kalten Säle. – Da erblickte sie Kay, sie erkannte ihn, flog ihm um den Hals, hielt ihn ganz fest und rief: »Kay! Lieber kleiner Kay! Jetzt habe ich dich gefunden!«

Doch er blieb ganz still, steif und kalt sitzen – die kleine Gerda weinte heiße Tränen, sie fielen ihm auf die Brust, sie drangen ihm ins Herz, sie tauten den Eisklumpen auf und verzehrten darin das Spiegelstückchen. Er sah Gerda an, und sie sang den Choral:

> »Die Rosen sind voller Blüten,
> Das Jesuskind wird uns behüten!«

Da brach Kay in Tränen aus; er weinte so sehr, daß er sich dabei den Spiegelsplitter aus dem Auge spülte. Da erkannte er sie und jubelte: »Gerda! Liebe kleine Gerda! – Wo bist du nur so lange gewesen?« Und er blickte sich um. »Wie kalt es hier ist! Wie leer und einsam!« Und er hielt sich an Gerda fest, und sie lachte und weinte vor Freude. Das war so wunderbar, daß selbst die Eisstückchen vor Freude tanzten, und als sie müde waren und sich niederlegten, da formten sie gerade jenes Wort, von dem die Schneekönigin gesagt hatte, er solle es finden, dann sei er sein eigener Herr, und sie würde ihm die ganze Welt und ein Paar neue Schlittschuhe schenken.

Und Gerda küßte seine Wangen, und sie wurden blühend; sie küßte seine Augen, und sie leuchteten wie ihre; sie küßte ihm Hände und Füße, und er war gesund und munter. Die Schneekönigin mochte nur heimkehren: sein Freibrief war mit schimmernden Eisstückchen geschrieben.

Und sie nahmen sich bei den Händen und verließen das große Schloß. Sie sprachen von der Großmutter und von den Rosen auf dem Dach; und wo sie gingen, legten sich die Winde, und die Sonne brach hervor; und als sie den Busch mit den roten Beeren erreichten, wurden sie von dem Rentier schon erwartet. Es hatte ein zweites junges Ren dabei, mit prallem Euter, und das gab den Kindern seine warme Milch zu trinken und küßte sie auf den Mund. Dann wurden Kay und Gerda von den Renen zuerst zur Finnin getragen, wo sie sich in der heißen Stube aufwärmten und die Heimreise erklären ließen, und dann zur Lappin, die ihnen indessen neue Kleider genäht und ihren Schlitten instand gesetzt hatte.

Und beide Rene, das alte und das junge, liefen neben ihnen her und begleiteten sie bis zur Landesgrenze, wo das erste Grün hervorguckte.

Dort nahmen Gerda und Kay vom Rentier und von der Lappin Abschied. »Auf Wiedersehen!« sagten alle. Und die ersten Vöglein begannen zu zwitschern, die Bäume trugen grüne Knospen, und aus dem Wald kam auf einem prächtigen Pferd, das Gerda kannte (es hatte die goldene Kutsche gezogen), ein junges Mädchen geritten, mit einer leuchtend roten Mütze auf dem Kopf und Pistolen vor sich. Das war das kleine Räubermädchen, das nicht mehr zu Hause bleiben mochte und nun zuerst nach Norden und dann in eine andere Richtung wollte, falls ihr das keinen Spaß machte. Sie erkannte Gerda sofort, und Gerda erkannte sie – das war eine Freude!

»Du hast dich ja ganz schön herumgetrieben!« sagte sie zu dem kleinen Kay. »Ich möchte wohl wissen, ob du's verdienst, daß man bis ans Ende der Welt für dich rennt!«

Aber Gerda streichelte ihr die Wange und fragte nach dem Prinzen und der Prinzessin.

»Die sind in ferne Länder gereist«, sagte das Räubermädchen.

»Und die Krähe?« fragte die kleine Gerda.

»Ja, die ist gestorben«, antwortete sie. »Die zahme Liebste ist nun Witwe und trägt ein Stückchen schwarzen Wollfaden am Bein; sie jammert ganz erbärmlich, und das ist alles Unsinn! – Aber erzähl mir jetzt, wie es dir ergangen ist und wie du ihn erwischt hast!«

Und Gerda und Kay erzählten zusammen.

»Und Schnipp-schnapp-schnurre-basselurre!« sagte das Räubermädchen, nahm sie bei den Händen und versprach ihnen, sie zu besuchen, falls sie einmal durch ihre Stadt kommen sollte, und dann ritt sie in die weite Welt hinaus.

Doch Kay und Gerda gingen Hand in Hand weiter, und auf einmal war schönster Frühling mit Blumen und Grün. Die Kirchenglocken läuteten, und sie erkannten die hohen Türme, die große Stadt, es war ihre Stadt, und sie gingen hinein und durch Großmutters Tür, die Treppe hinauf und in die Stube, wo alles genauso war wie zuvor und die Uhr »Tick! Tack!« sagte und der Zeiger sich drehte.

Doch während sie durch die Tür gingen, bemerkten sie, daß sie erwachsene Menschen geworden waren. Die Rosen von der Dachrinne blühten bis in die offenen Fenster, und da standen die kleinen Kinderstühle, und Kay und Gerda setzten sich jeder auf seinen und hielten sich bei den Händen. Sie hatten die kalte, leere Pracht der Schneekönigin wie einen schweren Traum vergessen. Die Großmutter saß in Gottes hellem

Sonnenschein und las aus der Bibel vor: »Wenn ihr nicht wie die Kinder werdet, so werdet ihr nicht in das Himmelreich kommen!«

Und Kay und Gerda schauten sich in die Augen, und auf einmal verstanden sie den alten Choral:

> »Die Rosen sind voller Blüten,
> Das Jesuskind wird uns behüten!«

Da saßen sie beide als Erwachsene und doch als Kinder, Kinder im Herzen, und es war Sommer, der warme, segensreiche Sommer.

32. Marienkind

Vor einem großen Walde lebte ein Holzhacker mit seiner Frau, der hatte nur ein einziges Kind, das war ein Mädchen von drei Jahren. Sie waren aber so arm, daß sie nicht mehr das tägliche Brot hatten und nicht wußten, was sie ihm sollten zu essen geben.

Eines Morgens ging der Holzhacker voller Sorgen hinaus in den Wald an seine Arbeit, und wie er da Holz hackte, stand auf einmal eine schöne große Frau vor ihm, die hatte eine Krone von leuchtenden Sternen auf dem Haupt und sprach zu ihm: »Ich bin die Jungfrau Maria, die Mutter des Christkindleins: du bist arm und dürftig, bring mir dein Kind, ich will es mit mir nehmen, seine Mutter sein und für es sorgen.« Der Holzhacker gehorchte, holte sein Kind und übergab es der Jungfrau Maria, die nahm es mit sich hinauf in den Himmel. Da ging es ihm wohl, es aß Zuckerbrot und trank süße Milch, und seine Kleider waren von Gold, und die Englein spielten mit ihm.

Als es nun vierzehn Jahr alt geworden war, rief es einmal die Jungfrau Maria zu sich und sprach: »Liebes Kind, ich habe eine große Reise vor, da nimm die Schlüssel zu den dreizehn Türen des Himmelreichs in Verwahrung: zwölf davon darfst du aufschließen und die Herrlichkeiten darin betrachten, aber die dreizehnte, wozu dieser kleine Schlüssel gehört, die ist dir verboten: hüte dich, daß du sie nicht aufschließest, sonst wirst du unglücklich.«

Das Mädchen versprach, gehorsam zu sein, und als nun die Jungfrau Maria weg war, fing sie an und besah die Wohnungen des Himmelreichs: jeden Tag schloß es eine auf, bis die zwölfe herum waren.

In jeder aber saß ein Apostel und war von großem Glanz umgeben, und es freute sich über all die Pracht und Herrlichkeit, und die Englein, die es immer begleiteten, freuten sich mit ihm. Nun war die verbotene Tür allein noch übrig, da empfand es eine große Lust zu wissen, was dahinter verborgen wäre, und sprach zu den Englein: »Ganz aufmachen will ich sie nicht und will auch nicht hineingehen, aber ich will sie aufschließen, damit wir ein wenig durch den Ritz sehen.«

»Ach nein«, sagten die Englein, »das wäre Sünde: die Jungfrau Maria hat's verboten, und es könnte leicht dein Unglück werden.« Da schwieg es still, aber die Begierde in seinem Herzen schwieg nicht still, sondern nagte und pickte ordentlich daran und ließ ihm keine Ruhe. Und als die Englein einmal alle hinausgegangen waren, dachte es: Nun bin ich ganz allein und könnte hineingucken, es weiß es ja niemand, wenn ich's tue.

Es suchte den Schlüssel heraus, und als es ihn in der Hand hielt, steckte es ihn auch in das Schloß, und als es ihn hineingesteckt hatte, drehte es auch um. Da sprang die Türe auf, und es sah da die Dreieinigkeit im Feuer und Glanz sitzen. Es blieb ein Weilchen stehen und betrachtete alles mit Erstaunen, dann rührte es ein wenig mit dem Finger an den Glanz, da ward der Finger ganz golden. Alsbald empfand es eine gewaltige Angst, schlug die Türe heftig zu und lief fort. Die Angst wollte auch nicht wieder weichen, es mochte anfangen, was es wollte, und das Herz klopfte in einem fort und wollte nicht ruhig werden: auch das Gold blieb an dem Finger und ging nicht ab, es mochte waschen und reiben, soviel es wollte. Gar nicht lange, so kam die Jungfrau Maria von ihrer Reise zurück. Sie rief das Mädchen zu sich und forderte ihm die Himmelsschlüssel wieder ab. Als es den Bund hinreichte, blickte ihm die Jungfrau in die Augen und sprach: »Hast du auch nicht die dreizehnte Türe geöffnet?«

»Nein«, antwortete es. Da legte sie ihre Hand auf sein Herz, fühlte, wie es klopfte und klopfte, und merkte wohl, daß es ihr Gebot übertreten und die Türe aufgeschlossen hatte. Da sprach sie noch einmal: »Hast du es gewiß nicht getan?«

»Nein«, sagte das Mädchen zum zweitenmal. Da erblickte sie den Finger, der von der Berührung des himmlischen Feuers golden geworden war, sah wohl, daß es gesündigt hatte, und sprach zum drittenmal: »Hast du es nicht getan?«

»Nein«, sagte das Mädchen zum drittenmal. Da sprach die Jungfrau Maria: »Du hast mir nicht gehorcht und hast noch dazu gelogen, du bist nicht mehr würdig, im Himmel zu sein.« Da versank das Mädchen in einen tiefen Schlaf, und als es erwachte, lag es unten auf der Erde, mitten in einer Wildnis. Es wollte rufen, aber es konnte keinen Laut hervorbringen. Es sprang auf und wollte fortlaufen, aber wo es sich hinwendete, immer ward es von dichten Dornhecken zurückgehalten, die es nicht durchbrechen konnte.

In der Einöde, in welche es eingeschlossen war, stand ein alter hohler Baum, das mußte seine Wohnung sein. Da kroch es hinein, wenn die Nacht kam, und schlief darin, und wenn es stürmte und regnete, fand es darin Schutz: aber es war ein jämmerliches Leben, und wenn es daran dachte, wie es im Himmel so schön gewesen war und die Engel mit ihm gespielt hatten, so weinte es bitterlich. Wurzeln und Waldbeeren waren seine einzige Nahrung, die suchte es sich, soweit es kommen konnte. Im Herbst sammelte es die herabgefallenen Nüsse und Blätter und trug sie in die Höhle, die Nüsse waren im Winter seine Speise, und wenn Schnee und Eis kam, so kroch es wie ein armes Tierchen in die Blätter, daß es nicht fror. Nicht lange, so zerrissen seine Kleider und fiel ein Stück nach dem andern vom Leib herab. Sobald dann die Sonne wieder warm schien, ging es heraus und setzte sich vor den Baum, und seine langen Haare bedeckten es von allen Seiten wie ein Mantel. So saß es ein Jahr nach dem andern und fühlte den Jammer und das Elend der Welt.

Einmal, als die Bäume wieder in frischem Grün standen, jagte der König des Landes in dem Wald und verfolgte ein Reh, und weil es in das Gebüsch geflohen war, das den Waldplatz einschloß, stieg er vom Pferd, riß das Gestrüpp auseinander und hieb sich mit seinem Schwert einen Weg. Als er endlich hindurchgedrungen war, sah er unter dem Baum ein wunderschönes Mädchen sitzen, das saß da und war von seinem goldenen Haar bis zu den Fußzehen bedeckt. Er stand still und betrachtete es voll Erstaunen, dann redete er es an und sprach: »Wer bist du? Warum sitzest du hier in der Einöde?«

Es gab aber keine Antwort, denn es konnte seinen Mund nicht auftun. Der König sprach weiter: »Willst du mit mir auf mein Schloß gehen?« Da nickte es nur ein wenig mit dem Kopf. Der König nahm es auf seinen Arm, trug es auf sein Pferd und ritt mit ihm heim, und als er auf das königliche Schloß kam, ließ er ihm schöne Kleider anziehen und gab ihm alles im Überfluß. Und ob es gleich nicht sprechen konnte, so war es doch schön und holdselig, daß er es von Herzen liebgewann, und es dauerte nicht lange, da vermählte er sich mit ihm.

Als etwa ein Jahr verflossen war, brachte die Königin einen Sohn zur Welt. Darauf in der Nacht, wo sie allein in ihrem Bette lag, erschien ihr die Jungfrau Maria und sprach: »Willst du die Wahrheit sagen und gestehen, daß du die verbotene Tür aufgeschlossen hast, so will ich deinen Mund öffnen und dir die Sprache wiedergeben: verharrst du aber in der Sünde und leugnest hartnäckig, so nehm ich dein neugebornes Kind mit mir.« Da war der Königin verliehen zu antworten, sie blieb aber verstockt und sprach: »Nein, ich habe die verbotene Tür nicht aufgemacht«, und die Jungfrau Maria nahm das neugeborene Kind ihr aus den Armen und verschwand damit.

Am andern Morgen, als das Kind nicht zu finden war, ging ein Gemurmel unter den Leuten, die Königin wäre eine Menschenfresserin und hätte ihr eigenes Kind umgebracht. Sie hörte alles und konnte nichts dagegen sagen, der König aber wollte es nicht glauben, weil er sie so liebhatte.

Nach einem Jahr gebar die Königin wieder einen Sohn. In der Nacht trat auch wieder die Jungfrau Maria zu ihr herein und sprach: »Willst du gestehen, daß du die verbotene Türe geöffnet hast, so will ich dir dein Kind wiedergeben und deine Zunge lösen: verharrst du aber in der Sünde und leugnest, so nehme ich auch dieses neugeborne mit mir.« Da sprach die Königin wiederum: »Nein, ich habe die verbotene Tür nicht geöffnet«, und die Jungfrau nahm ihr das Kind aus den Armen weg und mit in den Himmel.

Am Morgen, als das Kind abermals verschwunden war, sagten die Leute ganz laut, die Königin hätte es verschlungen, und des Königs Räte verlangten, daß sie sollte gerichtet werden. Der König aber hatte sie so lieb, daß er es nicht glauben wollte, und befahl den Räten, bei Leibes- und Lebensstrafe nichts mehr darüber zu sprechen.

Im nächsten Jahre gebar die Königin ein schönes Töchterlein, da erschien ihr zum drittenmal nachts die Jungfrau Maria und sprach: »Folge mir.«

Sie nahm sie bei der Hand und führte sie in den Himmel und zeigte ihr da ihre beiden ältesten Kinder, die lachten sie an und spielten mit der Weltkugel. Als sich die Königin darüber freute, sprach die Jungfrau Maria: »Ist dein Herz noch nicht erweicht? Wenn du eingestehst, daß du die verbotene Tür geöffnet hast, so will ich dir deine beiden Söhnlein zurückgeben.«

Aber die Königin antwortete zum drittenmal: »Nein, ich habe die verbotene Tür nicht geöffnet.« Da ließ sie die Jungfrau wieder zur Erde herabsinken und nahm ihr auch das dritte Kind.

Am andern Morgen, als es ruchbar ward, riefen alle Leute laut: »Die Königin ist eine Menschenfresserin, sie muß verurteilt werden«, und der König konnte seine Räte nicht mehr zurückweisen. Es ward ein Gericht über sie gehalten, und weil sie nicht antworten und sich nicht verteidigen konnte, ward sie verurteilt, auf dem Scheiterhaufen zu sterben. Das Holz wurde zusammengetragen, und als sie an einen Pfahl festgebunden war und das Feuer ringsumher zu brennen anfing, da schmolz das harte Eis des Stolzes, und ihr Herz ward von Reue bewegt, und sie dachte: »Könnt ich nur noch vor meinem Tode gestehen, daß ich die Tür geöffnet habe«, da kam ihr die Stimme, daß sie laut ausrief: »Ja, Maria, ich habe es getan!« Und alsbald fing der Himmel an zu regnen und löschte die Feuerflammen, und über ihr brach ein Licht hervor, und die Jungfrau Maria kam herab und hatte die beiden Söhnlein zu ihren Seiten und das neugeborne Töchterlein auf dem Arm. Sie sprach freundlich zu ihr: »Wer seine Sünde bereut und eingesteht, dem ist sie vergeben«, und reichte ihr die drei Kinder, löste ihr die Zunge und gab ihr Glück für das ganze Leben.

33. Die zwölf Brüder

Ein armer Mann bestellte sein Feld. Da erschienen zwölf Brüder, einer nach dem andern und grüßten ihn freundlich.

Der erste sprach lächelnd: »Ich heiße Januar. Was sagst du von mir?«

»Ich sage«, antwortete der Arme, »der Januar ist ganz gut, er versorgt unsere Erde mit Wasser.«

»Ist auch der Februar dir willkommen?« fragte zaghaft der zweite: »Warum nicht? Er schenkt uns die ersten Apfelsinen und Zitronen.«

»Wie aber gefällt dir der März?«

»Ganz vortrefflich! Er bringt uns viel sonnige Tage, Anemonen, Veilchen, Narzissen und frisches Gemüse.«

»Und der April?« ließ sich der vierte vernehmen.

> »Aprile gentile!
> Dolce dormire (liebliche Träume),
> ucceli a cantare (singende Vögel)
> ed alberi a fiorire (und blühende Bäume).«

Auch der Mai kam herbei, ein neues Loblied zu hören. »Ja, du bist der schönste von allen, du spendest uns Rosen, Erdbeeren und Kirschen.«

Bescheiden nahte hierauf der Juni, weil er wußte, daß er nicht überall so gut angeschrieben stand wie seine älteren Brüder.

»So komm doch!« rief der dankbare Mann, »du bringst uns Getreide und neue Kartoffeln und schmückst unsere Berge mit blühender Myrte. Noch weniger wagten die beiden folgenden, Juli und August, ihn zu fragen. »Ihr laßt uns wohl schwitzen«, meinte lachend der Landmann, und wischte sich den Schweiß von der Stirn, »aber ihr labt uns doch auch mit süßen Feigen, Birnen, Pfirsichen, Pflaumen und Nüssen, und wärmt uns das Meer zum Bade.« – Dem September und Oktober dankte er für die köstlichen Trauben, dem November für die ölreichen Oliven und dem Dezember für das fröhliche Christfest. »Euch allen schulden wir Dank«, rief er zum Abschied; »denn jeder ist gut nach seiner Art und Natur.«

Das freute die zwölf Brüder gar sehr, und sie schenkten dem zufriedenen Manne zum Andenken einen Zauberstab, ihm sowie seiner Frau jeden Wunsch zu gewähren, so daß es ihnen fortan nie mehr an Geld, Nahrung und Kleidung gebrach und sie noch glücklicher lebten als vorher.

Dieser allzeit genügsame Mann hatte einen immer unzufriedenen, mürrischen und habsüchtigen Bruder. Als dieser vom Zauberstab hörte, ließ ihm seine Frau, die noch schlimmer als er selbst war, keine Ruhe, sein Glück mit den Brüdern gleichfalls zu versuchen.

Er machte sich auf dem Felde zu schaffen und brauchte nicht lange zu warten, so grüßte ihn schon freundlich der erste der Zwölfe, die die Welt alle Jahre besuchen. »Ich heiße Januar, was sagst du von mir?«

»Mach, daß du fortkommst!« schimpfte der Griesgram. »Du bringst uns nur Kälte, Regen und Sturmwind und niemals was Gutes!«

»Wirst du auch mich so verwünschen?« rief drauf ihm der Februar zu. »Du bist meist noch schlimmer als dein Bruder. Ich kann dich nicht lieben.«

»Aber mich doch vielleicht, ich heiße März«, lachte der dritte.

> »Marzo è pazzo (ein Narr ist der März),
> piove, piove! (es regnet allwärts!)«

Dann kam der milde April und der herrliche Mai, doch keiner gefiel ihm. Der Mai war zu trocken, und dafür der Juni zu naß:

> »Acqua di Giugno,
> consuma u munno (mundartlich für ital. il mondo).«
> Ich liebe die Welt doch verschont,
> vom Wasser im Junimond!

Und was nach seiner Rede im Juni nicht ertrinkt, verbrennt im Juli und August. Nicht einmal September, Oktober und November fanden Gnade vor ihm; denn sie brachten nicht Wein und Oliven genug. Und gar erst der Dezember, der ihm viel zu stürmisch und kalt war.

»Gott sei Dank!« rief er zum Schluß, »sie sind fort!« und ergriff begierig den Stab, den die Brüder auch ihm zum Andenken schenkten. Ohne zu danken, beeilte er sich, seine Wunderkraft kennenzulernen und beschwor ihn mit den Worten: »Mazzariello, contami ne cento!« (Liebes Stöckchen, zahle mir hundert! nämlich hundert Goldstücke, wie er wünschte.) Das Stöckchen aber versetzte ihm auf der Stelle hundert tüchtige Hiebe.

Seiner Frau jedoch, die neugierig war, wie der Zauberstab sich bewährte, verriet er kein Wort, sondern antwortete nur trocken: »Oh, er macht seine Sache! Versuche es nur!«

Da bat sie habgierig: »Liebes Stöckchen, gib mir zweihundert!« Und die kriegte sie auch richtig – ohne Erbarmen. Man weiß nicht, ob die beiden das freigebige Stäbchen noch weiter bemühten. Nur so viel war zu sehen: sie lebten fortan unzufriedener als je.

34. Der Frost

Es waren einmal ein alter Mann und eine alte Frau, die hatten drei Töchter. Die Frau konnte die älteste nicht leiden, denn sie war ihre Stieftochter. Sie zankte mit ihr, weckte sie früh und lastete ihr alle Arbeit auf. Das Mädchen mußte das Vieh tränken und füttern, Holz und Wasser tragen, den Ofen heizen und Kleider nähen. Sie mußte die Hütte stets vor Tagesanbruch fegen und in Ordnung bringen. Die Alte war aber trotzdem immer unzufrieden und brummte: »Wie faul und unordentlich, der Besen steht nicht an seinem Platz, dies fehlt und jenes, und die Hütte ist schmutzig.«

Das Mädchen weinte und schwieg dazu, sie versuchte alles, um die Stiefmutter zufriedenzustellen und ihren Töchtern behilflich zu sein. Die Töchter machten es aber wie die Mutter, sie kränkten Marfuscha, stritten mit ihr, und wenn sie darüber weinte, so war es ihnen recht. Sie selbst standen spät auf, wuschen sich in dem vorbereiteten Wasser, trockneten sich mit reinen Handtüchern ab und machten sich erst an die Arbeit, wenn es zum Essen ging.

So wuchsen die Mädchen heran und wurden reif zur Ehe.

Rasch erzählt man, langsam erlebt man.

Dem Alten tat seine Tochter leid; er liebte sie, weil sie gehorsam war und arbeitsam: niemals war sie eigensinnig, immer tat sie, was man ihr auftrug, ohne ein Wort der Widerrede. Der Alte konnte aber dem Jammer nicht abhelfen, er war schwächlich, die Alte zänkisch und die Töchter faul und störrisch.

Die Alten überlegten: er, wie die Töchter zu verheiraten seien, und sie, wie man die älteste loswerden könnte. Eines Tages sagte die Alte zu ihm: »Alter! Verheiraten wir Marfuschka!«

»Gut!« sagte er und stieg auf den Herd.

Die Alte folgte ihm nach und sprach: »Steh morgen früh auf, spanne das Pferd vor den Holzschlitten und fahre mit Marfuschka fort. Du, Marfuschka, sammle dein Hab und Gut in ein Körbchen, ziehe ein reines Hemd an, morgen fährst du auf Besuch.«

Die gute Marfuschka war froh über das Glück und schlief die ganze Nacht süß. Frühmorgens stand sie auf, wusch sich, betete, packte alles ordentlich ein und schmückte sich. Das Mädchen war so schön, wie man noch kein Bräutchen gesehen.

Es war Winter, und es herrschte ein grimmiger Frost. Vor Morgengrauen stand der Alte auf, spannte das Pferd vor den Schlitten und führte es vor das Haus. Er selbst ging hinein, setzte sich auf die Bank und sagte: »Nun habe ich alles vorbereitet.«

»Setzt euch an den Tisch und eßt«, sagt die Alte.

Der Brotkorb stand auf dem Tisch, und er nahm ein Brot heraus, das er mit seiner Tochter teilte. Die Stiefmutter brachte mittlerweile alte Suppe und sagte: »Nun, Liebchen, iß und fort mit dir, ich mußte dich lange genug ansehen! Alter, führe Marfuschka zu ihrem Bräutigam, aber gib auf den Weg acht, alter Narr, fahre erst die gerade Straße hinunter und dann biege rechts in den Wald ein – weißt du, gerade bei der großen Fichte, die auf dem Hügel steht, dort übergib Marfuschka dem Frost.«

Der Alte riß die Augen auf, sperrte den Mund auf, hörte auf zu kauen, und das Mädchen heulte.

»Was gibt es da zu jammern! Der Bräutigam ist ja schön und reich! Seht nur, wieviel Gut er hat: alle Tannen und Fichten glitzern, und die Birken sind voll Flaum. Ein herrlicheres Leben gibt es kaum, und er selber ist ein starker Held.«

Der Alte sammelte schweigend alle Habseligkeiten zusammen, befahl der Tochter, ihr Schafpelzchen anzuziehen, und machte sich auf den Weg. Ob die Reise kurz war oder lang, ist mir wirklich nicht bekannt.

Rasch erzählt man, langsam erlebt man.

Endlich erreichten sie die Fichte, bogen vom Weg ab – da stürmte gerade der Schnee. In der Einöde machte der Alte halt, befahl der Tochter auszusteigen, setzte ihr Körbchen unter eine ungeheure Fichte und sagte: »Setze dich hierher, erwarte den Bräutigam und empfange ihn nur ja freundlich.«

Daraufhin wandte er sein Pferd um und fuhr nach Hause.

Das Mädchen saß da und zitterte, Kälte durchschauerte sie. Sie wollte weinen, doch ihr fehlte die Kraft, nur die Zähne schlugen zusammen. Plötzlich hörte sie von Ferne den Frost auf einer Tanne knarren, er sprang von Tanne zu Tanne und pfiff. Endlich war er hoch oben auf der Fichte, unter der das Mädchen saß, und er fragte: »Mädchen ist dir warm?«

»Ach ja, Väterchen Frost!«

Der Frost ließ sich tiefer herab, knarrte und pfiff noch etwas mehr als vorher: »Mädchen, sag, schönes Mädchen, ist dir warm?«

Dem Mädchen verging fast der Atem, aber sie sagte noch: »Warm ist mir, Väterchen Frost.«

Da knirschte der Frost noch mehr und pfiff: »Ist dir warm, Mädchen, ist dir warm, schönes Kind, ist dir warm, mein Herzchen?«

Das Mädchen war fast erstarrt und sagte kaum hörbar: »Warm, Väterchen.«

Da hatte der Frost Erbarmen und hüllte das Mädchen in Pelze und wärmende Decken ein.

Am nächsten Morgen sagte die Alte zu ihrem Mann: »Geh', alter Narr, und wecke das junge Paar.«

Der Alte spannte sein Pferd vor den Schlitten und fuhr zu seiner Tochter. Er fand sie am Leben, eingehüllt in einen schönen Pelz und in ein seidenes Tuch, und schöne Geschenke lagen in ihrem Körbchen. Ohne ein Wort zu sagen, legte der Alte alles in seinen Schlitten, stieg mit der Tochter ein und fuhr nach Hause. Dort fiel das Mädchen der Stiefmutter zu Füßen.

Die Alte wunderte sich sehr, als sie das Mädchen am Leben sah und den neuen Pelz und den Korb voll Wäsche. »Eh, mich betrügst du nicht!« sagte sie.

Nach einigen Tagen sagte die Alte. »Führe meine Töchter zum Bräutigam, er wird sie noch ganz anders beschenken.«

Langsam erlebt man, schnell erzählt man! Am Morgen weckte die Alte ihre Töchter schmückte sie wie es sich zur Hochzeit schickt und ließ sie ziehen.

Der Alte fuhr denselben Weg und ließ die Mädchen bei derselben Fichte zurück.

Die Mädchen saßen und lachten. »Was fällt Mütterchen ein, uns plötzlich beide zu verheiraten? Als wären bei uns im Dorf nicht Burschen genug! Wer weiß, was hier für ein Teufel kommt!«

Die Mädchen hatten große Pelze an, aber trotzdem nagte die Kälte an ihnen.

»Paracha, mir läuft der Frost über die Haut, wenn die Erwählten nicht bald kommen, erfrieren wir.«

»Unsinn, Mascha, seit wann kommt ein Bräutigam so früh, jetzt ist erst Mittag.«

»Paracha, wenn nur einer kommt, wen wird er da nehmen?«

»Dich nicht, du Gans.«

»Dich etwa?«

»Gewiß.«

»Laß dich nicht auslachen!«

Der Frost nagte den Mädchen an den Händen. Sie versteckten ihre Hände im Pelz und begannen neuerdings: »Du verschlafener Fratz, du böse Pest, du Lästermaul. Spinnen kannst du nicht, und ans Beten denkst du gar nicht.«

»Oh du Prahlerin, was kannst denn du? In den Spinnstuben herumlaufen und tratschen. Warten wir es ab, wen er nimmt.«

So stritten die Mädchen und froren ernstlich. »Ei, bist du blau geworden!« sagten sie einstimmig.

»Weit weg knarrte der Frost, sprang von Tanne zu Tanne und pfiff. Den Mädchen schien, als käme jemand gefahren.

»Hui, Paracha, er kommt mit Glöckchen gefahren!«

»Geh' weg, Närrin, mich schüttelt der Frost.«

»Aber heiraten willst du doch?«

Sie bliesen auf ihre Finger. Der Frost kam näher und näher, endlich ließ er sich auf der Fichte über den Mädchen nieder. »Ist euch warm, Mädchen, ist euch warm, schöne Täubchen?«

»Ach, Frost, uns ist so kalt, wir sind fast erfroren. Wir erwarten den Bräutigam, und der Teufel kommt nicht!«

Der Frost ließ sich tiefer herab und knarrte und pfiff noch mehr: »Ist euch warm, Mädchen, ist euch warm, meine Schönen?«

»Geh zum Teufel! Bist du blind, Hände und Füße sind uns schon abgefroren.«

Da ließ sich der Frost noch näher herab, schlug fest zu und fragte: »Mädchen, ist euch warm?«

»Geh zu allen Teufeln ins Wasser und faule, Verfluchter!«

Da waren die Mädchen erstarrt.

Am Morgen sagte die Alte zu ihrem Mann: »Spanne ein, nimm Heu in den Schlitten und warme Decken, den Mädchen wird kalt sein. Ein starker Wind ist draußen! Mach flink, alter Narr!«

Der Alte ließ sich kaum Zeit zum Frühstück und fuhr fort. Als er zu den Töchtern kam, waren sie tot. Er lud sie auf den Schlitten, schlug sie in die Decken ein, legte das Heu darüber und kehrte heim.

Die Alte sah ihn von weitem kommen und lief ihm entgegen: »Wo sind die Kinder?«

»Im Schlitten.«

Die Alte stieß das Heu beiseite, hob die Decken auf und fand die Kinder tot. Da ging sie wie ein Gewitter über den Alten nieder und schimpfte: »Was hast du alter Hund getan? Mit meinen Töchterchen, meinen eigenen, süßen Sprößlingen, meinen roten Beerchen? Ich erschlage dich mit dem Besenstiel, mit dem Feuerhaken erschlage ich Dich!«

»Ruhig, alte Hexe, dich lockte der Reichtum, aber deine Töchter waren widerspenstig. Ich bin nicht schuld, du wolltest es selbst!«

Die Alte war zornig und zankte noch lange, versöhnte sich aber später mit der Stieftochter, und so lebten sie gut und mit Bedacht, an das Böse wurde nicht mehr gedacht. Ein Nachbar kam und freite und hielt mit Marfuschka Hochzeit. Es ging ihr gut. Der Alte nahm die Enkel in seine Hut, schüchterte mit dem Frost sie ein und hieß sie willig und fleißig sein.

Ich war bei der Hochzeit, trank Honigbier. Es kam mir nicht in den Mund, nur über den Schnurrbart floß es mir.

35. Wie ein Bauer den Frost bezwang

Es trafen sich einmal zwei Fröste, und da sagte der eine: »Wenn du wüßtest, Bruder, wie ich heute einen Gutsherrn habe frieren lassen! Der war so in warme Pelze gehüllt, daß es wirklich kein Vergnügen war.«

Da sagte der andere: »Einen Gutsherrn frieren zu lassen ist kein Kunststück. Aber wenn du einen Bauern zum Frieren gebracht hättest, dann hättest du Grund zu prahlen.«

Da lachte der andere und sagte: »Einen Bauern frieren zu lassen ist zehnmal leichter.«

»Das wollen wir mal sehen!« sagte der andere, und sie gingen auseinander.

Als der erste Frost so seines Weges ging, sah er einen Bauern in einem zerlumpten Mantel auf einem Schlitten sitzen, vor den ein Ochse gespannt war. Als der Frost zu ihm kam und ihn abkühlen wollte, sprang der Bauer vom Schlitten, peitschte seinen Ochsen wie wild und lief nebenher.

Im Wald warf er schnell Mantel und Handschuhe ab und begann Holz zu hacken, daß die Funken flogen und ihm der Schweiß in Strömen herunterlief. So konnte ihm der Frost nichts anhaben.

Da überlegte er ein Weilchen und sagte zu sich selbst: »Der soll noch was erleben, den erledige ich heute noch!« und kroch in einen Handschuh.

Der Bauer bemerkte das, nahm den Handschuh, legte ihn auf einen Baumstumpf und schlug mit dem Beilrücken darauf. Er schlug und schlug dem Frost alle Knochen entzwei. Danach schüttelte er den Handschuh aus, und der Frost fiel neben den Baumstumpf. Der Bauer aber fuhr mit dem Holz nach Hause.

Als sich am nächsten Tage die beiden Fröste trafen, sagte der zweite: »Nun, hast du einen Bauern frieren lassen?«

»Laß gut sein! Ich wollte ihm die Hand erfrieren lassen und bin in den Handschuh gekrochen. Da hat er mir mit dem Beilrücken alle Knochen entzweigeschlagen.«

36. Frost, Sonne und Wind

Ein Mensch begegnete einmal der Sonne, dem Frost und dem Wind. Im Vorübergehen sprach er den Gruß: »Gelobt sei Jesus Christus!« Wem hatte nun der Gruß gegolten?

»Mir natürlich«, sagte die Sonne, »damit ich ihn nicht versenge! «

»Mir und nicht dir«, sagte der Frost, »denn mich fürchtet er mehr!«

»Oho, Ihr Lügner«, sagte der Wind, »der Mensch grüßte mich, nicht euch.«

Sie fingen an zu streiten und gerieten einander beinahe in die Haare. »Fragen wir den Menschen lieber, wen er gegrüßt hat«, beschlossen sie endlich. Sie jagten dem Menschen nach und fragten ihn.

»Ich grüßte den Wind.«

»Ei, was habe ich euch gesagt?«

»Warte, ich senge dich krebsrot!« sagte die Sonne. »Du wirst mein gedenken!«

Der Wind sagte aber: »Fürchte dich nicht, ich fächle dir Kühlung zu.«

»Dann werde ich den Lump erstarren machen«, sagte der Frost.

»Fürchte dich nicht, Freund, wenn ich nicht blase, kann er dir nichts tun, ohne Wind erfriert man nicht.«

37. Frost und Hase

In uralten Zeiten hatte der Winter mit dem Hasen gestritten, er werde den Hasen erfrieren. Die Kälte nahm das erste Mal die halbe Kraft zusammen. Der Hase tat, als ob er sie nicht fühlte, und legte sich schlafen. Das zweite Mal war die Kälte schon stärker, der Hase stand auf und zeigte seine Lagerstätte, die tief in den Schnee gesunken war: der Schnee war unter dem Hasen geschmolzen. Das dritte Mal nahm die Kälte alle ihre Kraft zusammen und fragte den Hasen, ob er sie jetzt fühle. Der Hase war schon dem Tode nahe, alle seine Glieder waren erstarrt, aber mit letzter Kraft raffte er sich auf und rief: »Pah! wie warm!« Nun sah der Winter ein, daß er den Hasen nicht erfrieren könne, und die Kälte ließ nach.

Der Hase war ungemein froh, daß er durch seine Schlauheit sich und seine Brüder vor dem Erfrieren gerettet hatte; der Winter strengte sich nämlich nie mehr so an. Der Hase lachte vor Freude, daß ihm die Lippe platzte, die bis heute geplatzt ist.

38. Die Jahreszeiten

Es waren einmal zwei Brüder, der eine hatte von den Eltern einen stattlichen Gutshof und viel gesundes Vieh geerbt, der andere nichts als eine kleine Hütte. Der Reiche kümmerte sich aber nicht um den Armen und gab ihm nicht einen einzigen Pfennig, so daß sich dieser mühsam als Taglöhner durchs Leben schlagen mußte.

Einmal an einem kalten Wintertage mußte der Arme eine Herde seines Dienstherrn in die Stadt treiben und verkaufen, und erst am Abend konnte er sich auf den Heimweg machen. Es war noch kälter geworden als unter Tags und dazu so finster, daß man die Hand nicht vor den Augen sehen konnte. Wie der Arme so hungrig und frierend durch die Gegend stolperte, denn er hatte im Dunkeln den rechten Weg verloren, sah er von fern ein Licht und ging darauf zu. Als er näher kam, erblickte er ein Feuer im Windschatten einer Mauer, wie sie sich die Hirten auf den Feldern errichten. Er ging dorthin und fragte die Männer, die dort saßen – es waren ihrer vier – ob er sich auch ans Feuer setzen dürfe und sich ein wenig wärmen, denn er sei ganz durchgefroren.

»Aber ja«, sagte einer von den Männern, die gut gekleidet waren und gar nicht wie Hirten aussahen, »komm zu uns, iß einen Bissen und trink einen Schluck und wärm dich auf!«

Der Arme bedankte sich, setzte sich ans Feuer, aß und trank, was man ihm gab, und bedankte sich herzlich dafür. Endlich sagte einer der Herrn am Feuer, indem er den Ältesten von denen, die dort saßen, mit dem Ellenbogen anstieß: »He, Bursche, was sagst du zu dieser Kälte?«

»Je nun«, entgegnete der Arme, »es ist ja Winter, und im Winter ist es kalt.«

»Aber«, so redete der junge Herr weiter, »was hältst du denn vom Winter? Ist das nicht ein schrecklicher Mann, über den alle Welt schimpft, und das mit Recht?«

»Nein«, sagte der Arme, »es ist schon gut so, daß der Winter ein rauher Geselle ist. Was wäre das Leben schon, wenn es ewig Frühling wäre! Aber es ist alles klug so vom Herrgott eingeteilt, und der Winter ist mir trotz allem so lieb wie seine Brüder, die anderen Jahreszeiten.«

Da wandte sich ihm der älteste der Herren zu und sprach: »Da du nicht auf mich geschimpft hast, wie es sonst die Menschen tun, will ich dich belohnen und dir etwas geben, was alle deine Sorgen für immer wegräumt. Schau dir diesen Ring hier an! So oft du ihn umdrehst und dir etwas wünschst, wirst du es erhalten.«

Da bedankte sich der Arme, verabschiedete sich von den vier Herren, die ihm fröhlich nachriefen: »Komm wieder, wenn du etwas von uns brauchst!«

Und als er eine Strecke gelaufen war und sich an einem Baum gestoßen hatte, sagte er: »Ach, wenn ich doch wenigstens eine Laterne hätte!« Und dabei drehte er den Ring um, und – schwupp – da stand vor ihm eine Laterne, die ein gutes Licht warf. Der Arme nahm sie auf und leuchtete sich damit auf dem Weg. Und als er eine Weile gelaufen war, sagte er seufzend: »O, wenn ich doch auch einen Esel hätte, dann müßte ich nicht meine Füße strapazieren!« Und er drehte seinen Ring. Und im gleichen Augenblick stand ein Esel mit einem Sattel vor ihm. Der Bursche setzte sich darauf und ritt heim zu seiner windschiefen Hütte.

Als er dort angekommen war, sagte er: »Ach, wenn ich doch statt der alten Hütte ein schönes Haus hätte!« Und kaum hatte er den Ring umgedreht, da war die alte Hütte in ein schönes, großes, neues Haus verwandelt.

Der Arme machte daraus eine Herberge, in der alle Armen, die dort vorbeikamen, umsonst essen und trinken und übernachten durften. Aber er duldete nicht, daß einer länger als drei Tage blieb, wenn er nicht krank war.

Nach einiger Zeit hörte der reiche Bruder, daß der Arme eine Herberge aufgemacht hätte und daß er die Armen darin umsonst bewirte. Da machte er sich auf, ging zu seinem Bruder, der ihn freundlich aufnahm und ihm zu essen und zu trinken vorsetzte, besser als er je gegessen und getrunken hatte. Endlich sagte der Reiche: »Wie machst du das denn, daß du alle Welt bewirten kannst? Das könnte ich nicht, selbst wenn ich es wollte, und ich bin doch wirklich reich.«

»Ja«, erwiderte der Alte, »die Sache ist die, daß ich einmal in der Nacht gewandert bin, mich verlaufen und endlich ein Feuer gesehen habe. Als ich hinkam, saßen da vier Männer, und einer von ihnen schenkte mir diesen Ring. Und wenn ich mir nun etwas wünsche, so erhalte ich es.«

»So, und wo war das Feuer mit den Männern? Und wie sahen sie aus?«

»Ach, das Feuer war etwa da und da. Und die Männer sahen wie reiche Herrn aus, die auf der Jagd sind.«

Der Reiche ging nun einige Zeit in der Gegend herum, die ihm der Arme genannt hatte. Und als ihm das Laufen zu mühsam wurde, kaufte er sich ein Pferd. Aber er konnte das Feuer mit den Herren lange Zeit nicht finden. Als er eines Abends im Hochsommer über Land ritt, entdeckte er in der Ferne einen Schein, er ritt darauf zu und erblickte ein Feuer, um das vier Herren saßen.

»Ich sehe, ihr habt dort zu essen und zu trinken. He, gebt doch mir auch etwas!«

»Wenn du was zu essen und zu trinken willst, dann mußt du dich schon von deinem Pferd herunterbemühen, denn wir werden nicht deinetwegen aufstehen, um dir etwas zu bringen.«

Murrend stieg der Reiche ab, band sein Pferd an und setzte sich zu den Männern ans Feuer. Er aß und trank, als hätte er eine Woche lang nichts zu sich genommen, sagte nicht »danke«, sondern wartete auf ein Geschenk.

Die vier sahen ihn lange an, dann sagte einer, und er stieß dabei einen anderen, der wohl der Älteste war, mit dem Ellenbogen an: »Nun, was meinst du, wie gefällt dir denn der Winter?«

»Wenn den Winter nur der Teufel holen würde!« sagte der Reiche mürrisch, »was hat man schon anders von ihm als Mühe und Plage. Was einem die anderen Jahreszeiten einbringen, nimmt einem der Winter wieder.«

Das sagte der Älteste: »So, du beklagst dich über den Winter. Findest du gar keine gute Seite an ihm?«

»Nein«, entgegnete der Reiche, »zwar sind die andern – Frühling, Sommer und Herbst – oft auch rechte Schelme und machen einem viel Arbeit, aber man hat wenigstens seinen Gewinn davon, während der Winter nur Schaden bringt.«

»Nun«, sagte der Älteste, »so will ich dich entschädigen. Hier nimm diese Zauberrute. So oft du wünschst, mehr zu bekommen, sprich nur: ›Rute, gib mir hundert!‹ Dann wirst du erhalten, was dir not tut.«

Als der Reiche hatte, was er sich erhofft hatte, machte er sich ohne Gruß auf, setzte sich aufs Pferd und ritt heim. Und kaum war er in seinem Hof angekommen, da öffnete er seine Geldtruhe und rief: »Rute, gib mir hundert!« Denn er dachte, es würde nun Goldstücke regnen. Aber statt Geld begann die Rute auf seinem Rücken zu tanzen, und er konnte noch so viel schimpfen und schreien, fluchen und bitten, die Rute kam nicht zur Ruhe, ehe sie ihm nicht hundert Hiebe ausbezahlt hatte. Der Reiche blieb halb tot liegen und hat nie mehr seine Rute aufgefordert, ihm hundert zu geben.

Der Bruder aber, der einst arm gewesen war, vergaß über dem Hab und Gut, das er dem Zauberring verdankte, nicht, daß es Arme gibt, und lebte ebenso glücklich wie wohltätig.

39. Die drei Männlein im Walde

Es war ein Mann, dem starb seine Frau, und eine Frau, der starb ihr Mann; und der Mann hatte eine Tochter, und die Frau hatte auch eine Tochter. Die Mädchen waren miteinander bekannt und gingen zusammen spazieren und kamen hernach zu der Frau ins Haus. Da sprach sie zu des Mannes Tochter: »Hör, sage deinem Vater, ich wollt ihn heiraten, dann sollst du jeden Morgen dich in Milch waschen und Wein trinken, meine Tochter aber soll sich in Wasser waschen und Wasser trinken.«

Das Mädchen ging nach Haus und erzählte seinem Vater, was die Frau gesagt hatte.

Der Mann sprach: »Was soll ich tun? Das Heiraten ist eine Freude und ist auch eine Qual.« Endlich, weil er keinen Entschluß fassen konnte, zog er seinen Stiefel aus und sagte: »Nimm diesen Stiefel, der hat in der Sohle ein Loch, geh damit auf den Boden, häng ihn an den großen Nagel und gieß dann Wasser hinein. Hält er das Wasser, so will ich wieder eine Frau nehmen, läuft's aber durch, so will ich nicht.«

Das Mädchen tat, wie ihm geheißen war; aber das Wasser zog das Loch zusammen, und der Stiefel ward voll bis obenhin. Es verkündigte seinem Vater, wie's ausgefallen war. Da stieg er selbst hinauf, und als er sah, daß es seine Richtigkeit hatte, ging er zu der Witwe und freite sie, und die Hochzeit ward gehalten.

Am andern Morgen, als die beiden Mädchen sich aufmachten, da stand vor des Mannes Tochter Milch zum Waschen und Wein zum Trinken, vor der Frau Tochter aber stand Wasser zum Waschen und Wasser zum Trinken. Am zweiten Morgen stand Wasser zum Waschen und Wasser zum Trinken so gut vor des Mannes Tochter als vor der Frau Tochter. Und am dritten Morgen stand Wasser zum Waschen und Wasser zum Trinken vor des Mannes Tochter und Milch zum Waschen und Wein zum Trinken vor der Frau Tochter, und dabei blieb's. Die Frau ward ihrer Stieftochter spinnefeind und wußte nicht, wie sie es ihr von einem Tag zum andern schlimmer machen sollte. Auch war sie neidisch, weil ihre Stieftochter schön und lieblich war, ihre rechte Tochter aber häßlich und widerlich. Einmal im Winter, als es steinhart gefroren hatte und Berg und Tal voll- geschneit lag, machte die Frau ein Kleid von Papier, rief das Mädchen und sprach: »Da, zieh das Kleid an, geh hinaus in den Wald und hol mir ein Körbchen voll Erdbeeren; ich habe Verlangen danach.«

»Du lieber Gott«, sagte das Mädchen, »im Winter wachsen ja keine Erdbeeren, die Erde ist gefroren, und der Schnee hat auch alles zuge- deckt. Und warum soll ich in dem Papierkleide gehen? Es ist draußen so kalt, daß einem der Atem friert: da weht ja der Wind hindurch, und die Dornen reißen mir's vom Leib.«

»Willst du mir noch widersprechen?« sagte die Stiefmutter. »Mach, daß du fortkommst, und laß dich nicht eher wieder sehen, als bis du das Körbchen voll Erdbeeren hast.« Dann gab sie ihm noch ein Stückchen hartes Brot und sprach: »Davon kannst du den Tag über essen«, und dachte: »Draußen wird's erfrieren und verhungern und mir nimmermehr wieder vor die Augen kommen.« Nun war das Mädchen gehorsam, tat das Papierkleid an und ging mit dem Körbchen hinaus.

Da war nichts als Schnee, die Weite und Breite, und war kein grünes Hälmchen zu merken. Als es in den Wald kam, sah es ein kleines Häus- chen, daraus guckten drei kleine Haulemännerchen. Es wünschte ihnen die Tageszeit und klopfte bescheidenlich an die Tür. Sie riefen: »Herein«, und es trat in die Stube und setzte sich auf die Bank am Ofen, da wollte es sich wärmen und sein Frühstück essen. Die Haulemännerchen sprachen: »Gib uns auch etwas davon.«

»Gerne«, sprach es, teilte sein Stückchen Brot entzwei und gab ihnen die Hälfte. Sie fragten: »Was willst du zur Winterzeit in deinem dünnen Kleidchen hier im Wald?«

»Ach«, antwortete es, »ich soll ein Körbchen voll Erdbeeren suchen und darf nicht eher nach Hause kommen, als bis ich es mitbringe.« Als es sein Brot gegessen hatte, gaben sie ihm einen Besen und sprachen: »Kehre damit an der Hintertüre den Schnee weg.« Wie es aber draußen war, sprachen die drei Männerchen untereinander: »Was sollen wir ihm schenken, weil es so artig und gut ist und sein Brot mit uns geteilt hat?« Da sagte der erste: »Ich schenk ihm, daß es jeden Tag schöner wird.« Der zweite sprach: »Ich schenk ihm, daß Goldstücke ihm aus dem Mund fallen, sooft es ein Wort spricht.« Der dritte sprach: »Ich schenk ihm, daß ein König kommt und es zu seiner Gemahlin nimmt.«

Das Mädchen aber tat, wie die Haulemännerchen gesagt hatten, kehrte mit dem Besen den Schnee hinter dem kleinen Hause weg, und was glaubt ihr wohl, daß es gefunden hat? Lauter reife Erdbeeren, die ganz dunkelrot aus dem Schnee hervorkamen. Da raffte es in seiner Freude sein Körbchen voll, dankte den kleinen Männern, gab jedem die Hand und lief nach Haus und wollte der Stiefmutter das Verlangte bringen. Wie es eintrat und »Guten Abend« sagte, fiel ihm gleich ein Goldstück aus dem Mund. Darauf erzählte es, was ihm im Walde begegnet war, aber bei jedem Worte, das es sprach, fielen ihm die Goldstücke aus dem Mund, so daß bald die ganze Stube damit bedeckt ward. »Nun sehe einer den Übermut«, rief die Stiefschwester, »das Geld so hinzuwerfen«, aber heimlich war sie neidisch darüber und wollte auch hinaus in den Wald und Erdbeeren suchen.

Die Mutter: »Nein, mein liebes Töchterchen, es ist zu kalt, du könntest mir erfrieren.«

Weil sie ihr aber keine Ruhe ließ, gab sie endlich nach, nähte ihm einen prächtigen Pelzrock, den es anziehen mußte, und gab ihm Butterbrot und Kuchen mit auf den Weg. Das Mädchen ging in den Wald und gerade auf das kleine Häuschen zu. Die drei kleinen Haulemänner guckten wieder, aber es grüßte sie nicht, und ohne sich nach ihnen umzusehen und ohne sie zu grüßen, stolperte es in die Stube hinein, setzte sich an den Ofen und fing an, sein Butterbrot und seinen Kuchen zu essen. »Gib uns etwas davon«, riefen die Kleinen, aber es antwortete: »Es schickt mir selber nicht, wie kann ich andern noch davon abgeben?« Als es nun fertig war mit dem Essen, sprachen sie: »Da hast du einen Besen, kehr uns draußen vor der Hintertür rein.«

»Ei, kehrt euch selber«, antwortete es, »ich bin eure Magd nicht.« Wie es sah, daß sie ihm nichts schenken wollten, ging es zur Türe hinaus.

Da sprachen die kleinen Männer untereinander: »Was sollen wir ihm schenken, weil es so unartig ist und ein böses neidisches Herz hat, das niemand etwas gönnt?« Der erste sprach: »Ich schenk ihm, daß es jeden Tag häßlicher wird.« Der zweite sprach: »Ich schenk ihm, daß ihm bei jedem Wort, das es spricht, eine Kröte aus dem Munde springt.« Der dritte sprach: »Ich schenk ihm, daß es eines unglücklichen Todes stirbt.«

Das Mädchen suchte draußen nach Erdbeeren, als es aber keine fand, ging es verdrießlich nach Haus. Und wie es den Mund auftat und seiner Mutter erzählen wollte, was ihm im Walde begegnet war, da sprang ihm bei jedem Wort eine Kröte aus dem Mund, so daß alle einen Abscheu vor ihm bekamen. Nun ärgerte sich die Stiefmutter noch viel mehr und dachte nur darauf, wie sie der Tochter des Mannes alles Herzeleid antun wollte, deren Schönheit doch alle Tage größer ward. Endlich nahm sie einen Kessel, setzte ihn zum Feuer und sott Garn darin. Als es gesotten war, hing sie es dem armen Mädchen auf die Schulter und gab ihm eine Axt dazu, damit sollte es auf den gefrornen Fluß gehen, ein Eisloch hauen und das Garn schlittern. Es war gehorsam, ging hin und hackte ein Loch in das Eis, und als es mitten im Hacken war, kam ein prächtiger Wagen hergefahren, worin der König saß. Der Wagen hielt still, und der König fragte: »Mein Kind, wer bist du, und was machst du da?«

»Ich bin ein armes Mädchen und schlittere Garn.« Da fühlte der König Mitleiden, und als er sah, wie es so gar schön war, sprach er: »Willst du mit mir fahren?«

»Ach ja, von Herzen gern«, antwortete es, denn es war froh, daß es der Mutter und Schwester aus den Augen kommen sollte. Also stieg es in den Wagen und fuhr mit dem König fort, und als sie auf sein Schloß gekommen waren, ward die Hochzeit mit großer Pracht gefeiert, wie es die kleinen Männlein dem Mädchen geschenkt hatten. Über ein Jahr gebar die junge Königin einen Sohn, und als die Stiefmutter von dem großen Glücke gehört hatte, so kam sie mit ihrer Tochter in das Schloß und tat, als wollte sie einen Besuch machen.

Als aber der König einmal hinausgegangen und sonst niemand zugegen war, packte das böse Weib die Königin am Kopf, und ihre Tochter packte sie an den Füßen, hoben sie aus dem Bett und warfen sie zum Fenster hinaus in den vorbeifließenden Strom. Darauf legte sich ihre häßliche Tochter ins Bett, und die Alte deckte sie zu bis über den Kopf.

Als der König wieder zurückkam und mit seiner Frau sprechen wollte, rief die Alte: »Still, still, jetzt geht das nicht, sie liegt in starkem Schweiß, Ihr müßt sie heute ruhen lassen.« Der König dachte nichts Böses dabei und kam erst den andern Morgen wieder, und wie er mit seiner Frau sprach und sie ihm Antwort gab, sprang bei jedem Wort eine Kröte hervor, während sonst ein Goldstück herausgefallen war. Da fragte er, was das wäre, aber die Alte sprach, das hätte sie von dem starken Schweiß gekriegt und würde sich schon wieder verlieren.

In der Nacht aber sah der Küchenjunge, wie eine Ente durch die Gosse geschwommen kam, die sprach:

»König, was machst du?

Schläfst du oder wachst du?«

Und als er keine Antwort gab, sprach sie:

»Was machen meine Gäste?«

Da antwortete der Küchenjunge:

»Sie schlafen feste.«

Fragte sie weiter:

»Was macht mein Kindelein?«

Antwortete er:

»Es schläft in der Wiege fein.«

Da ging sie in der Königin Gestalt hinauf, gab ihm zu trinken, schüttelte ihm sein Bettchen, deckte es zu und schwamm als Ente wieder durch die Gosse fort. So kam sie zwei Nächte, in der dritten sprach sie zu dem Küchenjungen: »Geh und sage dem König, daß er sein Schwert nimmt und auf der Schwelle dreimal über mir schwingt.« Da lief der Küchenjunge und sagte es dem König, der kam mit seinem Schwert und schwang es dreimal über dem Geist; und beim drittenmal stand seine Gemahlin vor ihm, frisch, lebendig und gesund, wie sie vorher gewesen war.

Nun war der König in großer Freude, er hielt aber die Königin in einer Kammer verborgen bis auf den Sonntag, wo das Kind getauft werden sollte. Und als es getauft war, sprach er: »Was gehört einem Menschen, der den andern aus dem Bett trägt und ins Wasser wirft?«

»Nichts Besseres«, antwortete die Alte, »als daß man den Bösewicht in ein Faß steckt, das mit Nägeln ausgeschlagen ist, und den Berg hinab ins

Wasser rollt.« Da sagte der König: »Du hast dein Urteil gesprochen«, ließ ein solches Faß holen und die Alte mit ihrer Tochter hineinstecken, dann ward der Boden zugehämmert und das Faß bergab gekullert, bis es in den Fluß rollte.

40. Frau Holla zieht umher

In der Weihnacht fängt Frau Holla an herumzuziehen, da legen die Mägde ihren Spinnrocken aufs neue an, winden viel Werg oder Flachs darum und lassen ihn über Nacht stehen. Sieht das nun Frau Holla, so freut sie sich und sagt:

>»So manches Haar,
>so manches gutes Jahr.«

Diesen Umgang hält sie bis zum großen Neujahr, das heißt den heiligen Dreikönigstag, wo sie wieder umkehren muß nach ihrem Horselberg; trifft sie dann unterwegens Flachs auf dem Rocken, zürnt sie und spricht:

>»So manches Haar,
>so manches böses Jahr.«

Daher reißen feierabends vorher alle Mägde sorgfältig von ihren Rocken ab, was sie nicht abgesponnen haben, damit nichts dran bleibe und ihnen übel ausschlage. Noch besser ist's aber, wenn es ihnen gelingt, alles angelegte Werg vorher im Abspinnen herunterzubringen.

41. Frau Holla und der treue Eckart

In Thüringen liegt ein Dorf namens Schwarza, da zog Weihnachten Frau Holla vorüber, und vorn im Haufen ging der treue Eckart und warnte die begegneten Leute, aus dem Wege zu weichen, daß ihnen kein Leid widerfahre. Ein paar Bauernknaben hatten gerade Bier in der Schenke geholt, das sie nach Haus tragen wollten, als der Zug erschien, dem sie zusahen. Die Gespenster nahmen aber die ganze breite Straße ein, da wichen die Dorfjungen mit ihren Kannen abseits in eine Ecke; bald nahten sich unterschiedene Weiber aus der Rotte, nahmen die Kannen und tranken. Die Knaben schwiegen aus Furcht stille, wußten doch nicht, wie sie ihnen zu

Haus tun sollten, wenn sie mit leeren Krügen kommen würden. Endlich trat der treue Eckart herbei und sagte: »Das riet euch Gott, daß ihr kein Wörtchen gesprochen habt, sonst wären euch eure Hälse umgedreht worden; gehet nun flugs heim und sagt keinem Menschen etwas von der Geschichte, so werden eure Kannen immer voll Bier sein und wird ihnen nie gebrechen.« Dieses taten die Knaben, und es war so, die Kannen wurden niemals leer, und drei Tage nahmen sie das Wort in acht. Endlich aber konnten sie's nicht länger bergen, sondern erzählten ihren Eltern von der Sache, da war es aus, und die Krüglein versiegten. Andere sagten, es sei dies nicht eben zu Weihnacht geschehen, sondern auf eine andere Zeit.

42. Der Türst, das Posterli und die Sträggele

Wann der Sturm nachts im Walde heult und tobt, sagt das Volk im Luzernergau: »Der Türst (oder der Dürst) jagt!« Im Entlebuch weiß man dagegen von dem Posterli, einer Unholdin, deren Jagd die Einwohner Donnerstag vor Weihnachten in einem großen Aufzug, mit Lärm und Geräusch, jährlich vorstellen. In der Stadt Luzern heißt die Sträggele eine Hexe, welche in der Fronfastennacht am Mittwoch vor den heiligen Weihnachten herumspukt und die Mädchen, wie sie ihr Tagewerk nicht gesponnen, auf mancherlei Art schert; daher auch diese Nacht die Sträggelenacht genannt wird.

43. Der Irrwisch

An der Bergstraße zu Hähnlein, auch in der Gegend von Lorsch, nennt man die Irrlichter Heerwische; sie sollen nur in der Adventszeit erscheinen, und man hat einen Spottreim auf sie: »Heerwisch, ho ho, brennst wie Haberstroh, schlag mich blitzebloe!« Vor länger als dreißig Jahren, wird erzählt, sah ein Mädchen abends einen Heerwisch und rief ihm den Spottreim entgegen. Aber er lief auf das Mädchen gerade zu, und als es floh und in das Haus zu seinen Eltern flüchtete, folgte er ihr auf der Ferse nach, trat mit ihr zugleich ins Zimmer hinein und schlug alle Leute, die darin waren, mit seinen feurigen Flügeln, daß ihnen Hören und Sehen verging.

Seltzame Zauber-Possen.

44. Der feurige Wagen

Oft braust, besonders in den Quatembernächten, ein glühender, mit feurigen Rossen bespannter Wagen durch das Siebengebirge, durch Tal und Schlucht, über Berg und Tal. Eine wunderschöne Jungfrau lenkt das unbändige Gespann mit diamantschimmernden Zügeln. Hoher Ernst und Milde strahlen aus ihrem Antlitz. Im Mund hält sie einen goldenen Schlüssel. Um die zwölfte Stunde steigt sie von der Höhe des Drachenfelsen herab, an dessen Fuß das feurige Gespann auf sie wartet. Sie steigt ein. Wie der Sturm donnert ihr Wagen dahin und verschwindet in Honnef auf einer Wiese, hinter dem Haus zur Hölle benannt, dessen Torweg bis zur jüngsten Zeit deshalb nie durch ein Tor gesperrt war.

WEIHNACHTSTAG, CHRISTABEND, CHRISTNACHT

45. Das Kätzchen auf Dovre

Es war einmal ein Mann, oben in Finnmarken, der hatte einen großen weißen Bären gefangen, den wollte er dem König von Dänemark bringen. Nun traf es sich so, daß er gerade am Weihnachtsabend zum Dovrefjeld kam, und da ging er in ein Haus, wo ein Mann wohnte, der Halvor hieß. Den bat er um ein Nachtquartier für sich und seinen Bären.

»Ach, Gott helf mir!« sagte der Mann, »wie sollt' ich wohl jemandem Nachtquartier geben können! Jeden Weihnachtsabend kommen hier so viele Trolle, daß ich mit den Meinigen ausziehen muß und selber nicht einmal ein Dach über dem Kopfe habe.«

»Oh, ihr könnt mich deswegen immer beherbergen«, sagte der Mann, »denn mein Bär kann hier hinter dem Ofen liegen, und ich lege mich in den Bettverschlag.«

Halvor hatte nichts dagegen, zog aber selbst mit seinen Leuten aus, nachdem er zuvor gehörig für die Trolle hatte zurichten lassen: Die Tische waren besetzt mit Reisbrei, Stockfischen, Wurst und was sonst zu einem herrlichen Gastschmaus gehört.

Bald darauf kamen die Trolle an. Einige waren groß, andre klein, einige langgeschwänzt, andre ohne Schwanz; und einige hatten ungeheuer lange Nasen, und alle aßen und tranken und waren guter Dinge. Da erblickte einer von den jungen Trollen den Bären, der unter dem Ofen lag, steckte ein Stück Wurst an die Gabel und hielt es dem Bären vor die Nase. »Kätzchen, magst du auch Wurst?« sagte er. Da fuhr der Bär auf, fing fürchterlich an zu brummen und jagte sie alle, groß und klein, aus dem Hause.

Das Jahr darauf war Halvor eines Nachmittags so gegen Weihnachten hin im Wald und haute Holz für den Heiligen. Denn er erwartete wieder die Trolle. Da hörte er es plötzlich im Walde rufen: »Halvor! Halvor!«

»Ja«, sagte Halvor.

»Hast du noch die große Katz?« rief's.

»Ja«, sagte Halvor, »jetzt hat sie sieben Junge bekommen, die sind noch weit größer und böser als sie.«

»So kommen wir niemals wieder zu dir!« rief der Troll im Walde. Und von der Zeit an haben die Trolle nie wieder den Weihnachtsbrei bei Halvor auf Dovre gegessen.

46. Weihnachtsmärchen

Das Weihnachtsfest war nahe herangekommen, und aus dem Walde gingen viele Tannen in die Hauptstadt des Landes bei dem schlechten Wege immer durch dick und dünn. Wenn jemand sie fragte: Wo wollt ihr Tannen denn hin? So antworteten sie: Wir wollen in die Stadt und den Herrn Christ loben.

Ein ganz kleines Tannenbäumchen, das im Walde neben seiner Mutter stand, lief immer hinter seiner Mutter her, als diese sich auch nach der Hauptstadt aufmachte, und folgte ihr immer nach, wie ein Füllen der Stute oder ein junges Rehkalb der Hindin.

Als die Tannen des Abends im Dunkeln in der Hauptstadt angekommen waren, lagerten sie sich alle unter die Fenster des alten steinernen

Schlosses, das sie von einer Seite her vor Wind und Wetter schützen sollte, und es war schön anzusehen, wie die vielen grünen Tannen da beieinander lagen.

Das kleine Tannenbäumchen aber, das sich neben seine Mutter gelegt hatte, fror gar sehr. Da kam der Wind und legte den Saum seines schnee-weißen Mantels erst zu den Füßen der Tannen hin und breitete ihn dann ganz über sie aus. Den andern Morgen aber kam ein Sonnenblick und deckte den schneeweißen Mantel wieder ab. Da rieb sich das kleine Tannenbäumchen vergnügt die Augen und sah verwundert die große, schöne Stadt.

Aber bald wurde seine Freude getrübt, denn es kam ein Herr, der hieß sein Mütterlein mitgehen in sein Haus, das kleine Tannenbäumchen aber mußte zurückbleiben, denn es war zum Weihnachtsbaume noch viel zu jung und zu klein.

Als nun der Weihnachtsmorgen kam, da ging das kleine Tannen-bäumchen ganz einsam in den nassen Straßen der Hauptstadt umher und weinte. Da sah es aber sein Mütterlein in einem großen, schönen Saale stehen. Es hatte viele Lichter in der Hand, die glänzten gar herrlich, und das Mütterlein war anzusehen wie ein schöner Engel.

Da freute sich das kleine Tannenbäumchen sehr und ging getrost weiter.

Es stand aber in einem Hause eine kleine Puppe am Fenster, wie es eben Tag wurde. Die winkte dem kleinen Tannenbäumchen, daß es zu ihr herauf käme, und fragte:

»Wie heißt du, kleine Tanne?«

»Ich heiße Waldgrüne«, antwortete das Tannenbäumchen. »Und wie heißt du?«

»Ich heiße Kindchen-küß-mich«, antwortete die Puppe.

Da wurden die Puppe und das Tannenbäumchen gute Freunde und blieben lange, lange Zeit beisammen.

Die kleine Tanne aber wuchs sehr schnell heran, da sagte Kindchen-küß-mich endlich zu ihr:

»Du bist so ein lang aufgeschossenes Ding geworden, daß ich mich schäme, noch mit dir über die Straße zu gehen; auch ist dir dein Röckchen aus grünen Zweigen viel zu kurz, es reicht dir ja noch lange nicht einmal bis ans Knie, so sehr hast du es verwachsen! Mir wäre das zwar einerlei, aber den Menschen fällt es doch sehr auf. Deswegen wäre das Beste, du gingest wieder zurück in den Wald.«

Da ging die Tanne wieder in den Wald. Dort aber war ihr Röcklein nicht zu kurz, sondern es war große Freude bei den andern Tannen, daß Waldgrüne wieder zugegen war.

47. Der Tannenbaum

Draußen im Wald stand ein ganz reizender Tannenbaum. Er hatte einen guten Platz, ließ sich von der Sonne bescheinen, Luft gab es genug, und rundherum wuchsen viele größere Kameraden, Tannen und auch Fichten. Doch der kleine Tannenbaum wollte so brennend gern wachsen; er dachte weder an die warme Sonne noch an die frische Luft, er machte sich auch nichts aus den Bauernkindern, die mit leisem Geplauder im Wald Erdbeeren und Himbeeren sammelten. Oft, wenn sie einen ganzen Krug gefüllt oder Erdbeeren auf Halme gezogen hatten, setzten sie sich zu ihm und sagten: »Nein, wie hübsch klein der ist!« Das hörte der Tannenbaum gar nicht gern.

Im Jahr darauf war er um einen langen Trieb gewachsen, und im nächsten Jahr um einen weiteren; bei einem Tannenbaum kann man stets an der Zahl der Triebe sehen, wie viele Jahre er alt ist.

»Ach, wäre ich doch so ein großer Baum wie die andern!« seufzte der kleine Baum, »dann könnte ich meine Zweige ganz weit ausbreiten und mit dem Wipfel in die weite Welt hinausschauen! Die Vögel würden in meinen Zweigen Nester bauen, und bei Wind könnte ich so vornehm nicken wie die andern dort!«

Er hatte gar keine Freude am Sonnenschein, an den Vögeln oder an den roten Wolken, die morgens und abends über ihn hinsegelten.

Wenn es nun Winter war und der weiße Schnee ringsum glitzerte, dann kam oft ein Hase gehoppelt und sprang geradewegs über das Bäumchen hinweg – ach, war das ärgerlich! Aber zwei Winter vergingen, und im dritten war der Baum schon so groß, daß der Hase um ihn herumlaufen mußte. »Oh, wachsen, wachsen, groß und alt werden, das ist doch das einzig Schöne auf dieser Welt!« dachte der Baum.

Im Herbst kamen stets Holzfäller und fällten einige der größten Bäume, das geschah jedes Jahr, und der junge Tannenbaum, der jetzt eine ansehnliche Höhe erreicht hatte, bebte, wenn die großen, prächtigen Bäume krachend und dröhnend zu Boden fielen. Die Zweige wurden ihnen abgeschlagen, nun waren sie ganz nackt, lang und schmal und kaum

Ehre sei Gott in der Höhe und Friede auf Erden

wiederzuerkennen, dann aber wurden sie auf Wagen geladen und von Pferden aus dem Wald gezogen.

Wo fuhren sie hin? Was stand ihnen bevor?

Im Frühjahr kehrten Storch und Schwalbe zurück, und der Baum fragte sie: »Wißt ihr nicht, wo sie hingebracht wurden? Seid ihr ihnen nicht begegnet?«

Die Schwalben wußten nichts, doch der Storch zog eine bedenkliche Miene, nickte und sagte: »Ich glaube schon! Auf meinem Flug von Ägypten hierher habe ich viele neue Schiffe gesehen; sie hatten prächtige Mastbäume, und ich wage zu behaupten, daß sie nach Tanne rochen; sie lassen vielmals grüßen und tragen den Kopf hoch, sehr hoch!«

»Ach, wäre ich doch auch so groß, daß ich über das Meer fliegen könnte! Wie ist es eigentlich, dieses Meer, wem sieht es ähnlich?«

»Ja, das ist ein zu weites Feld!« sagte der Storch und ging davon.

»Freu dich an deiner Jugend!« sagten die Sonnenstrahlen. »Freu dich an deinem frischen Wuchs, am jungen Leben, das in dir ist!«

Und der Wind küßte ihn, und der Tau weinte über ihn Tränen, aber das verstand der Tannenbaum nicht.

Wenn es auf Weihnachten zuging, dann wurden ganz junge Bäume gefällt, Bäume, die häufig weder so groß noch so alt wie der Tannenbaum waren, der weder Rast noch Ruhe hatte und ständig an Fernweh litt. Diese jungen Bäumchen, und es waren gerade die allerschönsten, durften alle ihre Zweige behalten, sie wurden auf Wagen geladen und von Pferden aus dem Wald gezogen.

»Wo sollen sie hin?« fragte der Tannenbaum. »Sie sind nicht größer als ich, einer war sogar noch viel kleiner. Warum behalten sie alle ihre Zweige? Wo fahren sie hin?«

»Das wissen wir, das wissen wir!« zwitscherten die Spatzen. »Wir waren in der Stadt und haben durch die Fensterscheiben geguckt. Wir wissen, wo sie hinfahren. Oh, sie erleben die größte Pracht und Herrlichkeit, die man sich denken kann! Wir haben hinter den Fenstern gesehen, wie sie mitten in die warme Stube gepflanzt und mit den prächtigsten Dingen geschmückt wurden, mit vergoldeten Äpfeln, Honigkuchen, Spielzeug und vielen hundert Lichtern!«

»Und dann – ?« fragte der Tannenbaum und zitterte an allen Zweigen. »Und dann? Was geschieht dann?«

»Mehr haben wir nicht gesehen. Es war unvergleichlich!«

»Ob ich wohl dazu geboren bin, diesen glänzenden Weg zu gehen?«

jubelte der Baum. »Das ist noch besser, als über das Meer zu fahren. Wie ich an Sehnsucht leide! Wenn doch nur Weihnachten wäre! Jetzt bin ich groß und breit wie die andern, die man im letzten Jahr weggebracht hat. – Ach, wäre ich doch schon auf dem Wagen! Wäre ich doch in der warmen Stube mit all dieser Pracht und Herrlichkeit! Und dann – ? Ja, dann kommt etwas noch Besseres, noch Schöneres, denn warum sollten sie mich sonst so schmücken? Es muß etwas noch Größeres, noch Herrlicheres kommen! Aber was? Ach, ich leide! Ich habe Sehnsucht! Ich weiß selbst nicht, was mit mir los ist!«

»Freu dich an mir!« sagten Luft und Sonnenlicht. »Freu dich an deiner frischen Jugend im Freien!«

Aber das Bäumchen freute sich gar nicht; es wuchs und wuchs, war im Winter wie im Sommer grün, dunkelgrün, und die Leute sagten bei seinem Anblick: »Das ist ein prächtiger Baum!«

Als nun das Weihnachtsfest nahte, wurde es als erstes von allen gefällt. Die Axt traf den Baum tief ins Mark, er fiel mit einem Seufzer zu Boden, er fühlte Schmerz, eine Ohnmacht, und an irgendein Glück konnte er gar nicht denken. Es betrübte ihn, daß er die Heimat verlassen mußte, jenen Fleck, an dem er aufgewachsen war; niemals, das wußte er, würde er die lieben alten Kameraden wiedersehen, die kleinen Büsche und Blumen ringsum, ja vielleicht nicht einmal die Vögel. Die Abreise war gar nicht angenehm.

Der Baum kam erst wieder zu sich, als er mit den anderen Bäumen im Hof abgeladen war und einen Mann sagen hörte: »Der da ist prächtig! Wir können nur den gebrauchen.«

Nun kamen zwei Diener in voller Montur und trugen ihn in einen großen, prächtigen Saal. Überall an den Wänden hingen Porträts, und neben dem hohen Porzellankachelofen standen große chinesische Vasen mit Löwen auf dem Deckel; da waren Schaukelstühle, seidene Sofas, große Tische voller Bilderbücher und Spielzeug für hundertmal hundert Reichstaler – wenigstens sagten das die Kinder. Und der Tannenbaum wurde in eine sandgefüllte Tonne gestellt, doch niemand konnte sehen, daß es eine Tonne war, denn sie war mit grünem Stoff bekleidet und stand auf einer großen bunten Decke. Oh, wie der Baum bebte! Was würde jetzt wohl geschehen? Diener und Fräulein waren damit beschäftigt, ihn zu schmücken. An einen Zweig kamen kleine Netze, jedes aus Buntpapier geschnitten und mit Zuckerwerk gefüllt; sie behängten ihn mit vergoldeten Äpfeln und Walnüssen, die wie festgewachsen aussahen, und dann steckten sie ihm über hundert rote, blaue und weiße kleine Lichter auf die Zweige. Puppen, die leibhaftigen Menschen glichen – dergleichen hatte der Baum noch nie gesehen – schwebten im Grünen, und ganz oben im Wipfel glänzte ein großer Stern aus Flittergold. Es war prachtvoll, ganz unbeschreiblich prachtvoll.

»Heute abend«, sagten alle, »heute abend soll er strahlen!«

»Ach«, dachte der Baum, »wenn es doch schon Abend wäre! Würden nur bald die Lichter angezündet! Und was wird dann wohl geschehen? Ob aus dem Wald Bäume kommen, um mich zu besichtigen? Ob die Spatzen an die Fensterscheiben fliegen? Ob ich wohl festwachse und Winter und Sommer geschmückt hier stehen soll?«

Ja, er kannte sich gut aus! Aber vor lauter Sehnsucht hatte er auch ordentlich Borkenschmerzen, und Borkenschmerzen sind für einen Baum genauso schlimm wie Kopfschmerzen für uns andere.

Jetzt wurden die Lichter angezündet. Welch ein Glanz, welch eine Pracht! Dabei erbebte der Baum so sehr an allen Zweigen, daß eins seiner Lichter das Grün anzündete – es brannte ordentlich.

»Um Himmels willen!« schrien die Fräulein und löschten schleunigst.

Da wagte der Baum nicht einmal mehr zu beben. Ach, es war ein Graus! Er hatte große Angst, etwas von all seinem Staat zu verlieren, und war von all dem Glanz ganz verwirrt. – Und nun gingen beide Flügeltüren auf, und viele Kinder stürmten herein, als wollten sie den ganzen Baum umwerfen; die älteren Leute folgten bedächtig nach. Die Kleinen blieben stumm stehen, doch nur einen Augenblick, dann jubelten sie, daß es widerhallte. Sie tanzten um den Baum herum, und ein Geschenk nach dem anderen wurde abgepflückt.

»Was tun sie da nur?« dachte der Baum. »Was wird jetzt wohl geschehen?« Und die Lichter brannten fast bis auf die Zweige herunter und wurden eins nach dem andern gelöscht, und dann durften die Kinder den Baum plündern. Oh, sie stürzten auf ihn los, daß es in all seinen Zweigen knackte; wenn die Spitze und der Goldstern nicht an der Decke befestigt gewesen wären, dann wäre er umgekippt.

Die Kinder tanzten mit ihrem prächtigen Spielzeug herum, niemand kümmerte sich um den Baum, nur das alte Kindermädchen guckte zwischen die Zweige, aber sie wollte nur nachsehen, ob da nicht vielleicht eine Feige oder ein Apfel vergessen war.

»Eine Geschichte! Eine Geschichte!« riefen die Kinder und zerrten einen dicken kleinen Mann bis zum Baum, und er setzte sich direkt darunter.

»So sind wir nämlich im Grünen«, sagte er, »und dem Baum kann es nur guttun, wenn er zuhört. Ich erzähle aber nur eine Geschichte. Wollt ihr die von ›Ivede-Avede‹ oder die von ›Klumpe-Dumpe, der die Treppe hinunterfiel und doch den Thron bestieg und die Prinzessin bekam?‹«

›Ivede-Avede!‹ schrien einige. ›Klumpe-Dumpe!‹ schrien andere. Es gab ein Geschrei und Gerufe, nur der Tannenbaum schwieg ganz still und dachte: »Soll ich denn gar nicht dabeisein, soll ich denn gar nichts tun?« Er war ja dabeigewesen und hatte getan, was er sollte.

Und der Mann erzählte von ›Klumpe-Dumpe, der die Treppe hinunterfiel und doch den Thron bestieg und die Prinzessin bekam‹. Die Kinder klatschten in die Hände und riefen: »Erzähl! Erzähl!« Sie wollten auch ›Ivede-Avede‹ hören, aber es blieb bei der Geschichte von ›Klumpe-Dumpe‹. Der Tannenbaum stand still und nachdenklich da, so etwas hatten die Vögel im Wald niemals erzählt. »Klumpe-Dumpe fiel die Treppe hinunter und bekam doch die Prinzessin! Ja, ja, so geht es zu auf der Welt!« dachte er und hielt alles für Wirklichkeit, denn der Mann, der es erzählte, war ein so netter Mann. »Ja, ja, wer weiß! Vielleicht falle ich auch die Treppe hinunter und bekomme eine Prinzessin.« Und er freute sich darauf, am nächsten Tag wieder mit Lichtern und Spielzeug, Gold und Früchten bekleidet zu werden.

»Morgen will ich nicht zittern!« dachte er. »Ich will mich recht an all meiner Herrlichkeit freuen. Morgen werde ich wieder die Geschichte von Klumpe-Dumpe hören und vielleicht auch die von Ivede-Avede.« Und der Baum stand die ganze Nacht still und nachdenklich da.

Am Morgen erschienen Knecht und Dienstmagd.

»Jetzt beginnt die Pracht von neuem!« dachte der Baum. Aber sie schleppten ihn aus der Stube, die Treppe hinauf und auf den Boden, und dort stellten sie ihn in einen finsteren Winkel, wohin kein Tageslicht fiel.

»Was hat das zu bedeuten?« dachte der Baum. »Was soll ich hier tun? Was werde ich hier zu hören bekommen?« Und er lehnte sich gegen die Mauer und dachte und dachte. – Und dafür hatte er viel Zeit, denn es vergingen Tage und Nächte, niemand kam auf den Boden, und wenn doch endlich jemand kam, dann nur, um ein paar große Kisten in den Winkel zu stellen. Der Baum stand ganz verborgen, man hatte ihn wohl ganz und gar vergessen.

»Jetzt ist draußen Winter«, dachte der Baum. »Die Erde ist hart und mit Schnee bedeckt, die Menschen können mich nicht pflanzen; deshalb soll ich hier wohl geschützt bis zum Frühjahr stehen. Wie wohlbedacht das ist! Wie gut die Menschen doch sind! – Wenn es hier nur nicht so dunkel und so entsetzlich einsam wäre! Nicht einmal ein kleiner Hase! Es war doch so hübsch draußen im Wald, wenn Schnee lag und der Hase vorüberhoppelte; ja, auch dann noch, als er über mich weg sprang, obwohl ich das damals gar nicht mochte. Hier oben ist es doch entsetzlich einsam!«

»Piep, piep«, sagte ein Mäuschen, das in diesem Moment aus seinem Loch schlüpfte, und dann kam noch eins. Sie beschnupperten den Tannenbaum und huschten in seinen Zweigen herum.

»Die Kälte ist gräßlich«, sagten die Mäuschen. »Sonst ist das ja ein guter Ort, nicht wahr, du alter Tannenbaum?«

»Ich bin gar nicht alt!« sagte der Tannenbaum. »Andere sind viel älter als ich.«

»Wo kommst du her?« fragten die Mäuse. »Und was weißt du?« Sie waren so schrecklich neugierig. »Erzähl uns doch von dem schönsten Ort auf Erden! Bist du da gewesen? Bist du in der Speisekammer gewesen, wo Käselaiber in den Regalen liegen und Schinken unter der Deke hängen, wo man auf Talglichtern tanzt, mager hineingeht und fett herauskommt?«

»Das kenne ich nicht«, sagte der Baum, »aber den Wald kenne ich, wo die Sonne scheint und die Vögel singen.« Und dann erzählte er alles aus seiner Jugend, und so etwas hatten die Mäuschen noch nie gehört, und sie spitzten die Ohren und sagten: »Nein, wieviel du gesehen hast! Wie glücklich du gewesen bist!«

»Ich!« sagte der Tannenbaum und dachte darüber nach, was er selber erzählte. »Ja, im Grunde waren es ganz lustige Zeiten!« – Dann aber erzählte er vom Weihnachtsabend, als er geschmückt war mit Gebäck und Lichtern.

»Oh«, sagten die Mäuschen, »wie glücklich du gewesen bist, du alter Tannenbaum!«

»Ich bin gar nicht alt!« sagte der Baum. »Ich bin doch erst diesen Winter aus dem Wald gekommen, ich bin in meinem allerbesten Alter, ich bin nur in meiner Entwicklung zurückgeblieben!«

»Wie schön du erzählst!« sagten die Mäuschen, und in der nächsten Nacht brachten sie vier weitere Mäuschen mit, die sich den Baum anhören sollten, und je mehr der erzählte, um so deutlicher konnte er sich an alles erinnern, und er fand: »Das waren doch ganz lustige Zeiten! Aber sie können wiederkehren, sie können wiederkehren! Klumpe-Dumpe fiel die Treppe hinunter und bekam doch die Prinzessin, vielleicht kann ich auch eine Prinzessin bekommen.« Und dann dachte er an so eine kleine hübsche Birke, die draußen im Wald wuchs und für den Tannenbaum wirklich eine schöne Prinzessin gewesen wäre.

»Wer ist Klumpe-Dumpe?« fragten die Mäuschen. Und da erzählte der Tannenbaum das ganze Märchen, er wußte noch jedes einzelne Wort; und die Mäuschen wären vor lauter Vergnügen beinah bis in seinen Wipfel gesprungen.

In der nächsten Nacht kamen noch viel mehr Mäuse und am Sonntag sogar zwei Ratten; aber die fanden die Geschichte gar nicht lustig, und das betrübte die Mäuschen, denn nun gefiel sie ihnen auch nicht mehr so gut.

»Können Sie nur diese eine Geschichte?« fragten die Ratten.

»Nur diese eine!« antwortete der Baum. »Ich habe sie an meinem glücklichsten Abend gehört, aber damals dachte ich nicht daran, wie glücklich ich war.«

»Das ist eine äußerst schlechte Geschichte! Können Sie keine mit Speck und Talglichtern? Keine Speisekammer-Geschichte?«

»Nein!« sagte der Baum.

»Na, dann vielen Dank!« antworteten die Ratten und gingen ihrer Wege.

Schließlich blieben auch die Mäuschen weg, und da seufzte der Baum: »Es war doch ganz nett, als sie alle um mich herum saßen, die flinken Mäuschen, und mir zuhörten. Nun ist auch das vorbei. – Aber wenn ich dann wieder vorgeholt werde, will ich nicht vergessen, mich zu freuen!«

Wann aber sollte das geschehen? – Doch, eines Morgens, da kamen Leute die Treppe herauf und rumorten, rückten die Kisten beiseite und zogen den Baum hervor. Freilich warfen sie ihn etwas hart auf den Boden, doch ein Knecht schleppte ihn zur Treppe, und dort leuchtete der helle Tag.

»Jetzt fängt das Leben wieder an!« dachte der Baum. Er spürte die frische Luft, den ersten Sonnenstrahl – und dann war er draußen im Hof. Alles ging so geschwind, daß er vollkommen vergaß, sich selbst zu betrachten, so vieles gab es ringsum zu sehen. Der Hof grenzte an einen Garten, und alles dort stand in Blüte; die Rosen hingen so frisch und duftend über den den niedrigen Zaun, die Linden blühten, und die Schwalben flogen herum und sagten: »Kwirre-wirre-wit, mein Mann ist gekommen!« Aber sie meinten nicht den Tannenbaum damit.

»Jetzt werde ich leben!« jubelte er und breitete weit seine Zweige aus – ach, sie waren alle verdorrt und verwelkt, er lag im Winkel zwischen Unkraut und Nesseln. Der Goldpapierstern saß noch in seinem Wipfel und glitzerte im hellen Sonnenschein.

Auf dem Hof spielten ein paar von den lustigen Kinder, die am Weihnachtsabend um den Baum herumgetanzt waren und sich so über ihn gefreut hatten. Eins der kleinsten riß ihm nun rasch den Goldstern ab.

»Guckt mal, was da noch an dem häßlichen alten Weihnachtsbaum war!« sagte der Junge und trampelte auf den Zweigen, daß sie unter seinen Stiefeln knackten.

Und der Baum sah auf all die Blumenpracht und Frische des Gartens, er sah sich selbst an und wünschte, er wäre in seinem dunklen Winkel auf dem Boden geblieben. Er dachte an seine frische Jugend im Wald, an den lustigen Weihnachtsabend und an die Mäuschen, die sich so vergnügt die Geschichte von Klumpe-Dumpe angehört hatten.

»Vorbei! Vorbei!« sagte der arme Baum. »Hätte ich mich doch gefreut, als ich es konnte! Vorbei! Vorbei!«

Und der Knecht kam und hackte den Baum in kleine Stücke, bis ein ganzer Haufen dalag. Herrlich loderte er unter dem großen Braukessel auf, und dabei seufzte er ganz tief, jeder Seufzer war wie ein kleiner Schuß. Deshalb eilten die spielenden Kinder herbei, setzten sich vor das Feuer, schauten hinein und riefen: »Piff! Paff!« Doch bei jedem Knall, der ein tiefer Seufzer war, dachte der Baum an einen Sommertag im Wald, an eine Winternacht im Sternenschein. Er dachte an den Weihnachtsabend und an Klumpe-Dumpe, das einzige Märchen, das er gehört hatte und zu erzählen wußte – und dann war er verbrannt.

Die Jungen spielten im Hof, und der kleinste hatte sich den Goldstern an die Brust geheftet, den der Baum an seinem glücklichsten Abend getragen hatte. Der war jetzt vorbei, und mit dem Baum war es vorbei, und mit der Geschichte auch – vorbei, vorbei, so geht es mit allen Geschichten!

48. Eine Weihnachtsgeschichte

Mein Großvater hat mir diese Geschichte erzählt: Vor langer, langer Zeit lebte einmal ein Arzt im Norden unseres Landes. Er wohnte in einem kleinen Dorf und betreute die Leute eines größeren Landstriches. Überall war er sehr beliebt, denn er war unermüdlich und immer freundlich und verstand sich vor allem mit den Kindern sehr. Am Rande seines Dorfes ließ er sich ein schönes Haus bauen, und dort lebte er zusammen mit einer alten Haushälterin und einem Kutscher, denn er war unvermählt.

Da es weit und breit keinen andern Doktor gab, hatte er viel, viel Arbeit, und so fuhr er sommers mit der Kutsche und winters mit dem Schlitten landauf, landab, um seine Kranken zu besuchen. Er war ein kluger Herr, und da es in jener Gegend keine Apotheke gab, machte er gleichzeitig auch den Apotheker.

Nun gab es damals einen sehr strengen Winter. Die große Kälte ließ schon frühzeitig die Flüsse einfrieren, und es warf eine Menge Schnee herab, so daß die Straßen vor allem in den Bergen meterhoch verweht waren. So konnte der Doktor nur mehr seine Kranken im Tiefland versorgen, denn die Berge und Wälder waren ungangbar geworden, und wenn er sich aus dem Dorf herauswagte, mußten er und der Kutscher Flinten mitnehmen, denn Kälte und Hunger hatten die Wölfe und Bären aus ihren Verstecken getrieben, so daß sie die Gehöfte umkreisten. Anfangs kam hin und wieder auch noch ein Reiter aus dem Wald, aber dann kamen sie nicht mehr durch, und auch der Arzt mußte die größeren Fahrten einstellen.

Jenseits der Berge aber lag eine kleine Siedlung, und dort war ein kleines Mädchen krank geworden. Die Mutter versuchte erst alles, was man an Hausmitteln geben kann, aber als das alles nichts half und das Fieber des Kindes stieg, sagte sie zu ihrem Mann: »Du mußt um den Arzt reiten, sonst stirbt unser Kind, denn ich habe alle Arzneien vergeblich versucht. Das Mädchen ist schon ganz schwach geworden, und es fiebert schon seit Tagen.«

»Frau«, entgegnete der Mann, »das ist unmöglich. Du weißt, wie lieb ich unser Kind habe, aber die Wälder sind so verschneit, daß an ein Durchkommen gar nicht zu denken ist. Und selbst wenn ich mich zu Pferd durchschlagen könnte, wie sollte ich den Doktor mit dem Schlitten hierherbringen? Wir können nur warten und auf das Beste hoffen.« Aber die Frau gab nicht nach, sie drang und drang so lang in ihren Mann, er

solle doch wenigstens versuchen, vom Arzt eine gute Medizin zu besorgen, daß er schließlich sein Pferd sattelte, seine Büchse nahm, um in das andere Dorf zu reiten. Doch war er kaum bis an den Waldrand gekommen, als sein Roß bis zum Leib im Schnee versank und ihn ein Rudel Wölfe umkreiste. Als er sich umwandte, stürzte gar noch sein Pferd, und nur mit Not und unter Schüssen konnte er sich wieder zu seinem Hause durchschlagen, denn die Raubtiere verfolgten ihn fast bis zur Schwelle seines Hofes.

Entmutigt und sein blutendes Pferd in den Stall führend, kam er daheim wieder an. »Frau«, sagte er, »es geht nicht, ich bin nicht einmal in den Wald hineingekommen; von Durchkommen ist gar keine Rede, und zudem wird es bald finster.« Da weinte die Frau und ging in die Stube, wo das fiebernde Töchterchen lag. »Mutter, warum weinst du denn?« fragte das Kind. »Ach, gerade ist Vater zurückgekommen«, antwortete die Frau, »denn er wollte für dich Medizin holen beim Doktor, aber es geht nicht, weil so viel Schnee liegt.«

»Mutter, weine nicht! Wenn du meinst, daß wir den Doktor brauchen, so will ich es dem Christkind sagen, das doch heute abend kommen muß. Du hast ja selbst heute morgen gesagt: Am Abend kommt das Christkind.«

»Aber Kind, das ist nur so ein alter Brauch, und es ist nur mehr eine Erinnerung daran, daß Christus als Kind in diese Welt gekommen ist.«

»Nein«, sagte das Mädchen, »ich bin sicher, wenn ich darum bete, dann wird das Christkind auch selber kommen.«

Da ging die Mutter hinaus und sagte zu ihrem Mann: »Das Kind spricht schon wieder im Fieber.« Und dann machte sie sich daran, das Weihnachtsmahl zu richten, und dachte dabei: »Das wird das letzte Weihnachtsessen für unser Töchterchen sein.« Als sie aber zwischendurch einmal nach dem Mädchen sah, lag das mit roten Bäckchen und winkte der Mutter. »Ach«, sagte es, »eben war das Christkind da. Es sieht aus wie ein kleiner Junge. Ich habe ihm gleich gesagt, ob es nicht den Doktor schicken kann, und es hat mir versprochen, daß es ihn gleich holen wird.«

Da rief die Mutter den Vater herein, und das Mädchen mußte die Geschichte noch einmal erzählen: »Das Christkind war da; es sieht aus wie ein kleiner Junge, und es hat mir versprochen, daß es den Doktor holen wird.«

»Das Fieber wird weiter gestiegen sein«, dachte der Vater, »denn das

Kind phantasiert bereits.« Die Mutter aber begann in ihrer Not etwas Hoffnung zu schöpfen.

Nun war der Abend angebrochen, und in dem Dorf, wo der Arzt wohnte, hatten sich in den Häusern die Familien versammelt; nur der Arzt war ganz allein, denn die Haushälterin und der Kutscher waren auch zu ihren Verwandten gegangen. Er war gerade dabei, Arzneien zu bereiten und eine Salbe zu reiben, als es an die Türe klopfte. »Herein!« rief er, und da trat ein kleiner Junge ein, der die Mütze abnahm und freundlich grüßte. Sein Mäntelchen war ganz voll Schnee und die Bäckchen rot vor Frost. »Ja, wer bist denn du, Kleiner?« fragte der Arzt. »Dich habe ich noch nie gesehen, und ich kenne doch sonst alle Kinder der Gegend.«

»Ich bin nur zu Weihnachten hier, und man schickt mich von drüben aus dem Dorf, weil man da Eure Hilfe braucht.«

»Du willst mich wohl zum besten halten, kleiner Schelm?« entgegnete der Arzt, »meinst du, ich wüßte nicht, wieviel Schnee draußen liegt und daß man nicht durch den Wald kommen kann? Und glaubst du, ich könnte für wahr halten, daß man einen so kleinen Jungen ausschickt? Die Bären und Wölfe würden dich sofort zerreißen, wenn du in den Wald kämst.«

»Nein«, sagte der Junge, »es ist mein voller Ernst. Ich habe drüben eine kranke Schwester, und die braucht Eure Hilfe. Ihr sagt ja selbst, daß Ihr mich nicht kennt. Und wenn Ihr nicht kommt, müßte das Mädchen sterben.«

»Mein lieber Junge, selbst wenn du recht hättest, könnte ich dir nicht helfen, denn mein Kutscher ist bei seiner Familie, und ich würde ihn um keinen Preis bewegen können, mich mitten in der Nacht durch den Wald zu fahren.«

»Das ist auch gar nicht nötig, denn ich habe selbst einen Schlitten dabei und werde Euch kutschieren. Und Ihr werdet auch wieder richtig zurückgebracht, habt keine Sorge!«

»Ja, aber«, rief der Arzt ganz verzweifelt, »die wilden Tiere würden über uns herfallen und nur die Stiefel und Knöpfe von uns übrig lassen. Was dir einmal gelungen ist – und ich weiß, daß Gott die Kinder besonders beschützt –, würde kein zweitesmal gelingen.«

»Aber wißt Ihr denn nicht, daß wir Christnacht haben und daß da die wilden Tiere niemand etwas zuleide tun?«

»Du bist ja ein lieber Junge, und ich würde dir auch gern helfen«, sagte der Arzt, »aber was du da sprichst, ist doch nur eine fromme Legende, die sich die Leute erzählen. Die Tiere wissen nicht, was im Kalender steht. So gern ich deiner Schwester helfen würde, es geht nicht, und ich darf auch dich selbst nicht der Gefahr aussetzen, jetzt heimzufahren.« Da sah ihn der Junge lang und ernst an, dann fragte er: »Habt Ihr Angst?«

»Ja.«

»Und habt Ihr kein Vertrauen auf Gott?« Da antwortete der Arzt: »Du hast recht! Es soll so geschehen, wie Gott will, und wenn du Vertrauen hast, so will ich mich von dir nicht beschämen lassen. Warte nur einen Augenblick: Ich will meine Tasche und meine Flinte holen, und dann wollen wir uns auf den Weg machen. Hoffentlich hast du ein starkes Pferd.«

»O, Ihr werdet es gleich sehen. Und was die Flinte betrifft, so laßt sie ruhig daheim, denn wir werden sie nicht brauchen.«

Der Arzt aber dachte: »Besser ist besser«, suchte seine Sachen zusammen und steckte sie nebst Medizin in seine Tasche, zog seinen Mantel an und hängte die Doppelflinte um. Dann sagte er zu dem Knaben: »Wir können gehen!« Sie gingen also aus dem Haus hinaus, und richtig: da stand ein Schlitten mit einer Laterne daran. Aber als der Arzt das Zugtier sah, da mußte er sich doch die Augen ausreiben, denn da stand ein großer, großer Elch. »Ich muß schon sagen: ihr habt aber da drüben seltsame Pferde.«

»Die besten, die man sich bei diesem Wetter wünschen kann«, erwiderte das Kind. Dann half es dem Arzt in den Schlitten und deckte ihn sorgsam mit einer warmen Decke zu, setzte sich auf den Kutschbock und pfiff dem Elch. Der setzte sich sogleich mit Riesenschritten in Bewegung und zog den Schlitten wie eine Feder hinter sich her. Schnell war man aus dem Dorf hinaus, und als der Mann die Lichter der Wölfe aufleuchten sah, griff er nach seinem Gewehr. Im gleichen Augenblick aber drehte sich der Knabe um und sagte: »Laßt nur Euer Schießeisen. Ihr versteht nicht, mit Tieren umzugehen.« Da fügte sich der Mann in alles und dachte: »Der kann mehr als du selber.«

Der Knabe aber rief den Wölfen etwas zu, und wirklich taten die großen Tiere niemand etwas zuleide. Im Gegenteil: sie liefen vor dem Schlitten her, um den Schnee festzutrampeln, und andere liefen hinterdrein. Der Elch aber kümmerte sich gar nicht um sie.

Im Wald konnte zwar auch der Elch nicht mehr so schnell laufen, aber der Schlitten blieb nie stecken, und so war man noch lange vor Mitternacht in der kleinen Siedlung. »Hier«, sagte der Knabe, »ist das Haus. Geht nur einstweilen zu meiner kranken Schwester hinein!« Und damit half er dem Arzt aus dem Schlitten heraus. Der nahm seine Tasche, klopfte an die Türe und trat ein. Da schauten aber der Bauer und seine Frau, als sie den Doktor hereinkommen sahen! »Ja wie kommt denn Ihr zu uns? Wißt Ihr denn, daß unser Töchterchen krank ist?« rief der Bauer erstaunt. »Ei, freilich, Ihr habt ja Euren Jungen um mich geschickt«, entgegnete der Arzt, »und ich muß schon sagen: Ihr habt einen recht tüchtigen Sohn, und Ihr müßt viel Gottvertrauen haben, daß Ihr das Kind so allein durch den Wald fahren laßt.«

»Wie? Was? Verzeiht, das muß ein Irrtum sein«, sagte der Bauer, »denn ich habe gar keinen Sohn; das kranke Mädchen ist unser einziges Kind.«

»Nun, so ein Schlingel! Und zu mir sagt der Junge, er komme um seine kranke Schwester. Nun sagt mir nur noch: Wie habt Ihr den großen Elch dressieren können, daß er den Schlitten zieht?« Da wurde der Bauer ganz verwirrt: »Was für ein Elch?« Und der Arzt nahm ihn bei der Hand und führte ihn vors Haus. Da stand der Schlitten mit dem großen und ungewöhnlichen Zugtier, aber von dem Knaben war nichts zu sehen. »Dieses seltsame Rentier«, sagte der Bauer, »gehört weder mir noch sonst jemandem in unserm Dorf. Ihr wollt mir wohl einen Bären aufbinden?«

»Nun, darüber später mehr! Führt mich erst zu der Kranken!« Und damit gingen sie wieder ins Haus und in die Stube des Mädchens. Das saß im Bett und sagte: »Mama, gerade war wieder das Christkind da, und es hat gesagt, daß der Doktor schon da ist und daß ich bald wieder ganz gesund sein werde. Und dem Herrn Doktor soll ich sagen, daß der Christusknabe leider keine Zeit mehr hat, ihn heimzubringen, aber daß der Elch den Weg auch allein findet, und der Herr Doktor soll sich nicht fürchten.« Da schauten Vater, Mutter und der Arzt sich an, und der letztere sagte: »Das ist eine seltsame Geschichte.« Und der Vater: »Ja, das macht das Fieber.«

»Nein«, sagte der Arzt, »hier spielt etwas ganz anderes herein.« Und zum Mädchen: »Nun, sei unbesorgt! Wenn du solchen Besuch hattest, wirst du auch sicher gesund werden.« Und er gab ihr eine Medizin, und dann setzte er sich mit den Eltern zu Tisch.

Als er am nächsten Morgen nach dem Mädchen sah, hatte es kein Fieber mehr, und der Arzt konnte wieder an seine Heimreise denken. »Neugierig bin ich ja«, dachte er bei sich, »wie es diesmal geht!«

Die Sonne war kaum aufgegangen, doch war es schon spät am Tage, als er mit dem Bauern vors Gehöft trat. »So wahr ich lebe, ein Elch!« rief der Bauer aus, »gestern glaubte ich, es wäre ein gewöhnliches Rentier.« Und damit nahmen sie Abschied. Kaum saß der Doktor im Schlitten, da zog der Elch an und schlug den Weg zum Walde ein. Dem Arzt war so allein nicht recht wohl, und er hätte viel drum gegeben, wenn der Knabe vom Vorabend dabeigewesen wäre.

Am Waldrand kauerte wieder ein Rudel Wölfe und er wollte eben zu seiner Flinte greifen, da wandte der Elch den Kopf und sprach: »Laß das nur! Sie werden uns nichts tun.« Und als der Schlitten bei den Wölfen angekommen war, sagte der Leitwolf: »Das ist der Mann, den heute nacht der himmlische Knabe herübergebracht hat und den wir nach Hause geleiten sollen.« Und damit setzte sich das Rudel in Bewegung und lief wieder teils voraus, teils hintendrein. Zunächst ging alles gut, aber an einem steilen Hang kippte der Schlitten um, und der Arzt fiel heraus. Alsbald kam ein Bär herzugelaufen, hob ihn mit seinen Pfoten vorsichtig auf und trug ihn in den Schlitten, den die Wölfe wieder aufgestellt hatten, zurück. »Hast du dir weh getan?« fragte er noch. »Nein, danke, gar nicht«, antwortete der Arzt, der sich nunmehr über nichts mehr wunderte.

So fuhr man bis zum anderen Waldrand, da nahmen die wilden Tiere Abschied, der Elch aber fuhr den Doktor bis zu seinem Hause. Und seitdem, so sagen die Leute, war unser Doktor ein wenig wunderlich. Man wollte gar gesehen haben, wie er im Walde mit wilden Tieren, Bären und Wölfen gesprochen habe, und daß diese ihm nichts zuleide täten, so daß er auch im Winter ohne Gefahr überall die Kranken besuchen könne.

49. Grettir und die Trollsriesin

Ein Priester hieß Stein, der wohnte auf Eyjardalsa im Bardartal. Südlich davon auf dem Hofe Sandhaug wohnte Thorstein der Weiße. Steinwör hieß seine Frau, die war jung und fröhlich. Ihre Kinder waren damals noch jung. Es schien den Leuten dort Spuk und Trollunwesen zu sein. Zwei Winter, bevor der starke Grettir nach dem Nordlande kam, ging die Hausfrau Steinwör von Sandhaug wie gewöhnlich zur Weihnachtszeit nach Eyjardalsa, und der Bauer blieb daheim. Die Leute legten sich am Abend schlafen, aber in der Nacht hörten sie ein großes Gekrache in der Schlafkammer und beim Bett des Bauern. Keiner wagte aufzustehen und nachzusehen, denn sie waren nur gering an Zahl. Als die Hausfrau am

Morgen heimkam, war der Bauer verschwunden und keiner wußte, was
aus ihm geworden war.

So verstrichen die beiden nächsten Halbjahre, und im Winter wollte
die Hausfrau wieder zur Messe fahren. Sie bat ihren Knecht, daheim zu
bleiben. Er tat es nicht gern, aber er gehorchte doch. Alles geschah so wie
das vorige Mal, und der Knecht war verschwunden. Das schien den Leuten eine seltsame Sache. Dann fand man ein paar Blutspuren an der

Außentür. Da glaubten die Leute zu wissen, daß jene beiden von Unholden geholt worden wären. Davon sprach man weit herum in der Gegend, und so hörte auch Grettir davon. Und da es ihm mit Spuk und Wiedergängern immer gut geglückt war, so fuhr er nach dem Bardartal und kam zum Heiligen Abend nach Sandhaug. Er gab sich nicht zu erkennen und nannte sich Gest. Die Hausfrau sah, daß er außerordentlich groß von Wuchs war, und das Hofvolk hatte mächtig Angst vor ihm. Er bat um Nachtquartier. Die Hausfrau sagte, Essen könne er haben, »aber du tust es auf deine eigene Verantwortung!«

Er sagte, so solle es sein. »Ich werde hierbleiben«, sagte er, »geh du nur zur Messe, wenn du willst.« Sie antwortete: »Du scheinst mir kein Feigling zu sein, wenn du das wagst.«

»Mein Leben muß Abwechslung haben«, sagte er. »Übel dünkt es mich, daheim zu bleiben«, sagte sie, »aber ich komme nicht über den Fluß.«

»Dann will ich dir helfen«, sagte Grettir.

Dann machte sie sich fertig zur Messe und ihre Tochter mit ihr, die noch ganz klein war. Starkes Tauwetter war draußen, das Eis war geborsten und Eisgang auf dem Flusse. Da sprach die Hausfrau: »Es können weder Menschen noch Pferde hinüber.« Nun wird erzählt, daß Grettir Mutter und Kind auf dem Arme hindurchtrug, wie hoch das Eis in dem geschwollenen Flusse auch ging, und daß alle, die es hörten, sich darüber verwunderten. Die Hausfrau blieb die Nacht auf dem Pfarrhof, Grettir aber kehrte nach Sandhaug zurück. Es wurde Abend, und er verlangte zu essen. Als er gegessen hatte, bat er die Leute, tiefer in die Stube hineinzurücken. Dann nahm er die Tische und losen Scheite und machte quer durch die Stube eine große Wand, so daß keiner vom Gesinde herüber konnte. Es wagte auch keiner zu widersprechen oder nur im geringsten zu murren. Die Stubentür war an der Seitenwand am Hintergiebel des Hauses, eine Bank stand gleich daneben. Dort legte er sich nieder, aber zog sich nicht aus. Licht brannte in der Stube der Tür gegenüber. So lag er in die Nacht hinein.

Um Mitternacht hörte er draußen ein starkes Dröhnen. Dann trat in die Stube ein riesiges Trollsweib. Sie hatte einen Trog in der einen Hand, in der andern ein Messer, reichlich groß. Sie sah sich um, als sie hereintrat, sah, wo Grettir lag und lief auf ihn los, aber er schnell in die Höhe, und sie packten sich grimmig und rangen lange miteinander in der Stube. Sie war stärker, aber er schlüpfte immer behende unten durch. Alles was ihnen im Weg war, zerbrachen sie, selbst die Bretterverkleidung der Stubenwand. Sie zog ihn durch die Tür nach dem Flur; dort stemmte er sich mächtig entgegen. Sie wollte ihn heraus aus dem Hause zerren, aber das gelang ihr nicht eher, ehe sie nicht den ganzen Türrahmen zerrissen hatten, dann trug sie ihn auf den Schultern hinaus. Sie schleppte ihn zum Flusse hinab und immer weiter zur Wasserfallschlucht. Da war Gest außerordentlich müde, aber eines von beiden mußte er tun, sich entweder wehren oder sie würde ihn in die Schlucht hinabstürzen. Die ganze Nacht rangen sie. Niemals, glaubte er, habe er seine Kräfte mehr anstrengen müssen. So fest hielt sie ihn an sich gedrückt, daß er seine Hände zu nichts anderem gebrauchen konnte, als sie mitten um ihren Leib zu spannen. Und als sie an die Wasserschlucht gekommen waren, da schüttelte er die Riesin, daß sie taumelte. Dabei bekam er den rechten Arm frei. Er griff schnell nach dem Schwerte, mit dem er umgürtet war, schwang es und hieb der Trollin in die Achsel, so daß sie den rechten Arm verlor, und so kam er frei. Sie aber stürzte sich in die Schlucht und dann in den Wasserfall. Gest war steif und müde und blieb dort lange auf der Klippe liegen. Bei Tagesgrauen ging er heim und legte sich zu Bett. Er war ganz und gar geschwollen und blau.

Als die Hausfrau von der Messe kam, schien ihr ihre Wirtschaft übel zugerichtet. Sie ging zu Gest und fragte ihn, wie es denn käme, daß alles so zerbrochen und zerhauen sei. Da erzählte er ihr die ganze Geschichte. Ihr schien das nicht unbeträchtlich, und sie fragte ihn, wer er wäre. Da sagte er ihr die Wahrheit und bat sie, den Priester zu holen, weil er ihn gern sprechen möchte. Das geschah auch, und wie der Priester Stein nach Sandhaug kam, da erfuhr er schnell, daß Grettir gekommen war unter dem Namen Gest. Der Priester fragte, was er glaubte, daß aus den Männern geworden sei, die verschwunden wären. Grettir sagte, er glaube, daß sie in der Schlucht verschwunden seien. Der Priester sagte, er könne die Sache nicht glauben, solange keine Beweise zu sehen seien. Grettir sagte, später würden sie das besser wissen. Da fuhr der Priester heim. Grettir lag viele Tage zu Bett, die Hausfrau pflegte ihn gut, und so verstrich die Weihnachtszeit. Das sind Grettirs eigene Worte, daß das Trollsweib sich in die Wasserschlucht stürzte, als sie die Wunde erhielt. Aber die Bardartalsleute sagen, sie wurde während des Ringens vom Tag überrascht, sei zersprungen, als er ihr die Hand abhieb, und stünde da noch in Weibsgestalt auf dem Fels.

Nach Weihnachten ging Grettir eines Tages nach Eyjardalsa. Als er den

Priester traf, sagte er: »Ich sehe, Priester«, sagte er, »daß du wenig Zutrauen zu meinen Worten hast. Nun will ich, daß du mit mir zum Flusse gehst und zusiehst, was du davon halten sollst.« Der Priester tat so. Als sie an den Wasserfall kamen, sahen sie eine Höhle oben unter dem Berge. Es war eine steil abfallende Felswand, so groß, daß man nirgends hinaufkommen konnte, beinahe zehn Klafter von oben bis zum Wasserspiegel. Sie hatten ein Seil bei sich. Da sprach der Priester: »Es scheint mir allzu gefährlich, da herniederzusteigen.« Grettir antwortete: »Möglich ist's immerhin; am besten für einen mutigen Mann. Ich möchte gern wissen, was in dem Wasserfall ist, aber du sollst auf das Seil aufpassen!« Der Priester ließ sich's gefallen und trieb einen Pfahl in den Fels und machte ihn fest im Geröll.

Nun ist von Grettir zu erzählen, daß er einen Stein in eine Schlinge im Seil einließ und ihn hinunter ins Wasser warf. »Welches Verfahren wirst du nun anwenden?« sagte der Priester. »Ich will nicht gebunden sein«, sagte Grettir, »wenn ich in den Wasserfall komme. So rät's mir mein Herz.«

Dann machte er sich fertig für die Fahrt. Er war wenig bekleidet, umgürtete sich mit dem Schwerte und hatte sonst weiter keine Waffe. Dann sprang er von dem Uferfelsen nieder in den Wasserfall. Der Priester sah noch seine Fußsohlen und wußte dann nicht mehr, was aus ihm geworden war. Grettir tauchte unter den Wasserfall, und das war nicht leicht, denn der Wirbel war groß, und er mußte bis auf den Grund tauchen, bevor er hinauf hinter den Wasserfall kam. Dort war eine Anhöhe, auf die er hinauf gelangte. Dann kam eine große Höhle hinter dem Wasserfall, vor der das Wasser vom Berge herabstürzte. Er ging da hinein in die Höhle, und es brannte ein großes Feuer darin.

Grettir sah, daß da ein Riese darin saß, schrecklich groß und fürchterlich anzusehen. Aber als Grettir auf ihn zu kam, sprang der Riese auf, griff einen Spieß und schlug nach dem Ankömmling, denn er konnte damit sowohl hauen wie stechen. Ein Holzschaft war daran; dergleichen nannten die Leute Schaftschwert. Grettir schlug mit dem Schwert nach ihm und traf den Schaft, daß er entzwei ging. Da wollte der Riese hinter sich nach dem Schwerte greifen, das in der Höhle lag. Indem schlug ihm Grettir vorn an der Brust fast die ganzen Brustknorpel und den Bauch ab, so daß die Eingeweide aus ihm herausstürzten hinab in den Fluß, und der Strom trieb sie oben dann weiter. Und wie der Priester beim Seil saß, sah er, daß etwelche Fasern oben ganz blutig vor dem Strom trieben. Da hielt er in der Gefahr nicht stand und glaubte zu wissen, daß Grettir tot wäre. Da lief er von der Seilhalte weg und ging heim. Es war Abend geworden, und der Priester erzählte als gewiß, daß Grettir tot sei, und sagte, es wäre recht schade um einen solchen Mann.

Nun ist wieder von Grettir zu erzählen. Er hieb schnell weiter mitten hinein, bis der Riese tot war. Dann ging er tiefer in die Höhle hinein. Er machte Licht und untersuchte die Höhle. Davon wird nichts gesagt, wieviel Geld er in der Höhle gefunden hat; aber die Leute glauben, daß es schon etwas war. Er hielt sich nun dort auf bis spät in die Nacht und fand die Knochen von zwei Menschen und tat sie in einen Sack. Dann verließ er die Höhle, schwamm nach dem Seil, zog daran und glaubte, der Priester würde noch da sein. Aber als er merkte, daß der Priester heimgegangen war, mußte er sich mit den Händen emporziehen und kam so hinauf auf den Fels. Es wird dann noch erzählt, wie er den Sack mit den Knochen vor der Kirchtüre niederlegte und wie er dem Priester sagte, daß er wenig sorgfältig auf das Seil geachtet habe. Es geschah aber in Zukunft kein Schaden mehr dort im Tale, und Grettir schien da eine große Landreinigung vorgenommen zu haben.

50. Der Sklaven-Patron

In Andraitx lebte ein Patron bei dem Vordach des Platzes. Dieser Patron hatte die Gewohnheit, jedes Jahr am Weihnachtstage, bevor er zu Mittag speiste, vor die Türe seines Hauses zu gehen, und wenn er irgendeinen Fremden unter dem Vordach sah, lud er ihn in sein Haus zum Speisen ein.

Eines Jahres am Weihnachtstage sah er einen Mauren unter dem Vordach stehen, und obschon er gegen die Mauren nicht günstig gesinnt war, weil er sie auf dem Meere sehr nahe gesehen hatte, so lud er ihn nichtsdestoweniger zum Essen ein, um die Gewohnheit nicht zu verlieren.

Nach langer Zeit nahm eines Tages eine Barke mit Mauren die Barke dieses Patrons weg. Sie machten ihn zum Gefangenen und führten ihn fort, um ihn auf dem Markte von Algier zu verkaufen.

Hier ging ein Maure von mittlerem Alter vorüber, sah ihn, kaufte ihn und führte ihn nach seinem Hause.

Als sie zu Hause waren, gab ihm der Maure ein gutes Essen, und als sie mit dem Essen fertig waren, sagte er ihm: »Ihr seid Mallorquiner, nicht wahr?«

»Ja, Herr«, antwortete ihm der Patron.

»Ich war schon auf Mallorca. Und von welcher Ortschaft seid ihr? Seid ihr nicht aus Andraitx?«

»Ja, Herr«, sagte wieder der Patron, etwas erstaunt.

»Ich war auch in Andraitx, erinnert ihr euch meiner nicht mehr?«

»Nein, ich erinnere mich nicht, Sie je gesehen zu haben«, sagte der Patron.

»Und ihr erinnert euch nicht an einen Mann, den ihr am Weihnachtstage zum Essen eingeladen habt und der unter dem Vordache des Platzes von Andraitx stand?«

»Ja, ja, jetzt erinnere ich mich.«

»Und nun, jener Maure bin ich, und um euch die Guttat, die ihr mir erwiesen habt, zu vergelten, habe ich euch auch zum Mittagsmahl eingeladen, und ich werde euch die Freiheit geben, damit ihr in eure Heimat zurückkehren könnt.«

Der Patron war sehr dankbar und kehrte nach Mallorca zurück; aber nach vier oder fünf Jahren nahmen ihn die Mauren wieder gefangen, sie verkauften ihn von neuem, und wieder kaufte ihn der gleiche Maure, der ihn wieder zum Essen einlud und ihm wieder die Freiheit schenkte.

Nach vier oder fünf Jahren geschah ihm nochmals das gleiche, und der Maure, als sie mit dem Mittagsmahl fertig waren, sagte zu ihm: »Dreimal habe ich euch zum Mittagsmahle eingeladen und euch die Freiheit gegeben, aber jetzt bin ich alt und kann von einem Tag auf den anderen sterben. Und wenn ich sterbe, kann ich euch nicht mehr zum Essen einladen und euch nicht mehr die Freiheit geben. Deswegen rate ich euch, schifft euch nicht mehr ein, und so werden sie euch nicht ein viertes Mal fangen. Gehet weg und fahret fort, eure gute Sitte zu befolgen, an Weihnachten denjenigen ein Mittagsmahl zu geben, die sich von ihrem eigenen Hause entfernt finden.«

51. Der Elbenkönig auf Selö

Eines Sommers konnten die Leute von Holmar, die zum Fischen auf Selö waren, nicht alle getrockneten Fische nach dem Festland bringen, weil das Wetter zu schlecht wurde. Erst im Herbste wurde das Seewetter wieder gut, und sie holten den Rest. Dabei ging einer von ihnen, und zwar der Knecht des Pfarrers, nach der andern Seite der Insel, zu sehen, ob dort vielleicht etwas an den Strand gespült worden sei. Da schlug das Wetter wieder um, jene glaubten sehen zu müssen, daß sie heimkamen und ließen den Mann zurück. Nasser Schnee fiel, der Mann ging zur Fischerhütte, hatte nichts zu essen und gab sein Leben verloren und kam aus der Hütte wieder heraus. Da sah er vor sich einen freundlichen Stern. Aber er sagte sich, ein Stern könne das bei diesem Schneewetter nicht sein, und er hielt es für ein erleuchtetes Fenster. Er lief hin und kam an ein Haus so prächtig wie eine Königshalle. Da hörte er, wie drinnen jemand sagte: »Ja, denkt euch, ihr Mädchen, da ist jetzt der arme Kerl, den sie heute auf der Insel zurückgelassen haben, an unser Haus gekommen; geht, holt ihn herein, er soll nicht vor meiner Tür sterben!«

Da kam ein junges Mädchen heraus, führte ihn hinein und hieß ihn die Schneekleider ablegen. Sie gingen eine hohe Treppe hinauf in einen schönen gold- und edelsteingeschmückten Saal. Da saßen viele Frauen, und eine war die schönste von allen. Er begrüßte sie höflich, und sie antworteten freundlich. Dann führte ihn das schöne Mädchen in eine kleine prächtige Kammer, brachte ihm Wein und Speisen und ging wieder fort. Wo sein Schlaflager war, wird nicht erzählt. Am Morgen kam das Mädchen, sagte, sie könne ihm nicht selber Gesellschaft leisten, brachte ihm aber allerhand Dinge zum Zeitvertreib.

So verstrich der Winter bis Weihnachten. Am Heiligen Abend kam das schöne Mädchen zu ihm und sagte, er möge ihr nun eine Bitte erfüllen, wenn er glaube, daß sie ihm je etwas Gutes erwiesen habe. Morgen werde Tanz sein, ihr Vater werde sie zum Zuschauen hinausrufen. Da dürfe er nicht neugierig sein und nicht zum Fenster hinaussehen, er würde drinnen Kurzweil genug haben. Das versprach er ihr auch. Und am Weihnachtsmorgen brachte sie ihm Speisen und Wein und allerhand Dinge zum Zeitvertreib, und dann ging sie wieder.

Nun hörte er alsbald Gesang und Saitenspiel. Er dachte sich, das müsse ein großes Vergnügen sein, konnte nicht lange widerstehen, kletterte zum Fenster hinauf und sah hinaus. Eine große Menge Leute war da, sie

tanzten und spielten allerhand Saitenspiel. Mitten darin saß ein königlicher Mann mit einer Krone auf dem Kopf, rechts und links von ihm eine Frauengestalt. Er meinte, dies sei der König nebst Gemahlin und Tochter, und diese erkannte er gut. Dann verließ er das Fenster, der Tanz dauerte bis zur Nacht. Aber als das Mädchen am Abend zu ihm kam, war sie ungewöhnlich still, sagte, er habe sein Versprechen nicht gehalten, doch habe zum Glück ihr Vater noch nichts davon gemerkt.

Nun ging es so bis Neujahr, und am Silvesterabend sagte sie ihm wieder, morgen gehe sie mit ihrem Vater zum Tanz und er sollte nun an sein Versprechen denken. Er verhieß es sie hoch und teuer, sie brachte ihm Wein und Speisen und allerhand Kurzweil und verließ ihn dann. Am Morgen begann ein noch größerer Festjubel als zu Weihnachten. Erst saß er lange Zeit ruhig da, aber dann konnte er nicht länger widerstehen und sah hinaus. Der Tanz war noch schöner, und viele prächtige Ritter bewegten sich vor dem Königspaar. Dann verließ er das Fenster schnell und glaubte, es habe ihn niemand gesehen. Als die Königstochter aber am Abend kam, war sie sehr unwillig und machte ihm heftige Vorwürfe. Aber doch blieb sie so gut zu ihm wie zuvor.

So verstrich der Winter bis zum Osterfest. Am Ostersonnabend bat sie ihn freundlich, doch ja nicht neugierig zu sein, auch wenn die Freude draußen noch so groß wäre. Denn wenn ihr Vater merke, daß sie einen Mann bei sich hätte, so sei ihr Leben verloren. Am Ostermorgen brachte sie ihm wieder alles, was er sich nur wünschen konnte. Das Fest fing laut und fröhlich an wie früher. Schließlich wurde ihm die Einsamkeit langweilig, und er ging in das nächste Zimmer. Wenn er dort hinausblicke, glaubte er, werde sie es nicht merken. Er sah schnell hinaus und sah dasselbe wie zu Neujahr. Dann hielt er sich in seiner Kammer, bis das Mädchen zu ihm kam. Sie aber war zornig und sagte, er hätte sie betrogen wie noch jedesmal. Wieviel ihr Vater wüßte, wisse sie nicht, aber schon sei er unfreundlicher gegen sie als sonst. »Ich dachte nicht, daß du so wenig treu sein könntest; aber du wirst es später in andern Dingen gewiß ebenfalls sein.«

Nun ging es auf den Sommer zu, und am letzten Winterabend kam sie zu ihm und sagte, morgen würden die Leute vom Festland kommen, um ihn zu holen, und deshalb solle er zu der Fischerhütte gehen. Und wenn er ihr ein wenig dankbar dafür sei, daß sie ihm das Leben im Winter gefristet habe, so wolle sie ihn nur um das eine bitten, daß er das Kind anerkenne, das sie jetzt von ihm unter dem Herzen trage. Sonst sei ihr Leben verloren, und der König lasse sie töten, wenn sie dem Kinde keinen Vater geben könne; andernfalls würde er ihr das Leben schenken. Um nichts anderes und nur um dies eine bitte sie ihn, daß er doch hierin treu sein möge. Der Mann versprach es hoch und teuer, auch mache ihm dies ja nichts weiter aus.

Sie nahmen nun Abschied, und er dankte ihr für alles und ging. Als er sich kurz danach umsah, war die Halle verschwunden. Nur steinige Hügel und Felsblöcke waren da, und er ging nach der Fischerhütte. Es war gutes Wetter, und bald sah er ein Schiff kommen. Als die Leute gelandet waren, ging er ihnen entgegen. Sie fürchteten sich, wie sie ihn erblickten, denn er war dick und rund, und sie glaubten daher, daß es sein Gespenst sei, weil sie meinten, er sei im Winter gestorben. Sie wagten nicht mit ihm zu reden oder zu ihm zu gehen. Schließlich stieg der Vormann ans Land und fragte ihn, ob er ein lebendiger Mensch oder ein Wiedergänger sei oder ob er der Mann sei, den sie im Herbst auf der Insel zurückgelassen hätten. Er sagte, er sei der nämliche Mann. Ja, wieso er denn nicht verhungert sei? Nun, der Seetang von Selö sei auch nicht schlechter als die Wassergrütze von Holmar, sagte der Inselmann. Mehr wollte er nicht erzählen, ging an Bord, und sie ruderten heim.

Alle verwunderten sich, daß er noch am Leben war, aber die Leute bekamen nichts aus ihm heraus.

Eines schönen Sonntags spät im Sommer waren viele Leute zur Kirche gekommen, und auch der Knecht war beim Gottesdienst. Aber wie sie alle in der Kirche beisammen waren, der Pfarrer mit der ganzen Gemeinde, stand plötzlich eine Kinderwiege vor dem Altar und eine goldgestickte Decke war über das Kind gebreitet. Kein Mensch war dabei zu sehen, nur eine schöne Frauenhand ruhte auf dem Wiegenrand. Darüber verwunderten sich alle und sahen einander an. Der Pfarrer aber ergriff das Wort und sagte, daß dies Kind getauft werden wolle, und es werde wohl irgend jemand hier in der Kirche sein, dem es zugehöre, und am ehesten würde wohl der Knecht das sein und ob man es ihm nicht von Selö mit hergeschickt habe? Der Knecht aber leugnete alles ab. Der Pfarrer wollte es trotzdem auf den Namen des Knechtes taufen, der aber wies das auf das entschiedenste von sich und sagte, er habe mit der Angelegenheit nichts zu tun. Der Pfarrer meinte, ohne irgendeine menschliche Hilfe könne er auf der Insel doch nicht überwintert haben. Der Knecht aber sagte, daß er das Kind nun und nimmer als das seine anerkennen würde, und er verbot dem Pfarrer, es auf seinen Namen zu taufen.

Da verschwand die Wiege, ein lautes Weinen war vernehmbar, und man hörte, wie es sich aus der Kirche entfernte. Der Pfarrer und alle Leute gingen hinter dem Weinen her. Da hörten sie, wie es sich in der Richtung nach der See zu verlor. Die kostbare Decke aber lag auf dem Boden und war dann auf Holmar noch lange Zeit im Gebrauch.

Die Leute wunderten sich alle über den Vorfall, und am meisten war der Pfarrer davon bewegt. Der Knecht ist später in Schwermut verfallen. Und als ihn der Pfarrer nach der Ursache fragte, erzählte er ihm die ganze Geschichte, wie er den Winter über bei einem König und seiner Tochter geweilt und wie es ihn sein Leben lang gereuen würde, daß er das Kind nicht anerkannt habe. Der Knecht wurde niemals wieder derselbe wie früher, und damit schließt die Geschichte vom Elbenkönig auf Selö.

52. Der Weihnachtssohn

Es war einmal eine Frau, die ein Gänseei fand. Dieses legte sie ihren Hühnern unter, so daß schließlich am Heiligabend aus den Eierschalen ein kleines Knäblein schlüpfte. Dieses Knäblein war nicht wie gewöhnliche Menschen; es wuchs unwahrscheinlich rasch heran. Schon mit elf Wochen war es so groß, daß es sich an jedem Balken des Hauses stieß. Und es aß gewaltig. Man scherzte schon, er werde die Eltern noch um Haus und Hof essen. Deshalb bat ihn die Mutter, in die Welt hinauszuziehen, um sich eine Stellung zu besorgen. Denn bliebe er zu Hause, meinte sie, würde er sie zugrunde essen. Der Weihnachtssohn war einverstanden und machte sich auf den Weg.

Zu jener Zeit hatte fast jedes Landeszipfelchen seinen König, so daß es mehr als genug von ihnen gab. Zu einem solchen kam der Weihnachtssohn. Er erkundigte sich sogleich nach Arbeit. Nun, Laufbursche könne er werden.

»Du sollst meinen Waldarbeitern das Essen bringen«, sagte der König. Doch dazu müsse er zeitig am Morgen aufstehen, denn er solle mit den Waldarbeitern aufbrechen, um den Weg kennenzulernen und sich zurechtzufinden. Das sei keine Schwierigkeit, meinte der Weihnachtssohn und legte sich schlafen.

Aber als er erst einmal eingeschlafen war, schlief er, bis die Sonne hoch am Himmel stand und die Waldarbeiter längst losgezogen waren. Ja, nun war es zu spät, um ihnen zu folgen. Doch das, meinte er, sei nicht weiter schlimm, er würde sie schon finden. Der König wies ihm die Richtung, in die sie gezogen waren, und der Junge ging los. Er sollte zwölf Pferde zu den Waldarbeitern hinbringen, damit diese die Holzfuhren nach Hause transportieren könnten, wenn sie am Abend zurückkehrten.

Er ging, bis die Sonne schräg im Westen stand, ohne die Waldleute gefunden zu haben. Da wurde ihm klar, daß er eine falsche Richtung eingeschlagen hatte und nun unverrichteter Dinge nach Hause zurückkehren mußte. Er überlegte einen Augenblick, mit leeren Händen wollte er nicht beim Königshof ankommen. Deshalb machte er sich daran, Baum um Baum abzubrechen und auf die Schlitten zu verladen. Die Äste riß er mit den Händen ab.

Schließlich hatte er so viel aufgepackt und festgebunden, daß auf jedem Schlitten zwölf gewöhnliche Fuhren lagen. Es läßt sich denken, daß das mehr war, als die Pferde zu ziehen vermochten. Sie konnten die Last nicht von der Stelle bewegen. Da stellte er sich vor die Pferde, packte sie bei der Mähne und zog, um sie von der Stelle zu bewegen. Doch er hatte so derb zugepackt, daß er allen zwölf Pferden die Köpfe abriß.

Nun war der Bursche doch ein wenig ratlos, aber mit leeren Händen zurückzukehren, schien ihm eine Schande. Deshalb brach er sich einen biegsamen Baum ab, wand eine Kiepe daraus und packte alle einhundertvierundvierzig Fuhren da hinein, die zwölf Pferde warf er noch obendrauf. Damit stapfte er heimwärts. Aber als er auf dem Königshof um eine Scheune biegen wollte, stieß die Last gegen eine Ecke, und die Scheune stürzte ein. Da kippte er die Ladung aufs Feld, so daß im Königshof sämtliche Glasscheiben zersprangen. Der König kam angelaufen, doch er wagte nichts zu sagen. Er sah, daß es ein Riese war, mit dem er es zu tun hatte.

Der Weihnachtssohn erzählte, daß er die Waldarbeiter nicht finden konnte, doch da er nicht so ganz unverrichteter Dinge zurückkommen wollte, habe er ein paar Kleinigkeiten mitgebracht. Doch dann sei er so grob gewesen und hatte diesen Papierpferden den Kopf abgerissen. Der König wagte nichts anderes zu sagen, als daß alles gut und in Ordnung sei.

Aber am Tage darauf sagte der König zu ihm, er solle einem alten Mann helfen, auf See hinauszurudern. Wie es aussähe, tauge er wohl nicht zum Waldarbeiter, meinte der König. Ja, eine Fischtour könne amüsant werden, sagte der Weihnachtssohn.

Als er aber an den Strand hinunterkam, fand er, daß das Boot viel zu klein war. Nein, wenn er aufs Meer hinaus sollte, brauchte er ein Boot, das zu etwas tauge, meinte er. Nun gab es in alter Zeit eine Art Schraubvorrichtung, mit deren Hilfe man Jachten und größere Boote an Land hievte. Beim Bootshaus stand eine solche an Land gehievte Jacht. Der Weihnachtssohn machte nicht viel Federlesens, stellte sich vor den Steven, stemmte die Schultern dagegen und schob so die Jacht aufs Meer hinaus.

Dann lief er weg, ein paar Pferdeköpfe zu holen, denn er meinte, daß diese nützlich sein könnten, nahm hundert Ketten als Schnur und einen Schiffsanker als Angel und lief damit zu der Jacht zurück. Das Ruderboot, das der alte Mann als Schiffskutter benutzte, warf er auf die Jacht, um es notfalls zum Ausschöpfen zu nehmen. Als Ruder hatte er sich ein Paar Baumstämme zurechtgeschlagen. Er selber ruderte, und der alte Mann bediente das Steuer. Schließlich waren sie so weit gekommen, daß sie gerade noch die Berge auf dem Inland erkennen konnten.

Da fragte der Weihnachtssohn, ob sie weit genug draußen seien. Ja, gewiß doch, meinte der Alte, nie zuvor sei er so weit draußen gewesen. Nun begann der Weihnachtssohn, seine Pferdeköpfe als Köder für die Fische auszuwerfen. Da rückten zwei Wale gleichzeitig an, mit denen er seine Müh und Not hatte; doch schließlich bekam er sie beide an Bord gezogen. Allerdings war dann auch die Jacht voller Seewasser. Aber solche Kleinigkeiten konnten den Weihnachtssohn nicht aus der Ruhe bringen. Er nahm das kleine Ruderboot und schöpfte damit das Wasser heraus. Und es dauerte gar nicht lange, bis die Jacht geleert war und sie wieder an Land schiffen konnten. Und wie bei der Fahrt hinaus ruderte der Weihnachtssohn, und der alte Mann steuerte.

Als sie daheim ankamen, kam der König mit einem Eimer zum Watt hinunter, um Kochfisch zu holen. Da ergriff der Weihnachtssohn die Walfische und schleuderte sie ans Land, daß Erdkrümchen und Sandkörner dem König um die Ohren stoben. Dem König wurde angst, und er wagte wegen der Fische nicht zu tadeln. Er sagte nur, daß sie den Fisch aufhängen sollten. Dies sei ein ganz besonders frischer Fisch, meinte er.

Doch nun fand sich kein Gerüst, das groß genug gewesen wäre. Ja, da packte der Weihnachtssohn die Wale und schleuderte sie auf das Bootshausdach, denn er dachte, dort müßte ausreichend Platz sein. Aber das Gewicht war zu schwer, und das Bootshaus stürzte ein.

Am dritten Tag wies ihn der König an, Korn zur Mühle zu bringen und es mahlen zu lassen. Wie es aussehe, würde wohl nie ein Fischer aus ihm werden, meinte er.

Dreihundert Säcke waren es, die der Weihnachtssohn zur Mühle bringen sollte. So machte er sich auf den Weg. Als er jedoch ein Stück des Weges zurückgelegt hatte, kam ihm die Idee, das Korn zu probieren, ob es gut getrocknet sei. War es nicht gut getrocknet, würde auch kein gutes Mehl daraus. Also setzte er sich hin, um es zu schmecken, und ehe er sich versah, hatte er alle dreihundert Säcke aufgegessen.

Ja, nun mußte er zum Königshof zurückkehren und die Wahrheit sagen: daß er etwas von dem Korn habe kosten wollen, um zu schmecken, ob es schon trocken sei. Dann hatte er schließlich alle Säcke aufgegessen. Doch die leeren Säcke sollte der König zurückbekommen.

Nun sann der König unentwegt darüber nach, wie er ihn loswerden könnte. Deshalb brachte er ihn dazu, eine Schlägerei mit dem Feuerblitz und dem Donner zu beginnen. Da jedoch war der Weihnachtssohn an seinen Meister geraten. Der Blitz schlug nieder und tötete ihn. Wer nun aber froh war, das war der König.

53. Der Alte Erik in der Mühle

Da war einmal ein Schuster, der war in den Tagen vor Weihnachten noch unterwegs und nähte in den Häusern Schuhe. Er arbeitete bis zum Weihnachtsabend, und als es Nachmittag wurde, wollte er zu sich nach Hause gehen. Aber weil es ziemlich weit war bis dorthin, wo er wohnte, mußte er in der Dunkelheit in eine Mühle gehen, die neben dem Wege stand, und dort die Nacht über bleiben. Nun stand diese Mühle nicht gerade in gutem Ruf hier in der Gegend, denn man erzählte allgemein von ihr, daß der Gottseibeiuns selbst bisweilen hier Haus halte. Das war auch dem Schuster bekannt, aber weil er mehr als andere wußte, so konnte er es auch so einrichten, daß nichts Böses an ihn herankam.

Nachdem er etwas hölzernes Gerümpel aufgehäuft hatte, das da an den Wänden der Mühle lag, machte er sich ein tüchtiges Feuer, und dann nahm er eine Pfanne, die irgendein Müller hier vergessen hatte, die setzte er aufs Feuer und fing an, in ihr Pech zu kochen, das er bei sich hatte. Dann nahm er ein Papier, schnitt es in schmale Streifen auseinander und pichte es dann zu einem Band zusammen, und darauf schrieb er das Vaterunser und band es sich um den Leib. Dann ging er auf den Schüttboden und legte sich nieder, aber die Pechpfanne ließ er auf dem Feuer, so daß sie immer heiß blieb.

Es war still, und der Schuster schlief ein. Aber als es dann gegen Mitternacht ging, hörte er auf einmal ein schreckliches Getöse im Mahlhaus, und da mußte er doch justament auf und nachgucken, was das da für ein Unwesen war. Dabei vergaß er aber nicht, die Pechpfanne mit sich zu nehmen, gewiß nicht. Als er ins Mahlhaus kam, was glaubt ihr, sah er da – stieg da nicht der Satan selbst, der Alte Erik, aus dem Mehltrichter herauf! Er war klein an Körper wie ein Tomtemann, ein Kobold, aber mit einem fürchterlich großen Kopf!

»Hast du schon einmal so einen großen Kopf auf einem so kleinen Rumpf gesehen, du?« fragte er den Schuster.

»Hast du früher schon einmal eine so kräftige Suppe kennengelernt, du?« antwortete der Schuster und schmiß ihm die Pfanne mit dem heißen Pech mitten ins Gesicht. Auf solche Weise von einem hundshäuternen Schuster abgebrüht zu werden, das konnte dem Onkel Erik wohl nicht gerade gefallen, und ihr hättet ihn sehen sollen, was für ein Spektakel er machte und wie böse er war, aber er fand doch kein Mittel gegen den Schuster wegen des Papiers, das er um sich hatte, mit dem Gebet des Herrn darauf.

Als nun eine Weile vergangen war und der Böse, der die ganze Zeit herumgeschimpft hatte, wieder einigermaßen zu sich gekommen war, da kamen aus allen Ecken und Enden Trollweiber auf Besen und Pfählen, genauso, wie sie es zu tun pflegen, wenn sie auf ihrem Ritt zum Berg Blåkulla (vergleichbar dem deutschen Blocksberg) sind. Sie hatten große Ledersäcke auf dem Rücken, und darin hatten sie Kübel mit Butter, denn

sie sollten gerade jetzt ihre Weihnachtsgaben bringen. Und da war's auch nicht zu verwundern, daß der Graue Erik so eigensinnig darauf bestand, hier zu bleiben, bei all der Unbill, die ihm der Schuster zugefügt hatte. Als ein verteufelter Haufen zusammengekommen war, trugen sie eine große irdene Schüssel herzu, und da hinein gab ein jeder seine Sachen. Aber jetzt waren die Weiber nicht geizig, das könnt ihr glauben! Solche Klumpen von Butter hatte der Schuster noch nie gesehen, obgleich er weit in den Gemeinden herumgekommen war, und sie lobten und priesen beinahe alles miteinander, obwohl die, bei denen er zur Arbeit gewesen war, sonst nie mit etwas zufrieden waren. Aber als die Weiber gehen wollten, stellte sich der Schuster mitten in die Tür, zog das Messer heraus und hieb auf sie ein, wie sie kamen. Es versteht sich, daß sie sich wehrten und verteidigten, so fest sie nur konnten. Aber eine jede von ihnen kriegte wohl genug ab, und sie waren so böse, daß sie Gift auf ihn gespritzt hätten, wenn sie ihm nur etwas Übles hätten antun können.

Als sie sich verzogen hatten, wurde es still, und der Schuster legte sich hin und schlief bis zum Morgen. Aber als er dann nach Hause ging, begegnete er vielen Kirchgängern, und da sah er, wie es mit dem Weibervolk bestellt ist: fast eine jede einzelne hatte da Schrammen im Gesicht.

54. Der Herr vom Berg und Johannes Blessom

Johannes Blessom war einmal unten in Kopenhagen und führte einen Prozeß, denn hierzulande konnte man sich in jenen Zeiten kein Recht verschaffen; wenn man zu seinem Recht kommen wollte, so blieb einem nichts anderes übrig, als nach Kopenhagen zu reisen. Das hatte Blessom getan, und das tat nach ihm auch sein Sohn, denn er hatte auch einen Prozeß. Also am Weihnachtsabend hatte Johannes mit den hochmögenden Herren geredet und seine Geschäfte erledigt und ging nun trübsinnig auf die Straße, denn er hatte Heimweh. Wie er so ging, kam ein Mann aus Vaage an ihm vorbei in weißer Bluse, mit einem Rucksack und Knöpfen, groß wie Silbertaler. Es war ein großer, gewichtiger Mann. Ihm schien, als sollte er ihn kennen, aber er ging sehr schnell.

»Du gehst aber sehr schnell«, sagte Johannes.

»Ja, ich habe aber auch Eile«, antwortete der Mann, »ich muß noch heute abend nach Vaage.«

»Wenn ich nur auch dahin könnte!« seufzte Johannes.

»Du kannst bei mir auf den Kufen stehen«, sagte der Mann, »ich habe nämlich ein Pferd, das nur zwölf Schritt zu einer Meile braucht.«

Also machten sie sich auf, und Blessom hatte gerade genug zu tun, sich auf den Schlittenkufen festzuhalten, denn es ging durch Wetter und Wind, und er konnte weder Himmel noch Erde sehen.

Einmal machten sie halt und ruhten aus. Wo es war, konnte er nicht genau sagen, erst als sie wieder weitereilten, glaubte er einen Totenkopf auf einer Stange zu sehen. Als sie ein Stück Wegs weiter waren, fing Johannes Blessom zu frieren an.

»O weh, ich habe meinen einen Fäustling vergessen, da wo wir Rast machten; jetzt friere ich an meiner Hand!« sagte er.

»Das mußt du eben in Kauf nehmen, Blessom«, sagte der Mann. »Wir sind nicht mehr weit von Vaage; als wir Rast machten, hatten wir den halben Weg.«

Als sie über die Finnebrücke kamen, machte der Mann halt und setzte Johannes ab.

»Nun hast du nicht mehr weit nach Hause«, sagte er, »aber du mußt mir versprechen, daß du dich nicht umschaust, wenn du ein Brausen hörst und einen Lichtschein siehst.«

Das versprach Johannes und dankte für die Extrapost. Der Mann fuhr seiner Wege, und Johannes ging über den Hügel seinem Hof zu. Wie er

so ging, hörte er ein Brausen im Jutulsberg, und der Weg vor ihm wurde plötzlich so hell, daß man hätte eine Nadel vom Boden aufheben können. Er dachte nicht daran, was er versprochen hatte, sondern drehte den Kopf, um zu sehen, was das sei. Da stand die Riesenpforte im Jutulsberg weit offen, und es schien und leuchtete heraus wie von vielen tausend Lichtern. Mitten darin stand der Riese, und das war der Mann, mit dem er gefahren war. Aber von der Zeit an saß ihm der Kopf schief, und so blieb er, solange er lebte.

55. Der Glücks-Anders

Ein reicher Bauer hatte zwei Söhne, die hießen Hans Niklas und Glücks-Anders. Der älteste war einer, aus dem man nicht recht klug werden konnte; es war bös mit ihm Kirschen essen, und er war noch habgieriger und geiziger, als die Leute aus Nordland gewöhnlich sind, obwohl sie selten zu wenig mit diesen schönen Eigenschaften gesegnet sind. Der andere, Glücks-Anders, war wild und übermütig, aber immer in guter Laune, und wenn er noch so fatal dran war, so sagte er doch immer, er sei ein Glückspilz. Wenn ihm der Adler, um sein Nest zu verteidigen, Kopf und Gesicht so bearbeitete, daß das Blut nur so floß, so behauptete er doch, er sei ein Glückspilz, wenn er nur mit einem Adlerjungen heimkam. Kenterte sein Boot, was auch zuweilen vorkam, und man fand ihn daran angeklammert, ganz heruntergekommen durch Nässe, Kälte und Anstrengung, und man fragte ihn, wie er sich fühle, so antwortete er: »Ach, ganz gut; ich bin ja gerettet; ich habe doch Glück.«

Als der Vater starb, waren sie beide erwachsen, und einige Zeit darauf mußten sie beide zu den Sandbänken hinaus, um einige Fischernetze zu holen, die seit dem Sommerfischen draußen geblieben waren. Es war spät im Herbst, nach der Zeit, wo die meisten Fischer auf der Sommerfahrt begriffen sind. Anders hatte seine Büchse bei sich, die ihn begleitete, wohin er auch ging. Hans Niklas sprach nicht viel auf der Fahrt, aber er dachte sich um so mehr. Zur Heimreise wurden sie erst fertig, als es gegen Abend ging.

»Hör, Glücks-Anders, weißt du was, heute nacht gibt's ein böses Wetter«, sagte Hans Niklas und schaute über das Meer hinaus; »ich meine, es ist am besten, wir bleiben hier bis morgen!«

»Ein Wetter gibt's nicht«, sagte Anders, »die Sieben Schwestern haben ihre Nebelhaube nicht auf, da kannst du ganz ruhig sein.«

Aber der andere klagte, er sei so müde, und endlich beschlossen sie, die Nacht hierzubleiben. Als Anders aufwachte, war er allein; er sah weder Bruder noch Boot, bis er auf den höchsten Punkt der Insel kam; da entdeckte er ihn weit draußen, wie eine Möve, die zum Land fliegt. Anders begriff die Sache gar nicht. Ein Eßvorrat war noch da, auch eine Schüssel mit Molken, seine Büchse und verschiedenes andere. Anders dachte nicht lange nach. »Er kommt wohl heute abend wieder«, sagte er und machte sich über den Proviant, »ein Narr, wer die Courage verliert, solange er zu essen hat.« Aber kein Bruder ließ sich am Abend sehen, und Anders wartete Tag um Tag und Woche um Woche; da merkte er schließlich, daß er ihn auf der öden Insel ausgesetzt hatte, um das Erbe selbst ungeteilt behalten zu können, und so war es auch; denn als Hans Niklas auf der Heimfahrt Land in Sicht hatte, ließ er das Boot kentern und sagte, Glücks-Anders sei ertrunken.

Aber der ließ den Mut nicht sinken; er sammelte Treibholz am Strand, schoß Seevögel und suchte Muscheln und Wurzeln; er baute sich ein Floß aus Stangenholz und fischte mit einer Stange, die auch zurückgeblieben war. Eines Tages, als er gerade an der Arbeit war, fiel ihm eine Vertiefung oder Einsenkung im Sand in die Augen, wie die Kielspur einer großen nordländischen Jacht, und er konnte deutlich die Windungen der Taue vom Strand bis hinauf zum Gipfel der Insel verfolgen. Da dachte er bei sich selbst, nun habe es keine Gefahr mit ihm; denn er sah, daß es wahr war, was er oft gehört hatte, nämlich, daß die Meerleute hier ihren Aufenthalt hätten und einen eifrigen Schiffsverkehr trieben.

»Gott sei Dank für die gute Gesellschaft! Das ist gerade, was ich brauche. Ja, es ist doch, wie ich sage, ich habe eben Glück«, dachte Anders bei sich selbst, vielleicht sagte er es auch; denn zuweilen mußte er notwendig ein wenig sprechen. So lebte er den Herbst über; einmal sah er ein Boot; da hing er einen Fetzen an eine Stange und winkte damit, aber im selben Augenblick fiel das Segel, und die Leute setzten sich an die Ruder und fuhren in größter Eile wieder davon; sie glaubten, es seien die Meerkobolde, die da Zeichen gaben und winkten.

Am Julabend hörte er Fiedeln und Musik weit draußen auf dem Meer; als er hinauskam, sah er einen Lichtschein, der kam von einer großen Nordlandsjacht, die gegen das Land zuglitt – aber ein solches Schiff hatte er noch nie gesehen. Es hatte ein unerhört großes Rahsegel, das ihm aus Seide zu sein schien, und das zierlichste Tauwerk, nicht dicker, als wenn es aus Stahldraht wäre, und alles, was dazugehörte, war im Verhältnis dazu so schön und fein, wie ein Nordländer sich's nur wünschen kann. Die ganze Jacht war voll von blau gekleideten kleinen Leuten, aber die, die am Steuer stand, war geschmückt wie eine Braut und so prächtig wie eine Königin; sie hatte eine Krone auf und kostbare Kleider an. Aber das konnte er sehen, daß sie ein Menschenkind war; denn sie war groß gewachsen und schöner als die Meerleute; ja, sie kam dem Glücks-Anders so schön vor, wie er noch nie ein Mädchen gesehen hatte. Die Jacht steuerte auf das Land zu, wo Anders stand; aber rasch bedacht, wie er war, eilte er in die Fischerhütte, riß sein Gewehr von der Wand und kroch hinauf auf den großen Bodenraum und versteckte sich so, daß er sehen konnte, was in der Hütte vor sich ging. Bald merkte er, daß es in dem Raum wimmelte; es wurde ganz voll, und es kamen mehr und mehr. Da fing es an, in den Wänden zu krachen, und das Häuschen weitete sich in allen Ecken und wurde so herrlich und prächtig, wie es bei dem reichsten Kaufherrn nicht sein könnte; es war fast wie in einem Königsschloß. Tische wurden mit den köstlichsten Gerichten gedeckt, und die Teller und Schüsseln und alles Gerät war aus Silber und Gold.

Als sie gespeist hatten, fingen sie an zu tanzen. Unter dem Lärm des Tanzes kroch Anders zu der Luke, die auf der einen Seite des Daches war, und kletterte hinunter; dann rannte er zu der Jacht, warf seinen Feuerstrahl über sie und schnitt, um größerer Sicherheit willen, mit seinem griffesten Messer ein Kreuz hinein. Als er wieder hinaufkam, war der Tanz in vollem Gang. Die Tische tanzten, und Bänke und Stühle und alles, was in der Stube war, tanzte mit. Die einzige, die nicht tanzte, war die Braut; sie saß nur und schaute zu, und wenn der Bräutigam sie holen wollte, so schickte sie ihn weg. Vorerst war an kein Halten zu denken: Der Spielmann ruhte nicht und rastete nicht und griff nicht nach der Mütze, sondern er spielte munter weiter mit der linken Hand und trat den Takt dazu, bis er von Schweiß triefte und die Fiedel vor lauter Staub und Rauch nicht mehr sehen konnte. Als Anders merkte, daß es ihm auch in den Füßen zu zucken anfing, da, wo er stand, dachte er bei sich selbst: »Jetzt ist es am besten, ich knalle los, sonst spielt er mich von Grund und Boden.« Also wandte er sein Gewehr, steckte es durch die Fensteröffnung hinein und schoß es über den Kopf der Braut weg, aber verkehrt, sonst hätte die Kugel ihn selbst getroffen.

Im selben Moment, als der Schuß fiel, stürzte das ganze Koboldvolk übereinander zur Tür hinaus, aber als sie sahen, daß die Jacht festgezaubert war, jammerten sie und krochen in ein Loch im Berge. Aber alle die

Gold- und Silbergeräte blieben zurück, und die Braut saß auch noch da. Sie erzählte dem Glücks-Anders, daß sie in den Berg verzaubert worden sei, als sie ein kleines Kind war. Als ihre Mutter einmal bei den Hürden war, um zu melken, hatte sie sie bei sich, aber als sie auf einen Augenblick heimmußte, ließ sie das Kind im Heidekraut sitzen unter einem Wacholderbusch und sagte, sie dürfe von den Beeren essen, wenn sie nur dreimal sage:

>»Ich eß Wacholderbeer blau
>Mit Jesu Kreuz darauf;
>Ich esse Preiselbeer rot
>Mit Jesu Pein und Tod.«

Aber als ihre Mutter fort war, fand sie so viele Beeren, daß sie ihren Spruch zu sagen vergaß, und deshalb wurde sie in den Berg verzaubert. Es war ihr dort kein anderes Leid geschehen, als daß sie das oberste Glied vom linken kleinen Finger verlor, und sie hatte es gut gehabt bei den Kobolden; doch schien es ihr, daß nicht alles seine Richtigkeit hätte; es war, als ob etwas sie ängstigte, und sie hatte viel zu leiden unter der Zudringlichkeit des Kobolds, den sie ihr zum Bräutigam bestimmt hatten. Als Anders hörte, wer ihre Mutter war und wo sie herstammte, da sah er, daß sie aus seiner Verwandtschaft war, und sie wurden, wie man so sagt, schnell gute Freunde. Da konnte Glücks-Anders mit Recht sagen, daß er ein Glückspilz sei. Also fuhren sie heim und nahmen die Jacht und alles Gold und Silber und alle Kostbarkeiten, die in der Hütte zurückgeblieben waren, mit sich, und damit war Anders viel reicher als der Bruder.

Aber der, der eine Ahnung hatte, wo all der Reichtum hergekommen sein könnte, wollte nicht weniger reich sein. Er wußte, daß Trolle und Kobolde meist am Weihnachtsabend draußen herum ihr Wesen trieben; deshalb fuhr er um die Zeit nach den Sandbänken hinaus. Am Julabend sah er auch ein Feuer oder Licht, aber es war wie Irrlichter, die flackerten. Als er näher kam, hörte er ein Platschen, schreckliches Heulen und kalte durchdringende Schreie, und es roch nach Schlamm und Tang wie bei der Ebbe. Im Schrecken rannte er in die Hütte hinauf, von wo er die Trolle am Strand sehen konnte. Sie waren kurz und dick wie Heudiemen, waren ganz in Fell gekleidet und hatten Fellkittel und Wasserstiefel und riesige Fäustlinge, die fast bis auf die Erde hingen. An Stelle von Kopf und Haar hatten sie ein Tangbündel. Als sie den Strand heraufkrochen, leuchtete es hinter ihnen wie von faulem Holz, und wenn sie sich schüttelten, so sprühten die Funken um sie. Als sie näher kamen, kroch Hans Niklas auf den Boden, wie sein Bruder es getan hatte. Die Kobolde schleppten einen großen Stein in die Hütte und fingen an, ihre Handschuhe trockenzuklopfen, und zwischenhinein schrien sie, daß dem Hans Niklas das Blut zu Eis wurde auf seinem Bodenversteck. Dann nieste er in die Asche auf dem Herd, um das Feuer zum Brennen zu bringen, während die anderen Heidekraut und Treibholz hereintrugen, so rauh und schwer wie Blei. Der Rauch und die Hitze hätten den Lauscher oben auf dem Boden fast umgebracht, und um wieder zu Atem und frischer Luft zu kommen, versuchte er, aus der Dachluke herauszukriechen; aber er war viel grobgliedriger als sein Bruder und blieb stecken und konnte weder heraus noch herein. Nun bekam er Angst und fing an zu schreien, aber die Kobolde schrien noch ärger und brüllten und heulten und polterten und lärmten drinnen und draußen. Aber als der Hahn krähte, verschwanden sie, und auch Hans Niklas kam los. Als er aber von der Reise nach Hause kam, da hatte er den Verstand verloren, und seit der Zeit konnte man oft auf den Speichern und im Vorratshaus, wo er gerade war, denselben unheimlichen kalten Schrei hören, an dem man in Nordland den Troll erkennt. Vor seinem Tod kam er doch wieder zu Verstand, und man legte ihn in christliche Erde, wie man sagt. Aber seit der Zeit hat keines Menschen Fuß mehr die Sandbänke betreten. Sie sanken, und die Meerleute, so glaubte man, zogen auf die Lekanginseln. Dem Glücks-Anders ging es immer gut; kein Schiff machte glücklichere Reisen als das seinige, aber jedesmal, wenn er an die Lekanginseln kam, wurde es windstill – die Kobolde gingen an Bord oder an Land mit ihren Waren –, aber nach einer Weile hatte er Fahrtwind, ob er nun nach Bergen wollte oder heimwärts. Er hatte viele Kinder, und alle waren sie tüchtig, aber allen fehlte das oberste Glied am linken kleinen Finger.

56. Una, das Elbenmädchen

Geir hieß ein Mann, der wohnte zu Raudafell und hatte dort einen guten Hof. Er war jung und hatte erst kürzlich seine Frau verloren. Einmal als seine Leute beim Heuen waren, sah er, wie ein junge, hübsche Frau kam, und ohne ein Wort mit den Leuten zu sprechen, half sie bei der Arbeit mit, und diese ging sogleich flink vonstatten. Den nächsten Tag kam sie

auch, und so ging es den ganzen Sommer hindurch; niemals sprach sie ein
Wort, und niemand wußte, woher sie kam und wohin sie ging. Aber
schließlich ging der Bauer zu ihr hin, grüßte sie und dankte ihr für ihre
Arbeit. Sie nahm es wohl auf. Sie sprachen lange zusammen, und es kam
so, daß der Bauer ihr anbot, bei ihm Haushälterin zu sein. Dann verschwand sie, aber am nächsten Morgen kam sie wieder und hatte nur eine
große Truhe bei sich. Die Truhe ward in das Frauengemach gestellt. Das
Mädchen nahm den Haushalt an sich, war flink, stand ihm trefflich vor
und gefiel dem Bauern wohl. Aber sie wollte ihm nicht sagen, woher sie
kam und sagte nur, daß sie Una heiße. Niemals ging sie zur Kirche, wie
sehr auch der Bauer ihr zuredete. Das war das einzige, was ihm nicht an
ihr gefiel, denn er war ein frommer Mann.

Nun ging der Winter vorbei bis zum Weihnachtsfest. Die Leute gingen
zum Abendgesang, Una wollte nicht mitgehen, sondern blieb allein zu
Hause, und als die Kirchgänger am Morgen heimkamen, fanden sie sie
fertig zu ihrer gewöhnlichen Arbeit. So blieb Una drei Jahre bei dem
Bauern, und sie wurde ihm sehr lieb; nur das eine grämte ihn sehr, daß sie
nicht zur Kirche ging. Über ihre Herkunft hatten die Leute verschiedene

Ansichten, aber darüber waren sie alle einig, daß sonst keine so tüchtige Frau in dem ganzen Bezirk wäre wie Una. Nun kam das dritte Weihnachten heran, und Una blieb wieder daheim. Aber wie die Kirchgänger eben aufgebrochen waren, da wurde zufällig einem Knechte übel. Erst legte er sich nieder, aber schließlich ging er wieder zum Gehöft. Da sieht er, wie Una das Gehöft fegt und reinigt und sich mächtig mit der Arbeit beeilt. Er verbarg sich, so daß sie ihn nicht bemerkte. Als sie mit aller Arbeit fertig war, ging sie in das Frauengemach und schloß ihre Truhe auf. Da nahm sie ein wunderschönes Kleid heraus und zog es an. Der Knecht meinte, niemals eine so schöne Frau gesehen zu haben. Auch zog sie eine rote Decke aus der Truhe hervor und nahm sie unter den Arm. Dann schloß sie die Truhe, ging hinaus, schloß auch das Frauengemach, lief den Anger hinab und der Knecht ihr nach. Sie stand nicht eher still, als bis sie an ein kleines Moor gekommen war; dort breitete sie die rote Decke aus und stellte sich darauf. Der Knecht kam mit genauer Not noch auf einen Zipfel der Decke. Sogleich sanken sie in die Erde hinab, und das war wie Rauch, als sie da fuhren. Una bemerkte den Mann nicht, und so kamen sie auf einen grünen Anger. Da nahm Una das Tuch unter den Arm. Der Knecht erblickte ein prächtiges Gehöft auf dem Anger, dahin ging Una und er hinterher. Dort war eine große Schar von Leuten, die kamen ihr entgegen und faßten sie bei den Händen. Ein schönes, prächtiges Mahl war bereitet. Die Leute setzten sich nieder, und Speise wurde aufgetragen: verschiedene Gerichte und Wein, und alles sehr üppig. Der Knecht erwischte ein Rippenstück von gedörrtem Schaffleisch: so fett hatte er in seinem ganzen Leben noch keins gesehen. Nach dem Mahle wurden verschiedene Spiele gespielt, alles kunstvoll und schön. Aber gegen Morgen sagte Una, daß sie nun heimfahren müßte, denn bald käme der Bauer von der Kirche. Sie verabschiedete sich von allen mit großer Freundlichkeit und lief weg. Der Knecht lief hinter ihr her und mit auf die Decke. So kamen sie auf die Erde zu dem Moor. Una nahm das Tuch und ging heim in die Kammer, schloß Kleid und Decke ein und ging in den Hof. Der Knecht immer hinter ihr her, aber der legte sich dann nieder.

Nun kam der Bauer aus der Kirche und fragte den Knecht, wie es ihm ginge. Der sagt, schon um vieles besser. Una empfing sie wohl, und man setzte sich zu Tisch. Es gab auch hier Dörrfleisch nach des Landes Brauch. Da nahm der Bauer eine große Schafseite und sagte: »Hat eins von euch schon mal eine so große Schafseite gesehen?«

»Kann schon sein«, sagte der Knecht und zeigte das Rippenstück vor, das er in der Nacht erwischt hatte. Als aber Una das sah, verfärbte sie sich und lief schweigend fort, und niemand hat sie je wiedergesehen. Der Knecht aber erzählte, wohin er mit Una gereist war.

57. Finna die Kluge

Ein Mann heißt Thrand, er war ein hoher Amtmann. Seine Frau war schon gestorben, als sich diese Geschichte zutrug. Er war ein alter Mann und sehr weise. Er hatte zwei Kinder, einen Sohn, der Sigurd hieß, und eine Tochter, die Finna hieß. Sie war überaus klug, und die Leute sagten, sie wisse mehr, als man von den Menschen so erfahren könne.

Einmal, als ihr Vater zum Thing reiten wollte, sagte sie: »Mir ahnt, Vater, daß man bei dieser Fahrt um mich anhalten wird, aber ich bitte dich, mich niemandem zur Frau zu versprechen, wenn nicht dein Leben daran hängt.« Er versprach ihr das und ritt dann zum Thing. Dort hielten viele angesehene Männer um Finna an, aber er sagte ihnen allen nein. Als das Thing vorüber war, ritt Thrand der Amtmann seinen Weg nach Hause, und eines Abends, als er ganz allein allen seinen Leuten vorausgeritten war, kam ein Mann auf einem rotbraunen Pferd zu ihm, und der sah sehr kriegerisch aus. Er stieg vom Pferd, ergriff Thrands Pferd beim Zügel und sagte: »Sei gegrüßt, Amtmann Thrand!«

Thrand erwiderte seinen Gruß und fragte ihn nach seinem Namen.

Er heiße Geir, sagte er, und das sei sein Anliegen, daß er Finna, Thrands Tochter, zur Frau haben möchte. Thrand sagte: »Ich werde dir sie nicht geben, sie soll selber über ihre Angelegenheiten bestimmen.« Da zog Geir das Schwert und setzte es Thrand an die Brust und sagte, eins von beiden müsse er wählen: ihm die Frau anzuvertrauen oder auf der Stelle getötet zu werden. Da sah Thrand keinen anderen Ausweg, als ihm die Frau zu versprechen; er sollte nach einem halben Monat kommen und sie holen. Dann ritt Thrand heim, und Geir zog seines Weges. Als Thrand nach Hause kam, stand Finna draußen und begrüßte ihren Vater und sagte: »Ist es so, wie mir ahnt, daß du mich einem Mann versprochen hast?« Er sagte, so sei es, sein Leben habe davon abgehangen. Dann müsse es eben so geschehen, meinte sie, aber sie glaube, daß es ihr keine große Freude bringen werde.

Zur festgesetzten Zeit kam Geir, um die Frau zu holen; er wurde da gut aufgenommen. Er könne nicht lange bleiben, sagte er und befahl Finna, sich rasch fertigzumachen, denn am nächsten Morgen wollte er weg. Sie machte es so, und sie nahm niemanden aus dem Hause ihres Vaters mit, außer ihrem Bruder Sigurd. Sie verabschiedeten sich von Thrand und ritten zu dritt ihres Weges, bis sie zu einer Bergweide kamen, auf der nur Rinder waren. Finna fragte Geir, wem das alles gehörte. Er sagte, das gehöre keinem anderern als ihm und ihr. Am nächsten Tag kamen sie zu einer zweiten Bergweide, auf der nur Galtschafe waren. Finna fragte Geir, wem das alles gehörte. Er sagte, das gehöre keinem anderen als ihm und ihr. Am dritten Tag kamen sie zu einer dritten Bergweide; dort waren nur Pferde. Finna fragte Geir, wem das alles gehörte. Er sagte, das gehöre keinem anderen als ihm und ihr. Sie ritten dann noch den ganzen Tag. Am Abend kamen sie zu einem großen Gehöft. Dort stieg Geir vom Pferd und hieß Finna mit ihm kommen, er sagte, dies sei sein Haus. Finna wurde da gut aufgenommen, sie übernahm sogleich die Führung des Hauswesens. Geir war ihr gegenüber sehr schweigsam, aber sie bekümmerte sich nicht sehr darum. Auch Sigurd, Finnas Bruder, ging es dort gut.

Am Weihnachtsabend wollte Finna Geir den Kopf waschen lassen; man suchte ihn, fand ihn aber nirgends. Finna fragte Geirs Ziehmutter, die auch dort lebte, ob dies bei ihm üblich wäre. Sie sagte, seit langer Zeit sei er niemals zu Weihnachten zu Hause gewesen, und dabei weinte sie sehr. Finna befahl den Leuten, nicht nach ihm zu suchen, und sagte, er werde schon von selbst nach Hause zurückkehren, wenn es an der Zeit sei. Sie bereitete das Fest vor, wie es Brauch war, und ließ sich wegen Geirs Abwesenheit nichts anmerken. Als das Fest vorüber war und alle Leute schlafen gegangen waren, stand Finna auf und nahm ihren Bruder Sigurd mit sich. Sie gingen zum Meeresstrand und brachten ein Boot zu Wasser und ruderten zu einer Insel, die nicht weit entfernt war. Finna bat Sigurd, auf das Boot achtzugeben, während sie an Land ging. Er tat, worum sie ihn gebeten hatte. Dann ging Finna an Land, und sie ging, bis sie zu einem kleinen, aber wohlgebauten Haus kam. Die Tür stand halb offen. Im Haus brannte Licht. Dort war eine gut hergerichtete Lagerstatt. Auf dem Lager sah sie ihren Mann Geir liegen, und er hatte eine Frau im Arm. Finna setzte sich neben dem Bett auf den Boden und sagte eine Strophe [über den Inhalt steht nichts in der Handschrift].

Dann ging sie hinaus zu ihrem Bruder und befahl ihm, wieder zurück an Land zu rudern und niemandem zu sagen, wo sie gewesen waren. Er versprach es ihr. Dann ruderten sie heim und taten, als ob nichts gewesen wäre. Als Weihnachten vorbei war, stand Finna zeitig am Morgen auf und ging in die Kammer, in der Geir und sie schliefen, wenn er daheim war. Da war Geir dort, und er ging auf und ab. Im Bette lag ein Kind. Geir fragte Finna, wem das Kind gehörte. Sie sagte, das gehöre keinem anderen als ihr und ihm. Sie nahm das Kind und gab es Geirs Ziehmutter zur Pflege. So verging das Jahr, und es geschah nichts Besonderes.

Beim nächsten Weihnachtsfest ging alles gerade so wie beim ersten Mal. Diesmal setzte sich Finna auf die Bettkante, und wieder sagte sie eine Strophe [über den Inhalt steht nichts in der Handschrift].

Beim dritten Weihnachtsfest bereitete man wiederum das Mahl vor und suchte nach Geir, aber man fand ihn nicht. Finna hieß die Leute nicht weiter nach ihm zu suchen. Als das Festmahl vorüber war und die Leute schlafen gegangen waren, ruderten Sigurd und Finna zu der Insel, auf der sie schon früher gewesen waren. Da bat Sigurd die Finna, er möchte mit an Land gehen. Sie erlaubte es ihm, sagte ihm aber, er dürfe kein Wort sprechen. Sie gingen bis zu dem Haus. Dort befahl Finna Sigurd, auf sie zu warten, während sie ins Haus ging. Er machte es so. Finna ging hinein und setzte sich auf das Bett und sagte die Strophe:

>»Sitz einsam auf dem Lager hier,
> alle Freude ging von mir.
> Zerbrochen hat der kluge Mann
> das Glück, das im Sommer ich gewann.
> Eine andre liegt bei dem Liebsten mein.
> Oft bricht die Flut ins Land herein.«

Da erhob sich Geir und sprach: »Das soll nun nicht länger so bleiben.« Die Frau aber, die bei ihm im Bett lag, fiel in Ohnmacht. Finna nahm Wein und tropfte ihn ihr auf die Lippen; davon kam sie wieder zu sich, und sie war ein wunderschönes Mädchen. Da sagte Geir zu Finna: »Nun hast du mich aus großer Not erlöst, denn dies war das letzte Jahr, in dem ich erlöst werden konnte. Mein Vater war König und herrschte über Gardariki [alte isl. Bezeichnung für Rußland].

Als meine Mutter gestorben war, heiratete mein Vater wiederum eine Frau, die niemand kannte. Als sie kurze Zeit zusammengelebt hatten, tötete sie meinen Vater mit Gift. Aber weil ich und meine Schwester hier, die Ingibjörg heißt, ihr nicht gehorchen wollten, legte sie den Fluch auf mich, daß ich drei Kinder mit meiner Schwester haben sollte; und wenn ich nicht eine Frau bekäme, die das alles wüßte und trotzdem dazu schwiege, so sollte ich zu einer Schlange werden und meine Schwester zu einem ungezähmten Füllen, das mit den anderen Stuten auf die Weide geht. Jetzt aber hast du mich aus dieser Not erlöst, und nun möchte ich diese meine Schwester Ingibjörg mit deinem Bruder Sigurd vermählen.« Nun fuhren sie alle an Land und zu Geirs Gehöft. Da wurde aufs neue ein großes Fest gehalten, und man schickte nach Finnas Vater Thrand und feierte Sigurds und Ingibjörgs Verlobung und trank das Verlobungsbier. Dann zog Sigurd nach Gardariki und unterwarf sich das Land. Geirs Stiefmutter wurde zwischen zwei Pferde gebunden, und an jedem blieb eine Hälfte von ihr. Sigurd und Ingibjörg herrschten lange Zeit über Gardariki. Geir aber wurde Amtmann nach Thrand. Sie hatten Kinder und Nachkommen.

58. Sigrid, die Sonne des Inselfjords

In Mödrufell im Inselfjord wohnte einmal ein reiches Ehepaar, aber ihre Namen sind nicht bekannt. Sie hatten nur eine einzige Tochter mit Namen Sigrid. Sie war von allen Frauen die schönste, und man nannte sie deshalb die Sonne des Inselfjords. Sie war ebenso tugendhaft, wie sie schön war.

Als sie herangewachsen war, kamen viele Freier, gelehrte und ungelehrte, aber der Vater wies sie alle ab, auch dann, wenn sie gern einen genommen hätte.

Damals war es allgemeine Sitte, in der Christnacht zur Kirche zu gehen, aber nie wollte einer auf dem Gehöft allein daheim bleiben. Nun sprach man unter dem Gesinde in Mödrufell davon, wer wohl am Weihnachtsabend zu Hause bleiben wolle. Da kam Sigrid gerade dazu und fragte, was sie ihr geben wollten, wenn sie dabliebe und dann alle andern zur Kirche gehen könnten. Alle waren der Meinung, daß, wenn sie nur irgend etwas besäßen, sie es ihr von Herzen gerne gäben. Sie sagte aber gleich, das sei nur ein Scherz gewesen, sie wolle ja von niemand etwas haben, wolle aber gern für sie zu Hause bleiben, wenn sie's wünschten. Die Leute meinten jedoch, ihr Vater werde es ihr nicht erlauben.

Sie bat nun ihren Vater, aber dem Vater war's durchaus nicht recht, und er fand es wunderlich, daß sie zu Hause bleiben und nicht wie sonst mit ihnen gehen wollte. Er sagte, ihm ahne, daß ihr irgendein Unglück bevorstehe, weil sie so großes Verlangen danach habe, zu Hause zu sein. Da sie aber gewiß sagte, ihr werde nichts geschehen, so gab er ihr endlich nach und sagte den Dienstleuten, sie könnten gehen, da Sigrid daheimbleiben wolle. Die Leute waren froh darüber.

Als nun der Heilige Abend herankam, da machten sich die Leute voller Freude fertig, das Wetter war schön, die Erde schneefrei und gefroren, aber kein Mondschein. Als die Leute fertig waren, sagte der Bauer, sie möchten Sigrid Lebewohl sagen, er selbst wolle sich zuletzt von ihr verabschieden und das Haus gut verwahren, ehe er fortginge.

Sie begleitete nun die andern hinaus, und dann trennten sie sich. Ihr Vater sagte noch, sie dürfe heute nacht ja niemand hereinlassen, wenn das etwa versucht werden sollte. Auch dürfe sie zu niemand hinausgehen und solle sich nicht darum kümmern, falls etwa geklopft oder nach ihr gerufen würde. Dann trennten sie sich, und er sagte, es würde niemand hineinkommen, wenn das Haus gut verschlossen bliebe.

Die Leute gingen nun fort, das Mädchen aber ging wieder hinein und zog sich an. Dann zündete sie ein Licht an, nahm ein Buch und setzte sich in die Schlafkammer der Eltern, um zu lesen. Bis Mitternacht ereignete sich nichts Besonderes. Da pochte es plötzlich an die Tür, aber das Mädchen blieb ganz still. Es klopfte noch einmal und ein drittes Mal und diesmal so stark, daß das Haus eingestürzt wäre, wäre es nicht so fest gebaut gewesen. Das Mädchen aber blieb noch immer still. Kurz danach hörte sie, wie jemand am Haus hinaufgeht und oben entlang bis an das Fenster über ihr. Es rief am Fenster und begrüßte sie. Sie dankte und sah durch das Fenster. Obwohl es draußen dunkel war, bemerkte sie doch das Gesicht eines Mannes, so schön, wie sie noch niemals eines gesehen hatte. Nun bat er sie hinauszukommen. Aber sie sagte, sie könne das nicht und dürfe es nicht. Er bat sie noch mehr und nur für eine kleine Weile, aber sie sagte, das sei ganz gleich, sie käme nicht heraus, und er solle am Fenster sagen, was er zu sagen habe. Er meinte, das könne er nicht und sie müsse ihm auch einen Trunk reichen. Sie sagte, er solle den Schöpfeimer draußen an der Wand nehmen und damit aus dem Bache trinken, der am Gehöft vorbeifließe, einen andern Trunk bekäme er nicht. Er sagte, klares Wasser könne er nicht trinken, und sie antwortete, dann könne sie ihm nicht helfen. Er meinte nun, wenn es sich so verhielte, müsse er sie unverrichteter Sache verlassen, aber das müsse er ihr noch sagen, daß einst die Zeit kommen würde, wo es ihr im tiefsten Herzen so heiß werden würde wie jetzt ihm. Sie sagte: »Das wird geschehen, wie es mir bestimmt ist.« Dann ging er fort, und sonst geschah in dieser Nacht nichts weiter.

Am Morgen kamen die Leute heim, und sogleich nach der Begrüßung fragte sie der Vater, ob sie nichts erlebt habe in der Nacht. Sie sagte nein; er aber sagte, es sei gar nicht nötig, daß sie es sage, er sähe es ihr sowieso an und drang heftig in sie, bis daß sie alles erzählte. Er fragte sie, ob sie dem Fremdling aufgeschlossen habe, was sie verneinte. Er sagte, das sei recht so gewesen. Aber sie meinte, das wüßte sie noch nicht und es würde sich wohl erst später zeigen, ob es ihr Glück bringen würde, daß sie ihm folgsam gewesen sei. Und dann wurde davon nicht weiter gesprochen.

Beim nächsten Weihnachtsfest handelte es sich wieder darum, wer daheimbleiben solle. Sigrid sagte, sie sei auch diesmal dazu bereit, und demgemäß wurde beschlossen. Am Heiligen Abend war das Wetter wieder schön und dazu Mondschein. Da aber wurde plötzlich die Mutter krank und wollte nicht reisen, und Sigrid sagte, es würden nun mehr Leute daheimbleiben als vorauszusehen war, denn auch der Vater würde jetzt kaum mitgehen. Die Leute rüsteten zum Kirchgang und brachen auf, aber Sigrid blieb mit ihren Eltern zurück. Der Bauer verschloß selbst das Haus und fing dann an zu lesen. Nahe um Mitternacht, wie er aufgehört hatte, klopfte es stark an die Türe. Sigrid fragte den Vater, ob sie an die Tür gehen solle. Er verbot es, er wolle selbst den Ankömmlingen entgegengehen, denn ihn wollten sie zuerst und allein sprechen. Damit ging er hinaus und blieb so lange, daß Mutter und Tochter ängstlich wurden. Schließlich fragte Sigrid, ob sie nicht einmal nach dem Vater sehen solle. Aber die Mutter wollte das nicht, falls die bösen Geister den Vater geholt hätten, so würde es nicht besser, wenn sie nun auch die Tochter holten. Nach einer Weile wollte Sigrid nun doch hinaus, aber da kam der Bauer aufgeregt herein. Er hieß Sigrid sich so schnell wie möglich fertigzumachen, denn jetzt sei der gekommen, für den er sie schon lange bestimmt habe. Sie war vor Schreck fast sprachlos und konnte nur fragen, wer das sei und wohin sie denn solle. Der Vater sagte, das würde sie später erfahren, jetzt solle sie sich beeilen, denn der Mann wolle nicht warten. Die Mutter fragte, was dies alles zu bedeuten habe, wem er sie denn übergäbe, und sagte, das sei etwas sonderbar von ihm. Aber der Bauer sagte, sie sollen sich nicht darum kümmern. Dann zog sie sich an, und der Vater hieß sie, Abschied zu nehmen von der Mutter. Das tat sie auch, aber man kann sich denken, in welcher Stimmung sie schieden. Die Mutter sagte, sie hätte immer auf ein besseres Los ihrer Tochter gehofft, aber nun schiene das nicht mehr möglich zu sein. Dann brachte der Bauer seine Tochter hinaus. Draußen sah sie auf dem Platz vor dem Hause drei Männer stehen, Trollen ähnlicher als menschlichen Wesen. Einer war besonders groß und häßlich und sah so boshaft aus, daß es Sigrid schauderte. Vier Pferde standen da, darunter Sigrids Reitpferd und das war gesattelt. Da kam der Häßlichste auf sie zu und hob sie in den Sattel. Dann verabschiedeten sich die Männer von dem Bauer auf sehr höfliche Weise, besonders der eine, und Sigrid sagte ihm auch Lebewohl.

Dann ritten sie davon, voran der Häßlichste, und den hielt sie für den Freier. Zuerst ritten sie den Fjord entlang und dann auf die Berge, und nun wußte sie nicht mehr, wohin es ging. Sie sprachen nicht mit ihr und auch nicht untereinander. Das Mädchen wurde müde und wankte im Sattel. So ritten sie weiter, dreimal zwölf Stunden, wie sie meinte, und gegen Abend kamen sie auf einen schmalen Weg. Hier stiegen sie ab. Jener eine kam auf sie zu, riß sie aus dem Sattel und hieß sie kurz, bergab zu Fuße zu gehen. Sie führten die Pferde am Zügel, sie selbst ging hinterdrein, aber der Weg war so schmal, daß sie sich am Bein ihres Pferdes festhalten mußte, welches zuletzt ging. Unten kamen sie in ein tiefes Tal. Sie stiegen wieder auf, und der Mann setzte sie auf grobe Art in den Sattel, ohne mit ihr zu reden. Sie ritten das Tal entlang; Gras wuchs da, und das Tal war blutrot bis zu den Spitzen der Felsen. Ein Fluß lief hindurch; nirgends war ein Werk von Menschenhand. Aber bei froher Stimmung hätte sie das Tal gewiß lieblich und schön gefunden. Schweigend ritten sie weiter, bis sie eine große Herde von Pferden sahen, in allen Farben und Lebensaltern. Jener eine rief sie an und fragte sie, ob sie nicht den zum Manne haben möchte, dem dies alles gehöre. Sie sagte: »Besser ist Freude als Reichtum!« Dann ritten sie weiter, bis sie eine Ochsenherde sahen, ebenso groß und mit Tieren verschiedenen Alters. Er fragte sie wieder, und sie antwortete wieder das gleiche. Dann trafen sie auf eine ungeheuer große Schafherde; es schienen ihr mehr zu sein als sämtliche Schafe auf dem Inselfjord zusammengenommen.

Wieder fragte er sie dasselbe, und wieder antwortete sie das gleiche. Nach einer Weile sahen sie ein großes prächtiges Gehöft, gut und fest gebaut, wie es ihr schien. Sonst sah sie weiter keine Höfe. Sie kamen auf einen weiten umzäunten Grasplatz mit einem Tor, und ein eingehegter Weg führte hindurch zu den Häusern. Der Grasgarten war glatt und mit vielen schönen Kräutern bewachsen.

Sie ritten nun bis auf den Platz vor den Häusern. Dort stand eine kleine hübsche Kirche, die ihr kostbarer schien als alles andere. Sie stiegen ab; jener hob sie aus dem Sattel und fragte sie: »Was wünschest du dir jetzt?«

»In die Kirche zu gehen«, sagte sie. Er sprach: »Da mußt du mit mir gehen?« Er zog den Schlüssel hervor, schloß die Kirche auf und hieß sie hineingehen und solange darinnen verweilen, wie sie wolle, dann solle sie auf den Hofplatz zurückkommen. Sie ging hinein bis zu dem hintersten Platz, setzte sich dort nieder, betete und schlief ein, und da träumte ihr, wie eine blau gekleidete Frau aus dem Estrich des Chores zu ihr träte. Die ging bis an die Chortür und sprach: »Da bist du also auch da, Sigrid, du Sonne des Inselfjords. Dein Vater hat dich nicht umsonst solange zurückbehalten. Dieser Mann hat schon zwei Frauen gehabt, ich bin die zweite, und er hat uns beiden den Tod bereitet. Das hängt aber so zusammen: Hier sind drei Brüder, die stehen alle unter einem Zauberbann. Am ersten Abend, als wir schlafen gehen wollten, legte er uns einige Fragen vor, und als wir sie nicht beantworten konnten, da durchbohrte er uns. Aber jetzt weiß ich, was wir hätten antworten müssen, und dir will ich es sagen, weil ich dir ein längeres Zusammenleben mit ihm wünsche, als uns vergönnt war.«

Sie sprach ihr nun die Fragen dreimal vor, ließ sie sie wiederholen und sich ganz genau einprägen. Sie müsse jede Frage beantworten, sobald er sie gestellt habe, und dürfe sich nicht fürchten, auch wenn er ihr scheine seine häßlichste Gestalt angenommen zu haben. Es war ihr im Traum, als wiederhole sie dreimal die vorgesprochenen Worte. Dann wachte sie auf, und da schien ihr die Frau zu verschwinden. Die Worte wußte sie noch und sagte sie sich immer wieder vor. Dann ging sie hinaus auf den Hof. Ein schönes Mädchen stand in der Haustür, grüßte Sigrid und führte sie hinein. Sie sagte, sie sei die Schwester der drei Brüder und unterhielt sie freundlich und heiter. Sie führte sie durch das ganze Haus von oben bis unten, und Sigrid war erstaunt über die Ordnung und Pracht überall. Es zeigte sich ein großer Reichtum in allen Dingen, aber außer den Brüdern und der Schwester war kein Mensch zu sehen.

Ein halber Monat verging; da sagte ihr die Schwester, nun sei der Hochzeitstag nahe, aber Sigrid war darüber wenig erfreut. Die Vorbereitungen wurden mit großer Pracht getroffen. Als der Tag herangekommen war, erschien ein Pfarrer mit einigen andern Leuten. Das Paar wurde zusammengegeben und ein Festmahl gehalten, und es fehlte an nichts, weder an Wein noch an allem übrigen. Nach dem Festmahl machten sich die Gäste möglichst schnell von dannen, aber die Brüder waren so trunken, daß sie besinnungslos waren und sich wie die schlimmsten Trolle benahmen. Neben der Wohnstube war noch eine kleine Kammer, in dieser blieben sie in ihrem betrunkenen Zustande und schwärmten die ganze Nacht hindurch. Dann sagte die Schwester zu Sigrid, sie solle nun zu Bett gehen, und sie führte sie in ein kleines Seitengemach, das dem Brautpaar zur Schlafkammer bestimmt und sehr prächtig war. Darin waren sie nun beide mit sehr traurigem Sinn. Das Mädchen sagte zu Sigrid, sie solle sich niederlegen, er werde gleich kommen. Sigrid tat, wie ihr geheißen.

Kurz danach verließen die Brüder die kleine Kammer und gingen zu ihren Schlafstellen, der Bräutigam kam zu Sigrid hinein, setzte sich auf die Bettkante und sah sehr böse aus. Er legte ihr nun die Fragen vor, und zugleich schien er unten am Bettrande etwas zu suchen. Aber so wie er die Fragen stellte, hatte sie sie auch schon richtig beantwortet, wie sie von jener Frau gelehrt worden war. Da stürzte er ohnmächtig zu Boden, und es war auf einmal der schönste Mann aus ihm geworden. Ebenso geschah es auch mit seinen Brüdern. Und nun kamen viele Leute herbei, um den Brüdern zu helfen. Sigrid aber sah die Heirat nun viel freundlicher an, denn der Mann kam ihr so schön vor wie jener, der damals in der Weihnachtsnacht an ihrem Fenster stand.

Als er wieder zur Besinnung gekommen war, gingen sie schlafen, und die drei Brüder waren fortan freundliche und gute Menschen, und die Eheleute liebten sich sehr.

Am andern Morgen ging Sigrid ins Freie und schaute sich um. Da erblickte sie Gehöfte und Menschen zu beiden Seiten des Tales, und auch auf ihrem eigenen Gehöft waren viele Männer und Frauen. Nun war Sigrid wohlversorgt; sie hatte alles in Menge und durfte schalten und walten nach Herzenslust, denn ihr Mann war sehr gut zu ihr.

Nach einem Jahre bekamen sie eine Tochter, die auch wieder Sigrid hieß. Das Mädchen wurde ganz und gar das Ebenbild der Mutter. Die Leute des Tales reisten jeden Sommer nach einem Handelsplatz zusammen und blieben immer drei Wochen fort. Einmal riet Sigrids Mann ihr, doch zum Vergnügen mitzureisen. Aber das wollte sie nicht wegen des Kindes, das sie kürzlich bekommen hatte. Nun reiste der Mann allein, und wie er heimkam, brachte er seiner Frau einen Brief von ihrem Vater mit, der schrieb darin, daß die Mutter gestorben sei und sie ihre Erbschaft aus dem Inselfjord holen solle. Wie aber ihr Mann nächsten Sommer wieder hinreiste, schickte sie ihrem Vater einen Brief mit, er solle das Erbe unter die armen Leute des Inselfjords verteilen, denn sie sei reich genug.

Im dritten Sommer, als das kleine Mädchen drei Jahre alt war, mußte eines Tages Heu gebunden werden bei schönem Wetter draußen auf der Wiese. Alle waren draußen, nur Sigrid mit dem Kind war daheim. Da pochte es an die Tür. Sie ging hin mit dem Kinde und erblickte einen schönen Mann in vornehmer Kleidung mit einem schönen gesattelten Pferd. Er trat heran, grüßte und bat um einen Trunk. Sie grüßte freundlich wieder, ging hinein, holte Milch und gab sie ihm. Er trank und gab ihr das Gefäß zurück. Sie ging wieder hinein, um es nochmals zu füllen. Als sie aber wieder heraus kam, war er spurlos mitsamt dem Kinde verschwunden, das zum Spielen draußen geblieben war. Da erschrak sie und verwunderte sich, daß sie ihn auch in der Ferne nicht mehr sehen konnte und daß er so unglaublich schnell verschwunden war. Sie suchte überall und rief nach dem Kinde, aber das half ihr nichts. Da kam ein Knecht mit einem Zug heubeladener Pferde heim. Sie befahl ihm, schleunigst das Heu abzuladen, auf dem schnellsten Pferde zu ihrem Manne zu reiten und ihm zu sagen, ihr Leben hinge davon ab, daß sie ihn sobald wie möglich spreche. Dies tat der Knecht.

Der Bauer kam sogleich heim und erfuhr von Sigrid alles. Er war sehr betrübt, aber beherrschte sich um seines Weibes willen. Er rief alle Leute vom Heu weg und die übrigen Talbewohner, um suchen zu helfen. Drei Tage suchten sie umsonst nach allen Richtungen. Sigrid wurde krank und legte sich nieder, und alle glaubten, daß sie sterben würde. Ihr Mann tröstete sie, so gut er konnte. Aber erst nach einem halben Jahre stand sie wieder auf, blieb aber immerfort traurig und blaß.

Nun verging die Zeit, und oft lud er sie ein, mit ihm an den Handelsplatz zu reisen, aber sie sagte immer, das mache ihr kein Vergnügen. Zwölf Jahre vergingen, ohne daß sich etwas Besonderes ereignete. Einmal nun wieder im Sommer rüsteten sich die Brüder gerade zur Abreise, da sprach Sigrid davon, daß sie auch etwas Lust verspüre mitzureisen und daß dies etwas bedeuten müsse. Der Bauer ging freudig darauf ein, denn er hoffte, nun werde sie ihren Verlust überwinden. Sie bekam das allerbeste Pferd, und so brachen sie auf. Es wird nun von dieser Reise weiter nichts erzählt, als daß sie eines Abends ankamen und in der Nähe des Ortes abluden. Am andern Morgen lud der Mann Sigrid ein, mit ihm zu einem Kaufmannsladen zu gehen, weil es dort viel zu sehen gäbe. Es gäbe hier wohl viele Kaufleute, aber er handle immer nur mit dem einen. Auf dem Wege dorthin überraschte sie aber ein so heftiger Regenschauer, daß sie in ein Haus treten mußten. Darinnen saß ein Kaufmann und war gerade beim Schreiben. Sie begrüßten einander, und außer dem Kaufmann war niemand in der Stube. Er bat nun den Kaufmann, er möge seiner Frau erlauben, hier drinnen zu sitzen, bis das Wetter vorüber sei. Der Kaufmann hieß sie willkommen, stellte einen Stuhl an das andere Tischende und bat sie, sich zu setzen. Der Bergbewohner ging wieder hinaus, und Sigrid blieb zurück.

Der Kaufmann saß und schrieb, er sprach nicht mit Sigrid, allein sie merkte doch, wie er sie von Zeit zu Zeit ansah. Es kam ihr so vor, als hätte sie sein Gesicht schon irgendwann einmal gesehen. Endlich fing der Kaufmann an mit ihr zu sprechen und fragte sie, ob sie schon früher einmal in der Handelsstadt gewesen sei. Sie sagte nein.

Er wunderte sich darüber, daß sie ihren Mann niemals begleitet hätte, und sagte, ihr Mann sei ihm wohl bekannt. Da sagte sie, sie habe niemals Lust verspürt zu der Reise, die ihr sonst wohl erlaubt worden sei, außer jetzt zum erstenmal. Er meinte, es sei sehr gut, daß sie diesmal mitgekommen sei; dabei hörte er auf zu schreiben und fragte, ob sie denn kein Kind hätten, sie und ihr Mann. Sie verneinte dies und wurde ganz blaß. Als er das sah, lächelte er und meinte, er glaube nicht, daß sie da die Wahrheit sage. Sie sagte, er möge glauben, was er wolle, ein Kind aber besäßen sie nicht. Er meinte, da sei er reicher als sie, denn er habe ein junges Mädchen und das wolle er ihr zur Kurzweil jetzt zeigen.

Er stand auf, ging in eine Kammer hinter der Stube und kam alsbald mit einem Mädchen zurück, das, wie Sigrid meinte, so ungefähr fünfzehn bis sechzehn Jahre alt war. Sie grüßte es und sah, daß es schön und blühend und prächtig gekleidet war. Der Kaufmann sagte, dies sei das Mädchen, das er gemeint habe. Sigrid konnte sich nicht satt sehen an ihr und betrachtete sie genau. Der Kaufmann hatte sich wieder hingesetzt und sah, wie sie wiederum ganz blaß geworden war. So fragte er Sigrid, ob sie nicht aus dem Inselfjord stamme? Das bejahte sie. Und ob sie nicht in Mödrufell gewohnt habe? Sie bejahte auch dies, ihre Eltern hätten da gewohnt. Ob sie sich nicht erinnere, daß sie in einer Weihnacht allein zu Hause geblieben sei? Sie sagte, sie erinnere sich. Ob sie sich auch erinnere, daß ein Mann am Fenster mit ihr gesprochen habe? Sie sagte, auch daran erinnere sie sich. Ob sie noch wisse, was sie damals zusammen gesprochen hätten? Sie bejahte das. Ob sie nicht finde, daß es nun so gekommen sei, wie ihr jener Mann beim Abschied gesagt habe? Sie sagte, gewiß fände sie, daß es nun so gekommen sei.

Da sagte der Kaufmann, jetzt könne er sich nicht länger vor ihr verstecken, und sprach: »Ich bin nämlich eben jener Mann, der mit dir gesprochen hat, und ich gestehe, daß ich dich entführt hätte, wenn du mir damals geöffnet hättest. Aber das mißglückte, und da wuchs in mir die Lust, Unheil zu stiften, und da habe ich das Verschwinden deiner Tochter bewerkstelligt. Das war vor zwölf Jahren, als sie drei Jahre alt war. Sie ist es, die ich hier bei mir habe, und ich habe sie wie meine eigene Tochter gehalten. Sie hat alle weiblichen Kunstfertigkeiten erlernt und ist so gut wie möglich unterrichtet worden. Aber ich habe das Mädchen deshalb zu mir genommen, weil ich ein Abbild von dir selber haben wollte, so sehr liebte ich dich. Nun habe ich dir alles gestanden, und jetzt hängt es von dir oder von euch Eheleuten ab, ob mir mein Plan gelingt. Gewiß wirst du mit Recht zornig auf mich sein, trotzdem erbitte ich von euch das Mädchen zu meiner Frau.«

Sigrid sagte, sicherlich hätte sie ihre Tochter nicht so gut ausbilden lassen können, aber sie könne allein über die Heirat keine Entscheidung treffen. Der Kaufmann meinte, wegen ihres Mannes sei er keineswegs in Sorge, denn sie beide seien gute Bekannte. Da kam ein Knecht herein, und Sigrid befahl ihm, ihren Mann zu holen, sie habe mit ihm zu sprechen. Der kam alsbald, Sigrid erzählte ihm alles, und es herrschte nun große Freude. Der Kaufmann warb nun bei den Eltern um das Mädchen und sagte, dieses selber sei ihm wohlgeneigt. So kam es zur Verlobung, und der Kaufmann sagte, das Mädchen könne nun vorerst drei Jahre bei den Eltern verbringen. Er wolle sie nicht heiraten, bevor sie achtzehn Jahre alt sei. Aber das Mädchen wollte sich auch nicht einen Tag von dem Manne trennen, so sehr liebte sie ihn. Und die Eltern waren ja nun auch beruhigt, denn sie wußten sie ja nun gut aufgehoben. Nach drei Jahren reisten sie wieder in die Handelsstadt und da feierte nun der Kaufmann seine Hochzeit mit großer Pracht. Sie wurden ein glückliches Paar und lebten lange und froh miteinander. Sigrid aber reiste jetzt jedes Jahr mit in die Handelsstadt, um da ihre Tochter zu besuchen. Auch sie lebte mit ihrem Manne bis in ihr hohes Alter in dem Tale. Und so schließen wir die Geschichte von Sigrid, der Sonne des Inselfjord.

59. Die Mühle auf dem Meeresgrund

In alten Tagen lebten einmal zwei Brüder; der eine war reich und der andere arm. Als der Weihnachtsabend vor der Tür stand, hatte der Arme nicht ein Krümchen an Essen mehr im Hause, weder Fleisch noch Brot. Da ging er zu seinem Bruder und bat ihn denn in Gottes Namen um eine Kleinigkeit zum Weihnachtsfest. Es war wohl nicht das erstemal, daß der Bruder ihm etwas hatte geben müssen; aber geizig war dieser immer gewesen, und so sah er ihn auch jetzt nicht gerade erfreut an.

»Willst du das tun, worum ich dich bitte, so sollst du einen ganzen Schinkenspeck bekommen«, sagte er.

Das versprach der Arme augenblicklich und bedankte sich obendrein.

»Hier hast du ihn. Scher dich geradewegs in die Hölle!« sagte der Reiche und warf ihm den Schinkenspeck hin.

»Was ich versprochen habe, werde ich halten«, sagte der andere, nahm den Schinken und zog los.

Er wanderte und wanderte, den ganzen Tag. Als es dunkel wurde, kam er an ein hell erleuchtetes Gehöft. Hier wirst du mal nachsehen, ob du richtig bist, dachte der Mann mit dem Schinken. Vor dem Holzverschlag stand ein alter Mann mit langem weißen Bart und hackte Holz für das Weihnachtsfest.

»Guten Abend!« sagte der mit dem Schinkenspeck.

»Gleichfalls einen guten Abend! Wo willst du hin so spät?« fragte der Greis.

»Wenn ich hier recht bin, soll ich zur Hölle«, antwortete der arme Mann.

»Ja, du bist schon richtig gegangen, die ist hier«, meinte der andere. »Dort drinnen werden sie dir alle deinen Schinkenspeck abkaufen wollen; denn Fleisch ist eine seltene Kost in der Hölle. Doch du darfst den Speck für nichts Geringeres als die Handmühle hergeben, die hinter der Tür steht. Wenn du dann wieder herauskommst, werde ich dir beibringen, mit der Mühle umzugehen, sie ist von mancherlei Nutzen.«

Der Mann mit dem Speck dankte für den guten Rat und klopfte bei dem Teufel an. Als er eingetreten war, kam es, wie der alte Mann vorausgesagt hatte; alle Teufel, ob groß oder klein, umringten ihn wie Ameisen eine Made, und einer überbot den anderen, um den Schinkenspeck zu bekommen.

»Eigentlich wollten die Frau und ich ihn als Weihnachtsessen haben, doch weil ihr so darauf versessen seid, werde ich ihn euch wohl überlassen müssen«, sagte der Mann. »Soll ich ihn jedoch weggeben, so will ich die Handmühle dafür haben, die dort hinter der Tür steht.«

Mit dieser aber wollte der Teufel nur ungern heraus, er handelte und feilschte; der Mann jedoch bestand darauf, und so mußte der Teufel sie hergeben.

Als der Mann wieder auf den Hof kam, fragte er den alten Holzbauer, wie er die Mühle ein- und abstellen müsse. Und als er es gelernt hatte, bedankte er sich und lief auf dem schnellsten Weg nach Hause, wo er aber nicht vor der zwölften Stunde des Heiligabends anlangte.

»Wo in aller Welt bist du nur gewesen?« fragte die Frau. »Stunde um Stunde habe ich hier gesessen und gewartet und hatte nicht einmal zwei Holzscheite, um die Weihnachtsgrütze kochen zu können.«

»Oh, ich konnte nicht eher kommen, ich hatte so manches zu besorgen, und der Weg war weit. Aber nun sollst du sehen!« sagte der Mann, stellte die Mühle auf den Tisch und forderte diese auf, zuerst eine Kerze zu mahlen, dann ein Tischtuch und darauf Essen und Bier und allerlei Leckeres, was zum Weihnachtsschmaus gehört. Und die Mühle mahlte alles, was er herbeiwünschte.

Die Frau bekreuzigte sich ein um das andere Mal und wollte wissen, wo er die Mühle herhabe. Aber das wollte der Mann nicht verraten.

»Es ist einerlei, wo ich sie herhabe. Wie du siehst, ist die Mühle gut, und das Mühlwasser gefriert nicht«, antwortete er.

Dann mahlte er Speisen und Getränke und andere gute Dinge für alle Weihnachtstage, und am dritten Tag lud er seine Freunde ein; nun wollte er ein Fest geben.

Als der reiche Bruder sah, was es alles auf dem Gastgeberhof gab, wurde er verdrießlich und wütend, denn er gönnte seinem Bruder nichts.

»Am Heiligabend warst du so in Not, daß du zu mir gekommen bist und mich in Gottes Namen um etwas anflehtest, und nun gibst du ein Gelage, als wärst du ein Graf oder König«, meinte er. »Aber wo zum Teufel hast du all den Reichtum herbekommen?« fragte er den Bruder.

»Hinter der Tür hat er gestanden«, sagte der Bruder, dem die Mühle gehörte. Er hatte nicht weiter Lust, darüber Rechenschaft abzulegen.

Doch im Laufe des Abends, als ihm die Getränke zu Kopf gestiegen waren, konnte er sich nicht länger beherrschen und brachte die Mühle herbei.

»Hier siehst du, womit ich mir all den Reichtum geschaffen habe!«
sagte er und ließ die Mühle so allerhand mahlen.

Als der Bruder dies sah, wollte er die Mühle um alles in der Welt haben,
und nach langem Hin und Her sollte er sie auch bekommen, mußte aber
dreihundert Taler dafür geben, und der andere sollte sie noch bis zur
Heuernte behalten dürfen; denn habe ich die Mühle bis dahin, so kann
ich mir einen Vorrat für viele Jahre mahlen, dachte der arme Bruder.

Man kann sich vorstellen, daß die Mühle in dieser Zeit keinen Rost
ansetzte. Und als die Heuernte kam, bekam sie der Bruder. Doch der andere hatte sich wohl gehütet, ihm zu zeigen, wie die Mühle ein- und abzustellen war.

Am Abend brachte der Reiche die Mühle mit nach Hause, und am
nächsten Morgen wies er seine Frau an, aufs Feld zu gehen und hinter
den Schnittern das Heu auszubreiten; er wollte heute selbst das zweite
Frühstück bereiten, sagte er.

Als die Frühstückszeit herankam, stellte er die Mühle auf den Küchen-
tisch. »Mahle Hering und Milchbrei; und das rasch und gut!« sagte der
Mann.

Und die Mühle begann, Hering und Milchbrei zu mahlen. Zuerst
mahlte sie alle Schüsseln und Tröge voll, und dann ergoß sich alles auf
den Küchenfußboden. Der Mann stocherte und stellte an der Mühle
herum, um sie zum Stehen zu bringen. Aber soviel er auch an ihr herumdrehte und fingerte, die Mühle mahlte weiter, und viel fehlte nicht, und
der Mann wäre in dem Brei ertrunken, so hoch war dieser gestiegen. Da
riß er die Stubentür auf. Doch es dauerte nicht lange, da hatte die Mühle
auch die Stube voll gemahlen, so daß der Mann mit Müh und Not die
Türklinke finden konnte in dieser Breiflut.

Als er die Tür aufbekommen hatte, machte er, daß er aus der Stube
kam, wie man sich vorstellen kann, und eilte nach draußen; der Milchbrei
und der Hering jedoch kamen hinter ihm her und überschwemmten Hof
und Felder.

Schließlich fand die Frau, die dabei war, das Heu auszubreiten, daß es
recht lange dauerte, bis das zweite Frühstück fertig war.

»Wenn auch mein Mann noch nicht gerufen hat, so wollen wir trotzdem losgehen; er versteht sich wohl nicht so recht aufs Milchbreikochen.
Sicherlich werde ich ihm helfen müssen«, sagte die Frau zu den Schnittern.

Und so machten sie sich auf den Weg. Doch als sie ein Stück über die

Hügel gekommen waren, kamen ihnen Hering, Milchbrei und Brot entgegen, strömten heran und wanden sich umeinander, und der Mann selbst lief vor dieser Flut her.

»Hätte doch jeder von euch hundert Mägen! Seht euch vor, daß ihr nicht im Frühstücksbrei ertrinkt«, schrie er und stürzte an ihnen vorbei, als wäre ihm der Leibhaftige auf den Fersen. Er rannte zur Wohnung seines Bruders.

Er solle um Gottes Willen die Mühle zurücknehmen, flehte er diesen an, und zwar sofort; »denn mahlt sie noch eine Stunde weiter, geht der ganze Ort in Hering und Milchbrei zugrunde«, sagte er.

Der Bruder wollte sie jedoch nur zurücknehmen, wenn der andere ihm nochmals dreihundert Taler zahlte. Dem Reichen blieb nichts anderes übrig.

Jetzt besaß der Arme sowohl Geld als auch die Mühle. Es dauerte nicht lange, da hatte er sich einen Hof gebaut, der viel stattlicher als der seines Bruders war. Und mit der Mühle mahlte er sich so viel Gold, daß er ihn mit puren Goldplatten verkleiden konnte. Und weil der Hof dicht am Meeresstrand lag, leuchtete und glänzte er weithin über den Fjord.

Jeder, der vorübersegelte, wollte den reichen Mann im Goldhof begrüßen. Und alle wollten sie die wunderbare Mühle sehen, von welcher man schon weit und breit erzählte. Es gab niemanden, der noch nichts von ihr gehört hatte.

Eines Tages kam auch ein Schiffer, der die Mühle sehen wollte; er fragte, ob sie auch Salz mahlen könne.

»Ja, gewiß, Salz kann sie auch mahlen«, antwortete der Besitzer.

Als der Schiffer das hörte, wollte er die Mühle unter allen Umständen haben, koste sie, was sie wolle. Denn er dachte, wenn er sie erst besitzt, braucht er nicht mehr so weit übers Meer zu segeln, um Salzladungen heranzubringen. Zuerst wollte der Mann die Mühle nicht weggeben, doch der Schiffer bat und bettelte, bis er sie ihm für viele, viele tausend Taler verkaufte.

Als sich der Schiffer die Mühle auf die Schultern geladen hatte, hielt er sich nicht unnötig lange dort auf, denn er befürchtete, der Mann könne es sich noch anders überlegen. Er nahm sich nicht einmal die Zeit, danach zu fragen, wie sie abzustellen wäre. So schnell er konnte, rannte er zu seiner Schute.

Als er ein Stück aufs Meer hinaus gekommen war, stellte er die Mühle vor sich hin.

»Mahle Salz, und das rasch und gut!« sagte der Schiffer.

Und die Mühle begann, Salz zu mahlen, daß es nur so sprudelte. Als nun der Schiffer das Schiff voll hatte, wollte er die Mühle abstellen. Doch was er auch anstellte und so sehr er an ihr herumdrehte, die Mühle mahlte unaufhörlich weiter, und der Salzberg wuchs höher und höher, bis das Schiff schließlich auf Grund ging.

Die Mühle steht bis zum heutigen Tag dort auf dem Meeresgrund und mahlt Salz. Und daher kommt es, daß das Meerwasser so salzig ist.

60. Julspuk

Auf einem Gut, das Vaderas hieß, wohnten früher zwei Bauern, und das ist jetzt noch so. Zu jener Zeit waren die Wege schön, und die Frauen pflegten zu reiten, wenn sie zur Kirche wollten.

Einmal, an Weihnachten, machten die beiden Frauen miteinander aus, daß sie zur Weihnachtsmesse reiten wollten, und die, welche zur rechten Zeit aufwachte, sollte es der anderen sagen, denn Uhren gab es damals noch nicht.

Ungefähr um Mitternacht meinte die eine Frau, sie höre vom Fenster her den Ruf: »Nun breche ich auf.« Da stand sie eiligst auf und kleidete sich an, um mit der anderen Frau zusammen reiten zu können, aber sie hatte keine Zeit mehr, etwas zu essen und nahm nur ein Stück Brot vom Tisch. In jenen Zeiten war es Brauch, daß man das Brot in Form eines Kreuzes brach. Ein solches Stück nahm die Frau und steckte es in die Tasche, um es unterwegs zu essen. Sie ritt, so rasch sie konnte, um die andere einzuholen, aber sie konnte sie nicht mehr erreichen.

Der Weg führte über ein Flüßchen, das in den Vidösternsee fließt. Da ist eine Brücke, die heißt Erdbrücke, und da standen zwei Trollhexen und wuschen Wäsche und hatten so große Brüste, daß sie sie über die Achseln hängen konnten. Als die Frau auf die Brücke geritten kam, rief die eine Trollhexe der anderen zu: »Eil dich und reiß ihr schnell den Kopf herunter!«

»Das kann ich nicht«, gab die andere zur Antwort, »denn sie hat ein Stück Brot in Kreuzform in der Tasche.«

Sie konnte inzwischen die Nachbarin nicht einholen, sondern kam allein in die Kirche von Hanger. Die war voller Lichter wie immer bei der Weihnachtsmette. Sie band in größter Eile ihr Pferd fest und ging rasch in die Kirche. Sie war gesteckt voller Menschen, wie es ihr vorkam, aber alle waren ohne Kopf, und der Pfarrer stand vor dem Altar im vollen Ornat, aber auch ohne Kopf. In der Eile merkte sie nicht, wie es sich verhielt, sondern setzte sich in ihren gewöhnlichen Kirchenstuhl. Als sie sich setzte, kam ihr vor, als ob jemand zu ihr sagte: »Wäre ich nicht bei deiner Taufe zu Gevatter gestanden, so hätte ich dich umgebracht, wo du sitzest, aber nun mach, daß du hinauskommst, sonst geht es dir schlecht!«

Da merkte sie, wie die Sache stand, und lief eiligst hinaus. Als sie auf den Kirchhof kam, schien es ihr, als hätte sie eine ganze Masse Leute um sich herum. Damals trug man weite Mäntel aus selbstgewebtem Wollenzeug, die waren ungefärbt und weiß. Einen solchen hatte sie an, und die Gespenster hatten ihn gepackt. Aber sie schleuderte ihn von sich, so daß sie aus dem Kirchhof entkam, und lief zum Armenhaus und weckte die Leute dort. Da soll es ein Uhr in der Nacht gewesen sein. So saß sie nun und wartete auf die gewöhnliche Gottesdienstzeit um vier Uhr morgens. Als es schließlich Morgen wurde, fanden die Leute auf jedem Grab ein Stückchen von ihrem Mantel.

Ähnliches begegnete einem Mann und seiner Frau, die in einer Hütte wohnten, die heißt Ingas unter Mosled. Sie waren nur eine Stunde zu früh daran, aber als sie zur Kirche von Hanger kamen, glaubten sie, der Gottesdienst habe gerade angefangen, und wollten eiligst eintreten, aber die Kirche war zugeriegelt, und es war der Schluß des Totengottesdienstes. Als schließlich die richtige Mette begann, lag auf jedem Platz Erde von denen, die zuvor Gottesdienst gehalten hatten. Der Mann und die Frau wurden darauf schwer krank, weil sie die Toten gestört hatten.

61. Die Elbenkönigin Hild

Es war einmal ein Bauer auf seinem Hof. Eine Frau hatte er nicht, aber eine Haushälterin, namens Hild, die sehr tüchtig war, aber von deren Herkunft man nichts wußte. Da sie rührig und fleißig war, hatten sie alle gern, der Bauer und das Gesinde.

Es verlief alles gut in der Wirtschaft, aber es war für den Bauer eine große Sorge, einen Schafhirten zu bekommen, denn immer am Morgen nach der Weihnachtsnacht lag er tot im Bette, ohne daß man den Grund dazu kannte.

Zu jener Zeit pflegte man überall im Lande am Heiligen Abend Gottesdienst zu halten, und man hielt es für ebenso festlich, an diesem Abend dahinzufahren wie am ersten Feiertag selbst. Aber auf den Höfen, die im Gebirge drin lagen und von denen man weit zur Kirche zu gehen hatte, war es für die Leute, die nicht eher vom Hause fort konnten, als bis der Stern zwischen Morgen und Mittag stand, recht beschwerlich, zum Gottesdienst zu kommen, und gewöhnlich kamen dort auch die Hirten nicht früher heim. Sie brauchten dort auf dem Hofe des Bauern freilich nicht den Hof zu hüten, wie es sonst Sitte war, daß einer oder der andere es in der Weihnachts- und Silvesternacht tun mußte, während das übrige Gesinde in der Kirche war; denn seit Hild beim Bauern war, hatte sie sich selbst dazu angeboten, während sie in der Zeit alles zum Fest in Ordnung brachte und fertigmachte: Essen kochen und anderes, was nötig war, und sie war bis spät in die Nacht noch wach, so daß die, die in der Kirche gewesen waren, oft schon lange schliefen, ehe sie selbst sich zu Bett legte.

Als es eine Reihe von Jahren so gegangen war, daß die Hirten des Bauern alle plötzlich in der Weihnachtszeit starben, sprach man überall davon, und der Bauer fand nur schwer jemand, der Hirte sein wollte, und es fiel ihm auch selbst immer schwerer aufs Herz, je mehr starben. Eine Schuld konnte ihn nicht treffen und das Gesinde nicht, denn eine Wunde war an der Leiche niemals zu entdecken. Schließlich sagte der Bauer, nun könne er keinen Schafhirten mehr nehmen, da ihn der sichere Tod erwarte in seinem Dienst, und nun möge es mit seinem Vieh und seinem Hab und Gut so kommen, wie es das Schicksal wolle.

Als der Bauer diesen Entschluß gefaßt hatte und niemand mehr in Dienst nehmen wollte als Hirt, da kam einmal ein munterer und kräftiger Mann zu ihm und wollte gern in seinen Dienst treten. Der Bauer sagte: »So nötig brauche ich dich nicht, daß ich dich nehmen muß.« Aber der Fremde fragte ihn: »Hast du schon einen Hirten für diesen Winter?« Da sagte der Bauer: »Nein«, und sagte ihm, er wolle durchaus niemand mehr nehmen, »du hast wohl gehört, wie schlimm es all meinen Hirten ergangen ist.«

»Gehört hab' ich's«, sagte der Fremde, »aber das schreckt mich nicht ab.« Da hörte der Bauer auf ihn, weil er so sehr wollte, und nahm ihn in Dienst. So verging nun eine Zeit, und der Bauer und der Hirt waren einig miteinander, und den Hirten hatte jeder gern, denn er war ein freundlicher, munterer und tüchtiger Kerl.

Bis zum Weihnachtsabend geschah nichts Besonderes. Am Heiligen Abend nun ging der Bauer mit seinem Gesinde zur Kirche, die Haushälterin blieb im Hause, und der Hirt blieb bei seinen Schafen. Es wurde Abend wie immer, ehe der Hirte heimkam, dann aß er seine Grütze und ging zu Bett. Da dachte er, es sei wohl besser zu wachen als zu schlafen, falls etwas geschehen sollte; Furcht hatte er keine, blieb aber zur Vorsicht wach liegen. Spät in der Nacht hörte er die Leute heimkommen, sie aßen einen Bissen und gingen schlafen. Noch merkte er nichts, als aber schon alle schliefen, da fühlte er, daß er müde wurde, was ihn nach des Tages Last und Mühen auch weiter nicht wunderte.

Weil er aber dachte, es ginge ihm schlecht, wenn er nun doch einschliefe, so bot er all seine Kräfte auf, um bloß nicht einzuschlafen. Es dauerte auch gar nicht lange, da hörte er jemand an sein Bett kommen und ihm war so, als sei es Hild, die da ihr Wesen trieb. Er stellt sich schlafend und merkte, daß sie ihm etwas in den Mund steckte. Er fühlte, daß es ein Zaum für den Mahrtenritt war, und ließ sich ruhig anzäumen. Sie legte ihm also das Zaumzeug an, befestigte die Zügel, wie es ihr bequem war, setzte sich rittlings auf ihn und ritt in fliegender Eile davon, bis sie, so schien es ihm, an einen Graben oder einen Erdspalt kam. Da sprang sie ab auf einen Stein, ließ die Zügel hängen und verschwand im Erdspalt.

Dem Hirten kam es schlimm und rätselhaft vor, daß Hild so verschwunden war, ohne daß er wußte, wohin sie sei; er merkte auch bald, daß er, solange er den Zaum angelegt hatte, nicht weit kam, weil er dadurch verzaubert war. Deshalb rieb er sich an jenem Stein, bis er das Zaumzeug abgescheuert hatte, ließ es liegen und warf sich auch in dieselbe Spalte, in der Hild verschwunden war.

Ihm schien, er sei noch nicht weit in die Spalte hinuntergekommen, da erblickte er auch schon Hild, wie sie über schöne Wiesen schritt und schon bald ihren Weg beendet hatte. Nach alledem dachte er sich wohl, daß es da nicht mit rechten Dingen zuging und daß sie pfiffiger war, als man ahnen konnte, wenn man sie oben unter den Menschen weilen sah. Da er sich sagte, sie könne ihn erblicken, wenn er auf der Wiese hinter ihr hergehe, so nahm er einen Stein aus seiner Tasche, der ihn unsichtbar machte, verbarg ihn in der linken Hand und lief, so schnell er konnte, hinter ihr her.

Als er weiter auf die Wiese hinausgekommen war, sah er eine schöne große Halle, und Hild ging auf sie zu. Aus der Halle kam ihr eine große Menschenmenge entgegen, vorweg ein Mann, prächtig gekleidet, und es schien, als begrüße er Hild als seine Frau und heiße sie willkommen; die andern aber im Gefolge begrüßten sie freudig als ihre Königin. Mit dem

Häuptling kamen Hild zwei halberwachsene Kinder entgegen und begrüßten ihre Mutter voll seliger Freude.

Als sie alle der Königin ihre Huldigung dargebracht hatten, führten sie sie und den König in die Halle, dort bereitete man ihr einen ehrenvollen Empfang, kleidete sie in königliche Gewänder und streifte auf ihre Arme schöne goldene Ringe.

Der Hirte folgte auch, blieb aber dort, wo am wenigsten Leute waren, aber doch so, daß er alles genau beobachten konnte. Solchen Glanz und solchen Prunk hatte er noch nie gesehen. Tische wurden geholt und gedeckt, und er staunte über all die Herrlichkeit.

Kurz danach sah er Hild, prächtig gekleidet, in die Halle schreiten. Jedem ward sein Platz angewiesen, Hild nahm den Ehrensitz neben dem König ein, das ganze Gefolge nahm seine Plätze zu beiden Seiten und nun ward getafelt.

Dann räumten sie die Tische ab, und die Männer und Frauen tanzten oder gingen andern Belustigungen nach, das Königspaar aber saß Hand in Hand da und wechselte Worte, die sowohl freudig wie wehmutsvoll klangen.

Während sie so miteinander redeten, kamen noch drei jüngere Kinder zu ihnen und umarmten voll Freude und Glück ihre Mutter. Königin Hild küßte sie voll Liebe, nahm das Kleinste auf den Schoß und liebkoste es, aber da es unruhig wurde, gab die Mutter ihm einen goldenen Armring, den sie vom Arme abgestreift hatte. Das Kind war nun auch ganz ruhig und spielte eine Weile mit dem Ring. Schließlich fiel der Ring auf den Boden, und der Hirte griff ganz schnell danach und verbarg ihn gut; alle fanden es sehr merkwürdig, daß sie den Ring nirgends finden konnten, wo er doch nur auf den Boden gefallen war.

Als die Nacht fast verflossen war, machte sich Königin Hild zum Fortgehen fertig, so sehr man sie auch bat, länger zu bleiben und so traurig auch alle durch ihren Abschied waren.

Der Hirte hatte auch gemerkt, daß in der Halle ein altes ganz häßliches Weib saß, und sie hatte sich gar nicht gefreut, als Königin Hild kam, und war auch nicht traurig, als sie wieder gehen mußte. Als der König sah, wie es sein Weib trieb fortzugehen und sie durch keine Bitten sich zum Dableiben bestimmen ließ, ging er zu dem alten Weibe und sagte: »Bitte, nimm deinen Fluch weg von meinem lieben Weibe, Mutter, und laß uns nicht mehr auseinandergehen«, aber das alte Weib sagte voll Zorn: »Mein Fluch wird weiterbestehen, und ich will ihn nie zurücknehmen.«

Da wurde der König ganz still, ging tieftraurig zu seiner Frau, legte seinen Arm um sie, küßte sie und bat sie noch einmal flehentlich dazubleiben. Aber die Königin sagte, der Fluch seiner Mutter triebe sie fort und es sei wohl wenig zu hoffen, daß sie sich öfters sehen könnten, denn die Todesfälle, die ihretwegen stattfänden, die nun schon so zahlreich seien, könnten nicht länger ein Geheimnis bleiben und sie werde wohl dafür gestraft werden, obwohl es ihre Schuld gewiß nicht sei.

Als sie so jämmerlich klagte, ging der Hirte schnell fort aus der Halle, über die Wiese nach dem Spalt und wieder hinauf. Er versteckte den Zauberstein, zäumte sich wieder auf und wartete auf Hild. Sie kam auch bald tieftraurig, setzte sich auf seinen Rücken und ritt zum Gehöft. Dort legte sie ihn wieder in sein Bett, zäumte ihn ab, ging selbst zu Bett und legte sich schlafen. Obwohl der Hirte ganz wach war, stellte er sich schlafend, damit Hild nichts merken sollte. Nachdem sie aber eingeschlafen war, da gab er seine Vorsicht auf und schlief fest und tief bis zum selben Morgen.

Der Bauer war schon früh aufgestanden, denn es ließ ihm keine Ruhe zu erfahren, ob denn der Schafhirte noch am Leben sei. Als der Bauer sich anzog, wachten auch die andern auf und zogen sich auch an. Der Bauer ging also zum Schafhirten ans Bett und rührte ihn an. Da sah er, daß er lebte, und dankte Gott für diese Gnade. Da erwachte auch der Schafhirte frisch und fröhlich und stand auf. Der Bauer fragte ihn, ob denn in der Nacht etwas losgewesen sei. Der Schafhirte sagte: »Nein, aber ich habe merkwürdig geträumt.«

»Was hast du denn da geträumt?« fragte der Bauer. Und da fing nun der Hirte an zu erzählen, daß Hild ihn aufgezäumt habe in seinem Bett und berichtete alles so genau, wie er nur konnte.

Als er fertig erzählt hatte, saßen alle stumm da, nur Hild sagte zu ihm: »Es ist eine Lüge, was du da sagst, wenn du nicht durch ein deutliches Zeichen beweisen kannst, daß es so war, wie du erzählt hast.« Der Hirt ließ sich dadurch nicht einschüchtern, sondern holte den Ring, den er in der Nacht vom Boden aufgehoben hatte, und sagte: »Wenn ich auch nicht gezwungen werden kann, einen Traum durch deutliche Zeichen zu beweisen, so ist es doch gut, daß ich's beweisen kann, daß ich diese Nacht bei den Huldren war. Ist dies dein Armring, Königin Hild, oder ist er es nicht?«

Da sagte die Königin: »Er ist's, und Gottes Segen über dich, daß du mich vom Fluche meiner Schwiegermutter befreit hast, nur widerwillig beging ich all die Fluchwürdigkeiten, die sie mir auferlegt hatte.«

Und dann fing Königin Hild an zu erzählen:

»Ich war ein Elbenmädchen von geringer Herkunft, aber der König von Elbenheim liebte mich und nahm mich wider den Willen seiner Mutter zur Frau. Da wurde die Mutter so böse, daß sie ihrem Sohn nur kurze Freude an mir versprach und wir uns nur ganz selten sehen sollten. Ich sollte Dienstmagd unter den Menschen werden und jedesmal zur Weihnachtszeit den Tod eines Menschen verursachen, dadurch daß ich ihn aufzäumen mußte, während er schlief, und auf ihm den Weg reiten mußte, den ich auch diese Nacht auf dem Hirten ritt, um meinen Gatten zu besuchen; und dies sollte so lange dauern, bis meine Bosheit ans Licht käme und ich dafür getötet würde, es sei denn, ich fände einen solch mutigen Mann, der es wagte, mit nach dem Elbenheim zu kommen, und der dann den Beweis erbringen konnte, daß er dorthin gekommen wäre und gesehen hätte, wie es dort zuging.

Ihr seht also alle, daß sämtliche Hirten um meinetwillen getötet wurden, seitdem ich hier war, aber ich hoffe, man wird mir nicht als Schuld anrechnen, was widerwillig zu tun mir aufgezwungen war; denn niemand hat den unterirdischen Weg gefunden und ist aus Neugierde mit in die Behausung der Huldren hineingekommen. Nur dieser mutige Mann war es, der mich aus meinem Magddienst und von dem schlimmen Fluch erlöst hat, und ich will ihn auch später dafür belohnen. Ich darf nun nicht länger bleiben, habt Dank für all eure Güte, die Sehnsucht treibt mich heimwärts.«

So sprach sie und verschwand, und man sah sie nie wieder unter Menschen.

Der Schafhirt aber heiratete im Frühjahr und gründete einen Hausstand, und das konnte er auch; denn der Bauer zeigte sich ihm gegenüber, als er seinen Dienst aufgab, sehr freigebig, und dann war er auch selbst nicht ohne Mittel. Alle Leute in seinem Bezirk fragten ihn um Rat und baten ihn um Beistand. Er war so sehr beliebt trotz seines Glückes, daß die Leute selbst nicht recht begreifen konnten, wie das zuging. Sie glaubten, bei ihm habe jedes Tier zwei Köpfe.

Er aber wußte sehr wohl, daß er der Königin Hild dafür zu danken hatte.

62. Glück und Unglück

In alten Zeiten lebte ein armer Bauer, und es ging ihm recht schlecht. Alle anderen säten rechtzeitig Roggen aus, der arme Bauer aber hatte keine Saat, denn er hatte ja nicht einmal Brot zum Essen. Der Bauer überlegte hin und her, wußte aber nicht, wie er zur Roggensaat kommen könnte. Seine Korndarre hatte noch ein Strohdach. Da riß er das Dach einfach ab, drosch das Stroh nochmals und kam auf diese Weise zu einigen Stof Saatgut. Am Heiligen Abend spannte er sein Pferd an und säte den Roggen einfach auf dem Schneefeld aus. Dann fuhr er mit der Egge darüber, wie man es zu machen pflegt, wenn man zur rechten Zeit Korn aussät.

Im nächsten Jahr hatte der Bauer eine solche Roggenernte, daß man den Hut davor abnehmen konnte.

In der nächsten Nachbarschaft des Armen wohnte ein reicher Bauer. Als er die Riesenernte des Armen sah, beschloß er, es so zu machen, wie es der Arme vor einem Jahr getan hatte: Er säte Roggen im Schnee aus.

Er ließ die richtige Zeit der Aussaat vorbeigehen und wartete auf Weihnachten. Jetzt fuhr der reiche Bauer auf den Acker und säte seinen Roggen aus, wobei er sich schon jetzt darauf freute, daß er dieses Jahr eine ebenso reiche Ernte haben werde wie der Arme. Auch der Arme hatte diesmal seinen Roggen rechtzeitig ausgesät.

Im nächsten Herbst hatte der arme Bauer wieder eine gute Roggenernte, weil er rechtzeitig ausgesät hatte. Der reiche Bauer jedoch erntete nicht einmal ein taubes Körnchen.

63. Die Christmesse in der Wildemänner-Kirche

Am ersten Weihnachtsmorgen früh vier Uhr wurde sonst hier auf dem Harze in allen Kirchen heilige Christmesse gehalten, und scharenweise strömten dann in der Dunkelheit die frommen Christen zum Gotteshause, das heilige Christfest damit anzufangen. So war auch der Gebrauch in Wildemann.

Eine Frau daselbst, eine fromme und gute Christin, hatte sich am Heiligen Abend vorgenommen, am andern Morgen auch in die Christmesse zu gehen. Früh war sie schon zu Bett gegangen, um früh genug wieder aufzustehen und nicht zu spät zu kommen. Da wacht sie denn mitten in der Nacht auf, meint, es sei schon gegen drei, denn eine Uhr hat sie noch

nicht gehabt, und Uhren hat's überhaupt damals noch wenig gegeben. Sie steht also auf, zieht sich an und geht zur Kirche; doch wundert sie sich so vor sich hin, daß noch nicht mehr Leute auf den Beinen sind, die auch nach der Kirche gehen. In ihren Sinne denkt sie, ist gut, bist du die erste. Als sie auf den Kirchhof kommt, sieht sie die Kirche hell erleuchtet; es ist aber noch alles totenstill darin und davor.

Sie geht hinein: Die Kirche ist leer, kein Mensch darin zu hören noch zu sehen. Da schlägt es elf, und als es ausgeschlagen hat, beginnt das Festgeläute so feierlich, so schön in die Nacht hinein zu tönen, daß der Frau dabei schon die Augen übergehen. Dann strömen die Leute herein, aber nicht die, welche damals noch gelebt haben, sondern alles solche, die schon lang tot gewesen sind und im Grabe geruht haben, die aber alle die Frau gekannt hat; also Leute aus den Gräbern füllen die Priechen, die Stühle, und die Anverwandten der Frau setzen sich rechts und links neben sie. Nachdem ausgeläutet ist, beginnt der Gesang, ein ernster, feierlicher Totengesang mit Orgelbegleitung, so herzergreifend, daß die Frau fast in Tränen zerfließt.

Hierauf tritt der Prediger, der erst vor zwei Jahren gestorben und auf dem Wildemänner Kirchhof beerdigt war, auf die Kanzel und predigt so klar und so wahr, wie die Frau noch nie gehört hat, erteilt dann den

Segen, und bei dem Worte Amen schlägt es Zwölf. Da ist alles verschwunden, die Kirche ist finster und leer, und die Frau muß im Dunkeln hinaustappen und nach Haus gehen.

Zu Haus angekommen, sinkt sie zum Tode erschöpft auf einen Stuhl nieder und kann kaum noch ihre Leute rufen, die ihr gleich ein Lager auf der Ofenbank zurechtmachen müssen. Hier liegt sie fast zwei Stunden in totenähnlichem Schlafe, rührt und regt sich nicht; dann tut sie die Augen auf, sieht um sich, erblickt alle die Ihrigen um ihr Lager versammelt, die da denken, daß sie nicht wieder erwacht und deshalb herzlich weinen.

Denen erzählt sie dann mit schwacher Stimme, was sie in der verflossenen Nacht erlebt hat, und als sie eben mit der Erzählung fertig ist, da läutet es zur wirklichen Christmesse. Jetzt gehen die Lebendigen dahin, aber die Frau stirbt in dem Augenblick und geht zum lieben Gott in den Himmel.

64. Die Weihnachtsmette der Toten zu Stolberg

In der alten Marienkirche zu Stolberg, die auch »Totenkirche« heißt, feiern die Seelen der Verstorbenen – manche sagen: die in katholischer Zeit Verstorbenen – jedes Jahr in der Heiligen Nacht ihre Christmetten. So hatte sich einst eine Frau in der Totengasse (Zwickauerstraße) vorgenommen, in die Weihnachtsmette zu gehen.

Vor Mitternacht schreckt sie aus einem schweren Traum auf und denkt, es sei Zeit zur Kirche. Sie macht Licht, zieht sich an und tritt auf die Straße. Da ist es noch ganz still. Als sie zur Totenkirche kommt, erblickt sie dunkle Gestalten, die dem geöffneten Kirchtor zuschreiten. Verwundert darüber, daß die Mette in dieser Kirche sein soll, schließt sie sich ihnen an und tritt ein. Das Gotteshaus ist matt erleuchtet. In den Frauenständen ist nur an einer Bank noch ein Eckplatz frei, den sie nun einnimmt. Am Altar sieht sie einen Priester in seltsamer Gewandung, der in einem großen Buche zu lesen scheint, sich verbeugt, niederkniet, alles unter der lautlosen Aufmerksamkeit der zahlreichen Gemeinde.

Sie musterte ihre Umgebung: lauter fremde Gesichter, deren Blicke mit unheimlicher Traurigkeit auf ihr haften. Da erkennt sie in ihrer Nachbarin eine Frau, die vor kurzem begraben wurde. Sie will fragen, was das alles bedeutet, aber die Gestalt winkt ihr mit knöchernem Finger zu, daß sie schweige. Da verschwindet die ganze Erscheinung.

Zitternd und bebend vor Furcht steht die Frau auf der Straße und bricht an ihrer Haustür zusammen, wo sie dann von Leuten, die in die wirkliche Mette gehen wollten, halb erstarrt gefunden und heimgebracht wird. Nach drei Tagen trug man sie hinaus auf den Gottesacker.

65. Geisterkirche zu Stolberg

In Stolberg wird die Christmette zu Weihnachten am Christmorgen um halb sechs Uhr sehr feierlich gehalten. Eine alte Frau stand des Nachts um zwölf auf und meinte, schon die Zeit verschlafen zu haben, um zur Christmette zu gehen. Sie machte sich also mitten in der Nacht auf, sah auch schon die Kirche erleuchtet, die unter dem Schlosse am Berge liegt. Die Tür stand offen, sie ging hinein und setzte sich in ihren Stuhl.

Nach einer Weile drehte sie sich um, da sah sie mehrere Bekannte als Geister um sich sitzen, die vor kurzem erst gestorben waren. Daran bemerkte sie erst, daß sie unter lauter Geistern saß, und eilte aus der Kirche. Indem sie aus der Tür ging, wurde die Tür hinter ihr zugeschlagen. Die Tür faßte ein großes Stück von ihrem Mantel, der wurde sogleich durchgerissen, und das Stück vom Mantel wurde am andern Morgen auf dem Altar gefunden.

66. König Karl sieht seine Vorfahren in der Hölle und im Paradies

König Karl (der Dicke), als er auf Weihnachten nach der Mette frühmorgens ruhen wollte und fast schlummerte, vernahm eine schreckliche Stimme, die zu ihm sprach: »Karl, jetzt soll dein Geist aus deinem Leibe gehen, das Gericht des Herrn zu schauen, und dann wieder zurückkehren!« Und alsobald wurde sein Geist entzückt, und der ihn wegzuckte, war ein ganz weißes Wesen, welches einen leuchtenden Faden, ähnlich dem fallender Sterne, hielt und sagte: »Fasse das Ende dieses Fadens, binde ihn fest an den Daumen deiner rechten Hand, ich will dich daran führen zu dem Ort der höllischen Pein.« Nach diesen Worten schritt es vor ihm her, indem es den Faden von dem leuchtenden Knäuel abwickelte, und leitete ihn durch tiefe Täler voll feuriger Brunnen; in diesen Brunnen war Schwefel, Pech, Blei und Wachs. Er erblickte darin die

Bischöfe und Geistlichen aus der Zeit seines Vaters und seiner Ahnen; Karl fragte furchtsam, warum sie also leiden müßten. »Weil wir«, sprachen sie, »Krieg und Zwietracht unter die Fürsten streuten, statt sie zum Frieden zu mahnen.« Während sie noch redeten, flogen schwarze Teufel auf glühenden Haken heran, die sich sehr mühten, den Faden, woran sich der König hielt, zu ihnen zu ziehen; allein sie vermochten nicht, seiner großen Klarheit wegen, und fuhren davor zurück. Darauf kamen sie von hinten und wollten Karl mit langen Haken ziehen und fallen machen; allein der, welcher ihn führte, warf ihm den Faden doppelt um die Schulter und hielt ihn stark zurück.

Hierauf bestiegen sie hohe Berge, zu deren Füßen glühende Flüsse und Seen lagen. In diese fand er die Seelen der Leute seines Vaters, seiner Vorfahren und Brüder bis zu den Haupthaaren, einige bis zum Kinn, andere bis zum Nabel getaucht. Sie huben an, ihm entgegenzuschreien, und heulten: »Karl, Karl, weil wir Mordtaten begingen, Krieg und Raub, müssen wir in diesen Qualen bleiben!« Und hinter ihm jammerten andre; da wandte er sich um und sah an den Ufern des Flusses Eisenöfen voll Drachen und Schlangen, in denen er andere bekannte Fürsten leiden sah. Einer der Drachen flog herzu und wollte ihn schlingen: aber sein Führer wand ihm den dritten Schleif des Fadens um die Schulter.

Nächstdem gelangten sie in ein ungeheuer großes Tal, welches auf der einen Seite licht, auf der andern dunkel war. In der dunkeln lagen einige Könige, seine Vorfahren, in schrecklichen Peinen; und am Lichte, das der Faden warf, erkannte Karl in einem Faß mit siedendem Wasser seinen eigenen Vater, König Ludwig, der ihn kläglich ermahnte und ihm links zwei gleiche Kufen zeigte, die ihm selber zubereitet wären, wenn er nicht Buße für seine Sünden tun würde. Da erschrak er heftig, der Führer aber brachte ihn auf die lichte Seite des Tals; da sah Karl seinen Oheim Lothar sitzen auf einem großen Edelstein, andere Könige um ihn her, gekrönt und in Wonnen; die ermahnten ihn und verkündigten, daß sein Reich nicht mehr lange dauern werde; aber es solle fallen an Ludwig, Lothars Tochtersohn. Und indem sah Karl dieses Kind, Ludwig, da stehen. Lothar, sein Ahnherr, sprach: »Hier ist Ludwig, das unschuldige Kind, dem übergib jetzo deines Reiches Gewalt durch den Faden, den du in deiner Hand hältst.« Da wand Karl den Faden vom Daumen und übergab dem Kind das Reich; augenblicklich knäuelte sich der Faden, glänzend wie ein Strahl der Sonne, in des Kindes Hand. Hierauf kehrte Karls Geist in den Leib zurück, ganz müde und abgearbeitet.

67. Das Weihnachtsgeschenk

Wenn man von Budissin (Bautzen) nach Görlitz geht, erblickt man un-
weit des Pfarrdorfes Krischa linker Hand einen mit Nadel- und Laub-
holz bepflanzten Platz, auf dem vor nun über hundert Jahren noch eine
Betsäule stand, die eine nicht mehr lesbare Inschrift trug. Darüber wird
erzählt: Es soll einst am heiligen Christabend ein armer Bürger aus Budissin nach Görlitz gegangen sein, um dort einiges Geld für von ihm
dorthin gelieferte Arbeit zu holen. Allein wie ward ihm, als er dasselbe
nicht erhielt, und dadurch seine Hoffnung, für seine sechs kleinen Kinder einige Christstollen zu kaufen, in den Born fiel.

Traurig und mit banger Sorge vor dem kommenden Winter kehrte er in
später Abendstunde in seine Vaterstadt zurück; da sah er, daß das rechts
bei Krischa liegende Gebüsch mit einer Anzahl heller Lichter erleuchtet
war. Er begriff allerdings nicht, was dies sein könne, allein er faßte sich
ein Herz und ging mutig auf das Gebüsch los, um zu sehen, was die Lichter zu bedeuten hätten. Da trat ihm am Eingange desselben ein kleines,

kaum vier Spannen hohes Männchen entgegen, grüßte ihn und rief ihm zu, er möge nur näher kommen, es sei ihm heute eine große Freude beschert.

Der arme Mann ließ sich dies auch nicht zweimal sagen. Er trat unter die Bäume und sah die kleinen Fichten ganz wie die Lichterbäume in der Stadt mit Äpfeln, Nüssen, Mandeln, Zuckerwerk und Honigkuchen behangen. Das Männchen lud ihn nun ein, sich davon so viel zu nehmen, als er wolle, um seinen Leuten zu Hause eine Weihnachtsfreude zu bereiten, und so füllte er sich denn den Sack, den er zum Tragen der Stollen bestimmt gehabt hatte, mit diesen wunderlichen Weihnachtsgaben an und machte sich auf den Weg nach seiner Heimat, nachdem er noch ausdrücklich die Lichter hatte auslöschen sehen. Je näher er aber auf die Stadt zukam, desto schwerer ward sein Sack, und kaum vermochte er sein Haus zu erreichen; doch hütete er sich wohl, etwas aus jenem wegzuschütten, um sich seine Bürde zu erleichtern.

An der Tür kamen ihm schon seine Kleinen entgegen, welche lange schon auf ihn gelauert hatten, weil sie wußten, daß er ihnen einen heiligen Christ hatte mitbringen wollen; schnell warf er nun den Sack von den müden Schultern, allein wie ward ihm, als beim Öffnen statt der Äpfel, Nüsse usw., die er darin zu finden gedachte, eine Masse alter Goldmünzen herauskullerten. Damit war aber aller ihrer Not ein Ende gemacht. Nun konnte er seinen Kindern nicht bloß Christstollen, sondern überhaupt alles kaufen, was sich sein Herz wünschte. Er wendete aber das Geschenk des kleinen Männchens wohl an; er errichtete zur Erinnerung an jene himmlische Weihnachtsbescherung an jener Stelle eine Betsäule, trieb sein Handwerk – er war ein Strumpfwirker – dermaßen ins Große, daß dasselbe überhaupt in seiner Vaterstadt gehörig in Schwung kam, und ward der Ahnherr einer der angesehensten und wohlhabendsten Familien der Stadt.

68. Die Bauern zu Kolbeck

Im Jahr 1012 war ein Bauer im Dorfe Kolbeck bei Halberstadt, der hieß Albrecht, der machte in der Christnacht einen Tanz mit andern fünfzehn Bauern, dieweil man Messe hielt, außen auf dem Kirchhof, und waren drei Weibsbilder unter ihnen. Und da der Pfarrherr heraustrat und sie darum strafte, sprach jener: »Mich heißet (man) Albrecht, so heißet dich

Ruprecht; du bist drinne fröhlich, so laß uns haußen fröhlich sein; du singst drinnen deine Leisen, so laß uns unsern Reihen singen.« Sprach der Pfarrherr: »So wolle Gott und der Herr St. Magnus, daß ihr ein ganzes Jahr also tanzen müsset!« Das geschah, und Gott gab den Worten Kraft, so daß weder Regen noch Frost ihre Häupter berührte, noch sie Hitze, Hunger und Durst empfanden, sondern sie tanzten allum, und ihre Schuhe zerschlissen auch nicht. Da lief einer (der Küster) zu und wollte seine Schwester aus dem Tanze ziehen, da folgten ihm ihre Arme. Als das Jahr vorüber war, kam der Bischof von Köln, Heribert, und erlösete sie aus dem Bann: da starben ihrer vier sobald, die andern wurden sehr krank, und man sagt, daß sie sich in die Erde fast an den Mittel (das heißt an den Gürtel) sollen getanzt haben und ein tiefer Graben in dem Grund ausgehöhlt wurde, der noch zu sehen ist. Der Landesherr ließ zum Zeichen soviel Steine darum setzen, als Menschen mitgetanzt hatten.

69. Gespenstische Gänse

Jedermann weiß, daß in der Christnacht alles Wasser Wein ist. Das wußten auch zwei Burschen aus Barienrode und hatten sich verabredet, in der heiligen Christnacht an die Beuster zu gehen und sich ein paar tüchtige Eimer Wein zu holen.

Gesagt, getan.

Als sie nun mit ihren Eimern an den Kolk [Teich] kamen, aus welchem sie schöpfen wollten, standen ein paar ungeheuer große schneeweiße Gänse am Ufer. »Das ist ja prächtig«, sagte der eine zum andern, »da kriegen wir ja zu dem Wein den Braten«; und damit streckte er seine Hand nach den Gänsen aus. Aber plumps lagen die Gänse im Wasser, und aus dem Wasser guckten zwei Menschenköpfe mit langen, langen Haaren und lachten laut die Burschen aus. Diesen lief es eiskalt über den Rücken, sie ließen Wein Wein sein und liefen ›was biste, was haste‹ nach Hause. Nie haben sie wieder Lust gehabt, Wein in der Christnacht zu holen.

70. Von mancherlei Gewächs

Im December umb den Christag war vil Frawenzimmers gen Wittenberg kommen als etlicher vom Adel Kinder zu ihren Geschwisterten, so da studierten, sie heimzusuchen, welche gute Kundtschafft zu D. Fausto hetten unnd er etlich ma zu ihnen berufen worden. Solches zuvergelte, beruffte er diß Frawenzimmer und Junckern zu ime in sein Behausung zu einer Underzech.

Als sie nun erschienen und doch ein grosser Schnee draussen lag, da begab sich in D. Fausti Garten ein herrlich unnd lustig Spectacul, dann es war in seinem Garten kein Schnee zusehen, sondern ein schöner Sommer mit allerley Gewächß, daß auch das Graß mit allerley Trauben behengt, deßgleichen rohte, weisse und Leibfarbe Rosen und ander viel schöne wolriechende Blumen, welches ein schönen herrlichen Lust zusehen und zuriechen gabe.

71. Wunder-Apfelbaum am Rhein

Nicht weit von dem Marktflecken Tibur am Rheine stehet ein Apfelbaum, der alle Jahr in der Christnacht in einer Stunde blühet und Äpfel gewinnet, so groß als eine Bohne, doch an der Gestalt wie andere Äpfel, derer viel Jahr dem Landgrafen Georg zu Hessen sind gebracht worden, der sie andern Herren mit großer Verwunderung geschicket und gewiesen hat.

72. Über Katzenelnbogen

Catzenelnbogen, lat. Comitatus Catimelibocensis, eine Grafschaft in Hessen, in welcher, nicht weit von dem Rhein, gleichfalls ein Apfelbaum stehen soll, der jährlich in der Christnacht in einer Stunde blühet und Äpfel trägt; wenn ein fruchtbar Jahr zu erwarten, werden sie wie eine ziemliche Bohne groß, wo nicht, so bleiben sie wie Erbsen. Im Sommer trägt dieser Baum nichts als herbe wilde Holzäpfel, wiewohl in ihrer vollkommenen Größe, Geschmack und Gestalt.

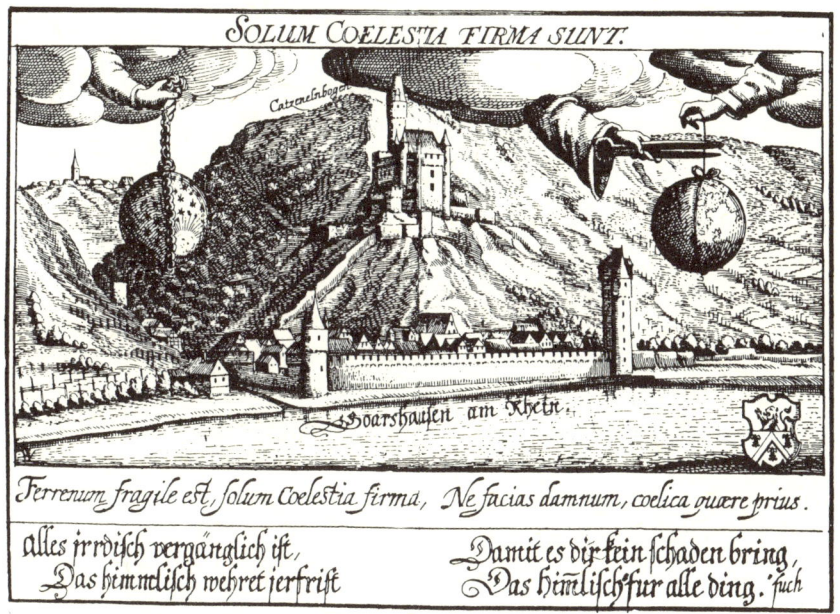

SOLUM COELESTIA FIRMA SUNT.

Catzenelnbogen

Boarshausen am Rhein.

Ferrenum fragile est, solum Coelestia firma,   Ne facias damnum, coelica quære prius.

Alles irrdisch vergänglich ist,
Das himmelisch wehret ierfrist

Damit es dir kein schaden bring,
Das himlisch für alle ding. ˢᵘᶜʰ

73. Die Erlösung des Grenzsteinversetzers

Leute von der Martertaler Mühle gingen nach Masburg zur Christmette.
Da dieselbe schon nachts zwölf begann, der Fahrweg aber weit und die
Nacht kalt war, so wählten sie einen kürzeren Fußpfad, welcher sonst
aber gern gemieden wurde, weil er verrufen war und als nicht ganz geheuer galt. Schon waren sie eine geraume Weile gegangen und mochten
eine gute Strecke zurückgelegt haben, als sie glaubten, einen Ruf zu vernehmen. Sie stutzten und merkten auf. Da sie aber nichts mehr hörten,
setzten sie beruhigt ihren Weg fort. Aber nur einige Schritte taten sie, als
plötzlich ein Männlein, glühend wie Feuer, seitwärts durch den Wald
schwebte und auf den Fußpfad kam. Gesicht und Körperteile konnten
die erschrockenen Leute gut unterscheiden. Funken sprühten von dem
Männlein, welches, auf dem Pfade angekommen, eine Strecke entfernt
vor ihnen ging. Ängstlich blieben die Leute stehen, um zu beraten, was
zu tun. Die feurige Gestalt aber nahm ihren Weg weiter und die Leute
gingen wieder hinter ihr drein. Ihren unheimlichen Führer voran, hatten
sie fast das Ende des Waldes erreicht, als das Männlein immer kleiner
ward, zu einem Fünkchen zusammenschrumpfte und verschwand. Eben

wollten sie den Wald verlassen, da hörten sie über sich den Ruf: »Wohin gehört dieser Markstein?« Der beherzteste der Männer wagte zu antworten: »Dahin, wo du ihn genommen hast.« Ein Stein sauste durch die Luft und fiel in geringer Entfernung von ihnen in die Erde. Zu spät kamen sie zur Christmette, und niemand von ihnen wagte mehr bei Nacht den Pfad zu gehen.

74. Wunderbare Ereignisse in der Christnacht

Während der Christmette blühen die Apfelbäume, blühen ab und tragen Früchte. Um zwölf Uhr fließt aus den Brunnen statt Wasser Wein, und in den Ställen liegt alles Vieh auf den Knien. Daß dasselbe in dieser Nacht über die Ereignisse des künftigen Jahres miteinander rede, wollte ein Mann zu Freiburg nicht glauben, und um darüber Gewißheit zu erlangen, legte er sich in seinem Stall unter die Krippe. Zwischen elf und zwölf sagten die Pferde zueinander: »Dieses Jahr müssen wir unseren Herrn auf den Kirchhof führen.« Der Mann erschrak darüber, wurde nach einiger Zeit krank und verschied noch in dem Jahre.

Ein anderer, der, einer Wette wegen, im Stall auf das Reden des Rindviehs wartete, ward am Morgen daselbst tot gefunden.

75. Der Liebhaber zum Essen eingeladen

Zu Saalfeld in Thüringen war eine Schösserin (Steuereinnehmerin), die sich heimlich in ihren Schreiber verliebte. Durch Zauberei aber wollte sie ihn gewinnen, ließ ein frisches Brot backen und steckte mitten in der heiligen Christnacht kreuzweise zwei Messer hinein, indem sie etliche Worte dazu murmelte. Darauf kam der Schreiber aus dem Schlafe ganz nackigt zur Stube hereingesprungen, setzte sich nieder am Tisch und sah sie scharf an. Sie stand auf und lief davon, da zog er beide Messer aus dem Brot und warf sie hinter ihr drein und hätte sie bald sehr verletzt. Hernach ging er wieder zurück; eine Muhme, die in der Stube zugegen war, erschrak so heftig, daß sie etliche Wochen krank niederliegen mußte. Der Schreiber soll den folgenden Tag zu den Hausleuten gesagt haben: er möchte nur gern wissen, welche Frau ihn verwichene Nacht so geängstet habe; er wäre so abgemattet, daß er es kaum sagen könne, denn er hätte sollen mit fortkommen und sich nicht genugsam erwehren können; er hätte auch beten mögen, was er gewollt, so wäre er getrieben worden.

Dieselbe alte Frau, die diese Geschichte erzählte, fügte hinzu: Auch zu Coburg haben einmal einige Edeljungfrauen von neunerlei Essen etwas aufgehoben und um Mitternacht aufgestellt und sich dabei zu Tische gesetzt. Darauf kamen ihre Liebsten alle, jeder brachte ein Messer mit, und wollten sich zu ihnen niederlassen. Darüber entsetzten sich die Jungfrauen und flohen; einer aber nahm das Messer und warf hinterher; sie schaute um, blickte ihn an und hob das Messer auf. Ein andermal soll statt des eingeladenen Buhlen der leibhaftige Tod in die Stube gekommen sein und sein Stundenglas bei einer niedergesetzt haben, die denn auch das Jahr über verstarb.

In Schlesien haben sich drei Hoffräulein in einer Heiligen Nacht an einen gedeckten Tisch gesetzt und ihre zukünftigen Liebhaber erwartet, deren jedem ein Teller hingestellt war. Sie sind auch auf diese Einladung erschienen, aber nur zweie, die sich zu zwei Jungfrauen gesetzt; der dritte ist ausgeblieben. Als nun die Verlassene darüber traurig und ungeduldig geworden, endlich nach langem vergeblichen Warten aufgestanden und sich ans Fenster gestellt, hat sie gegenüber einen Sarg erblickt, darin eine Jungfrau gelegen, ihr ganz gleich gestaltet, worüber sie erkrankte und bald darauf starb. Nach einer mündlichen Erzählung kommt die Totenlade in die Stube, sie geht darauf zu, die Bretter tun sich auf, und sie fällt tot hinein.

76. Die Christnacht

Abergläubische Mägde, um Träume von ihren Liebsten zu bekommen, kaufen frühe des Tags vor dem Heiligen Abend um einen Pfennig Semmel, und zwar das letzte Stößchen, das auf einem Ende zu ist. Weiter schneiden sie ein bißchen Rinde unten ab, binden es unter den rechten Arm und gehen fleißig den ganzen Tag damit herum. Hernach beim Schlafengehen legen sie es unter den Kopf in der Christnacht und sprechen dabei:

»Jetzt hab ich mich gelegt und Brot bei mir,
wenn doch nun mein Feinslieb käme und äße mit mir!«

Herm. Vogel. fl. 89.

Darüber soll es geschehen, daß zur Mitternacht von solcher Semmelrinde etwas genagt wird, und daran kann man frühmorgens erkennen, daß der Liebste sie das Jahr über heiraten werde. Ist aber das Brot unverletzt gelassen, so haben sie schlechte Hoffnung. Also soll es sich begeben haben (1657 zu Leipzig), daß da ihrer zwei beieinander in einem Bette schliefen, die eine hatte solches Brot unter sich liegen, die andere nicht. Diese hörte nachts ein Knarren und Nagen, fürchtete sich und rüttelte ihre Gespielin, die aber in festem Schlaf lag und nichts gewahr wurde, bis sie aus den Träumereien erwachte. Als sie nun morgens das Brot besichtigten, war ein Kreuz hineingefressen. Das Weibsbild soll bald darauf einen Soldaten zum Mann bekommen haben.

Die alte Saalfelder Frau erzählte, daß andere ein Gefäß mit Wasser nehmen und es mit einem gewissen kleinen Maß in ein ander Gefäß messen. Sie tun dies aber etlichemal und sehen zu, ob sie in den wiederholten Bemessungen mehr Wasser antreffen als zuerst. Daraus schließen sie, daß sie das folgende Jahr über zunehmen werden an Hab und Gütern. Befinden sie einerlei Maß, so glauben sie, daß ihr Schicksal stillstehe und sie weder Glück noch Unglück haben werden. Ist aber zuletzt weniger Wasser, so entnehmen sie, daß ihr gutes Wohlergehn und Gedeihen zurückgehe. Der Saalfelder Frau war das mittelste einmal zu Händen gekommen.

Andere nehmen einen Erbschlüssel und einen Knäuel Zwirn, binden den Zwirn fest an den Schlüssel und bewinden das Knäuel, damit es nicht weiter ablaufe, als sie es vorher haben laufen lassen. Sie lassen es aber bei ein Ellen oder sechs los; dann stecken sie dies Gebäumel zum Fenster aus und bewegen es von einer Seite zur andern an den äußerlichen Wänden und sprechen dabei: »Horch! Horch!« So sollen sie von der Seite und Gegend oder dem Orte her eine Stimme vernehmen, dahin sie werden zu freien und zu wohnen kommen. Andere greifen zur Türe hinaus und haben, wenn sie die Hand hereinziehen, einige Haare von ihrem zukünftigen Liebsten darin.

77. Tiere sprechen in der Christnacht

Am Heiligen Abend reden abends um zwölf Uhr die Tiere im Stall und zwar die Pferde über die Knechte, die Kühe über die Mägde des Hauses.

Wie sie beim Spiel in den Krausebauden saßen, haben sie das erzählt. Da ist der eine mit Fleiß in den Stall gegangen und hat sich in die Raufe gelegt. Aber ein glühender Ochse ist gekommen, und wie sie nach dem Mitspieler sehen wollten, da war er weg (tot).

Der Pferdejunge, der unter der Krippe lag, hörte, wie ein Pferd über das andere sagte: »Du, was warn mern morne macha?« und das zweite erwiderte: »Nu, mer warn an Faadejunga zu Groabe foahrn.«

Am andern Morgen zog man ihn tot hervor, sie hatten ihn mit den Hufen erschlagen.

Einem Besitzer im Barthlshause in Deutsch-Gießhübel fielen bei einer Seuche sämtliche Rinder bis auf eine weiße Kuh. Sie fraß das Futter aus ihrer Krippe, wollte aber niemals das Wasser aus dem Brunnen, von dem es der Besitzer holte, trinken. Wenn sie bemerkte, daß sie getränkt werden sollte, riß sie sich von der Kette und ging in den angrenzenden Garten zu einer Tränke. Dann kehrte sie in den Stall zurück.

An einem Heiligen Abend während der Christmette ging der Besitzer in den Hof und hörte im Stalle reden. Er öffnete vorsichtig die Stalltür und war überrascht zu hören, was die Kuh zu sich selbst sprach: »Wenn der Herr Vieh von solcher Farbe, die ich habe, in den Stall bringen und mit dem Wasser aus dem Garten tränken möchte, so hätte er Glück im Viehstand.«

Der Besitzer dachte: »Ich muß versuchen, was die Kuh geredet hat.« Er kaufte Rinder von weißer oder gescheckter Farbe und hatte im Viehstand Glück.

Als er nach Jahren den Hof verkaufte, hat er zur Erinnerung an die weiße Kuh im Hause immer entweder eine weiße Katze oder weiße Henne behalten.

78. Das Hemdabwerfen

Zu Coburg saßen am Weihnachtsabend mehrere Mädchen zusammen, waren neugierig und wollten ihre künftigen Liebhaber erkundigen. Nun hatten sie tags vorher neunerlei Holz geschnitten, und als die Mitternacht kam, machten sie ein Feuer im Gemach, und die erste zog ihre Kleider ab, warf ihr Hemd vor die Stubentüre hinaus und sprach bei dem Feuer sitzend:

>»Hier sitz ich splitterfasernackt und bloß,
>wenn doch mein Liebster käme
>und würfe mir mein Hemde in den Schoß!«

Hernach wurde ihr das Hemd wieder hereingeworfen, und sie merkte auf das Gesicht dessen, der es tat; dies kam mit dem überein, der sie nachdem freite. Die andern Mädchen kleideten sich auch aus, allein sie fehlten darin, daß sie ihre Hemden zusammen in einen Klump gewickelt hinauswarfen. Da konnten sich die Geister nicht finden, sondern huben an zu lärmen und zu poltern, dermaßen, daß den Mädchen grausete. Flugs gossen sie ihr Feuer aus und krochen zu Bette bis frühe, da lagen ihre Hemden vor den Türen in viel tausend kleine Fetzen zerrissen.

79. Der Schwarze und der Arme

Einst war unterm Proitschenberge bei Bautzen ein Häuschen, in welchem niemand wohnen wollte. Jedem, der sich in demselben niederließ, starben die Kinder. Deshalb blieb es schließlich unbewohnt.

Einmal kam ein Armer in das Häuschen und sagte: »Helfe Gott dem, welcher in diesem Hause weilt!«

»Was willst du?« antwortete ihm der Schwarze. »Ich bin arm und weiß nicht, wo ich zur Miete wohnen soll«, klagte der Arme dem Schwarzen. »Bleib hier«, sagte der Schwarze, »befiel nur deiner Frau, daß sie jeden Sonnabend die Stube wohl reinigt und auf die Kinder achtgibt, daß sie nicht auf den Ofen kriechen.« Darauf ließ sich der Arme im Häuschen nieder und lebte zufrieden mit seiner Familie darin.

Die Frau tat getreulich, was ihr der Schwarze geboten hatte: sie reinigte jeden Sonnabend die Stube und achtete streng darauf, daß die Kinder nicht zum Ofen kamen. So ging alles gut, jedoch reicher wurde der Arme nicht, als er früher war. Unterdessen war der Winter gekommen. Der Vater hatte keine Arbeit mehr, und die Not wurde täglich größer. Einst saßen alle beisammen beim Abendessen und aßen die letzten Kartoffeln – trocken mit Salz. Sie klagten einander ihre Not und Armut. Der Schwarze, dies vernehmend, kroch heimlich ohne alles Geräusch und allen unsichtbar aus dem Ofen, trat zum Vater und flüsterte ihm ins Ohr:

»Sei Weihnachten nachts zwölf Uhr am Schinder-(Scharfrichter)teich, rode die größte Eiche aus und grabe unter ihr ein Loch, drei Ellen tief. Dann wird deiner Armut abgeholfen sein. Jedoch schweige, und verrate es niemandem!«

Weihnachten war gekommen. Der Arme eilte, niemandem etwas sagend, mit Beil, Hacke und Schaufel im tiefen Schnee nach dem Schinderteiche zu der größten Eiche. In Bautzen schlug es zwölf. Bald war die erste, zweite, dritte, letzte Wurzel ausgehackt. Die Eiche stürzte, darauf hackte und grub der Arme, daß die Erde nur so flog, und bald fand er einen kupfernen Kessel voller Goldstücke. Damit eilte er heim, und eher als die Morgenröte emporstieg, war der Kessel mit den Goldstücken hinter seinem Häuschen in einer Kluft verborgen. Nun war aller Not abgeholfen, denn das Gold nahm nicht ab. Der Kessel blieb beständig voll. Die Frau aber gab nicht mehr auf die Kinder acht. Wenn es kalt war, traten sie um den Ofen zusammen, damit sie sich wärmten. Dies war dem Schwarzen ärgerlich. Am Abend, als alle beim Abendessen saßen, kroch er aus dem Ofen, trat – allen unsichtbar – zum Vater und sagte: »Weißt du nicht, was ich dir geboten habe? Morgen müssen deine Kinder sterben.« Am nächsten Morgen starben alle drei Kinder auf einmal. Der Arme aber war noch nicht belehrt. Als die Leute täglich und mehr fragten, wie er so reich geworden sei, und die neugierige Frau ihn mit beständigen Fragen quälte, woher er immer die Goldstücke erhielt, plauderte er schließlich seine Heimlichkeit aus. Wieder saß der Arme mit seiner Frau beim Abendessen, und wieder trat der Schwarze zu ihm und sagte: »Flieh aus dem Hause, sonst bist du morgen tot!« Erschrocken floh er aus dem Hause, und weil er in der Eile den Kessel mit den Goldstücken vergessen hatte, mußte er durchs Wendenland betteln gehen. Das Häuschen ist verschwunden, der Kessel mit den Goldstücken aber ist eingeschlossen in den Felsen des Proitschenberges. Geh und suche ihn!

80. Der Rüden bei Solingen

Kaum eine Stunde von Solingen liegt in der Gemeinde Hölzscheidt die Ortschaft Rüden an einer der schönsten Stellen des Wuppertals. Dieselbe hat ihren Namen von der kolossalen Büste eines Hundes, die bis zum Anfang des 17. Jahrhunderts auf einer Steinklippe, am Rüden genannt, gestanden hatte. Ursache dieser Benennung war folgende Begebenheit.

Zu Anfange des 15. Jahrhunderts ward einmal (im Jahre 1414) in der Christwoche eine große Jagd in den Wäldern des Wuppertales gehalten, Berge und Thäler starrten vor Eis und Schnee, allein das war gerade ein Wetter, wie es die Jäger gern haben, und mancher Bewohner des Forstes hatte die weiße Decke des Erdbodens mit seinem Blute rot gefärbt. So kam der Abend heran und die Stunde, wo alle Jäger im Wupperhofe zusammentreffen sollten. Es war schon sehr spät, alle waren beisammen, nur einer fehlte, und dies war gerade der vornehmste der ganzen Jagdgesellschaft, Robert, der Sohn Herzog Adolphs I. von Berg, ein schöner Jüngling von kaum 20 Jahren. Man sandte vergeblich Leute nach ihm aus, man ließ umsonst Hornsignale nach allen Teilen des Forstes erschallen, um ihm, wenn er sich verirrt, den Weg nach Hause zu zeigen, kein Robert ließ sich sehen. Auf einmal kam die große Dogge des Prinzen den Suchenden in den Weg gelaufen, heulte und bellte ihnen entgegen, sprang den Berg hinan und herab, biß die Pferde in die Beine und versuchte auf jede Weise die Aufmerksamkeit des Jagdgefolges auf sich zu ziehen. Zwar jagte man ihn anfangs mit Schlägen fort, als er aber immer wiederkehrte, da meinte doch zuletzt einer der Jäger, der kluge Hund müsse irgend etwas durch dieses Bellen und Hinundherlaufen anzeigen wollen, und so folgte man ihm denn Berg auf, Berg ab auf ungebahnten Wegen, bis man endlich sah, wie er sich von einer Felsenwand in die Tiefe stürzte. Man eilte ihm freilich auf Umwegen nach, und siehe, tief unten in einer Kluft lag der junge Graf unter seinem zerschmetterten Rosse, der Hund aber stand bei ihm, leckte seine Wunden und suchte ihn mit den Zähnen hervorzuziehen. Was den schwachen Kräften des treuen Tieres aber nicht gelungen war, das war den vereinten Anstrengungen der Jäger leicht, man zog den schwer verwundeten Prinzen hervor und trug ihn nach dem Jagdschlosse. Als er aber nach wochenlangem Krankenlager endlich wieder genesen war, da war sein erstes, daß der das Bild des treuen Rüden durch einen geschickten Steinmetzen in Stein aushauen und dieses Denkmal der Hundetreue auf der Klippe, von welcher er herabgestürzt war, aufstellen ließ.

81. Die Roßtrappe bei Overath

In Maibach, einem Dörfchen oberhalb Overath an der Agger, lebte vor einigen hundert Jahren ein reicher Bauer, der zugleich Vogt und Schöffe im Dorf war. Derselbe war aber auf seinem Reichtum, der es ihm erlaube, sich wie ein Junker zu tragen, sehr stolz, verachtete den Umgang mit seinesgleichen und suchte die Gesellschaft der benachbarten Landjunker, die auch mit ihm umgingen, einmal weil er mit ihnen spielte und trank und viel Geld aufgeben ließ, dann aber auch, weil sie ihn oft als Zielscheibe ihrer Spöttereien brauchen konnten, ohne daß er es zu bemerken schien. Um nun in seinem Dörfchen den großen Herrn zu spielen, ging er fast nie zu Fuß, sondern fast immer sah man ihn auf einem stattlichen Pferde, geputzt wie ein feiner Stadtherr, herumreiten, ob er gleich eigentlich nicht der beste Reiter war.

Da begab es sich, daß einst in der Christnacht bei großer Kälte, aber hellem Vollmondschein der stolze Schöffe aus Maibach die Agger entlanggeritten kam, um in Overath die Christnacht feiern zu helfen, welche damals noch in allen katholischen Kirchen nachts mit dem zwölften Glockenschlag eingeläutet wurde. Zwar hatten ihm mehrere seiner Freunde geraten, er möge den gefährlichsten Weg auf der Berghalde, wo dieselbe sich oft steil nach der Agger herabsenkte, doch lieber zu Fuß gehen, allein der eitle Vogt, der wie alle schlechten Reiter unvorsichtig war, verließ sich auf die Güte seines Pferdes und seine eigene Gewandheit und ließ sich nicht abhalten, den gefährlichen Weg zu reiten.

Als er aber in der Nähe des Aggerhofes an die Stelle kam, wo der Fluß in einer weit ausgreifenden Schlangenwindung gegen den Berg stößt und diesen bis auf den nackten überhängenden Felsen unterspült hat, so daß man wenige Schritte von dem Fahrwege über den ihn begleitenden Fußpfad hinab in einen wohl hundert Fuß tiefen jähen Abgrund schaut, da glitt das Pferd gerade an der gefährlichsten Stelle aus, wurde vor seinem eigenen Schatten, der sich gegen den weißglänzenden Berg abspiegelte, scheu, setzte über den Fußpfad dem Flusse zu und stand jetzt mit den Hinterfüßen nur wenige Spannen von der Felsenwand, mit dem Vorderleibe aber schon über dem tiefen Abgrund. Da wandte sich der Reiter in der ärgsten Todesnot mit herzlichem Gebet zu Gott, an den er bisher nur wenig gedacht hatte, und siehe, auf einmal war es, als wenn ein starker Arm das schon sinkende Roß vom Abgrunde zurückrisse und es dem steilen Berg zulenke, wo der Reiter bald in vollständiger Sicherheit war. Die denselben Berg kommenden Fußgänger hatten sich aus der Ferne den Vorfall mit angesehen, jetzt sahen sie aber auch, wie der Reiter vom Pferde sprang, auf seine Knie sank und inbrünstig betete.

Von diesem Tage an aber ward der Vogt ein anderer Mann, all sein Stolz und Hochmut war verschwunden, und er war wieder das, was er längst

hätte sein sollen, ein einfacher Bauersmann. Noch jetzt zeigt man ungefähr eine Stunde Wegs von Overath nicht bloß jene gefährliche Stelle,
sondern auch die Eindrücke der Hinterhufe des Pferdes, das über dem
grausen Abgrunde geschwebt hatte, tief in den Felsen eingeprägt. Schon
oft hat man diese Hufspuren mit Erde und Steinen ausgefüllt, aber jedesmal sind sie am anderen Morgen wieder entblößt und so frisch, als wären
sie erst jetzt wieder eingetreten.

82. Der Blutbaum zu Gerresheim

Vor wenigen Jahren stand in der Nähe der Blutkapelle eine heilige Buche,
der sogenannte Blut- oder Wunderbaum, zu dem in früherer Zeit beim
Blutfest viele Pilgerzüge wanderten.

Noch wissen alte Leute zu erzählen, wie man dort nächtliche Flammen
gesehen habe, welche besonders in der Weihnacht und in der Mainacht in
dem Wunderbaum leuchteten; von Feuermännern, die ihn in der Mitternacht umkreisten, und von einem großen drachenähnlichen Tier, das in
seiner Nähe über Schätze wachte. Nur in der Mainacht leuchtete der
Schatz unbewacht über der Erde gleich einem Kohlenfeuer. Ein Bauer,
der einst eine Kohle aus diesem Feuer hob und sie auf seine Tabakspfeife
legte, um sie anzuzünden, fand daheim statt der Kohle einen Gold-
klumpen.

DIE ZWÖLFTEN

*Die Zwölften sind die zwölf, oder wenn man den Weihnachtstag mitrech-
net, dreizehn Tage und Nächte vom 25. Dezember bis zum 6. Januar; in
manchen Gegenden beginnen die Wendezeiten des Jahres bereits am
Luciatag (13. Dez.) oder am Thomastag (21. Dez.). Die alte Kirche ver-
band damit den alten und neuen Geburtstag Christi und das alte und das
neue Neujahrsfest. Diese Zeit war eine Freudezeit. In den Vorstellungen
europäischer Völker sind die Zwölften jedoch als die Spukzeit
(›Rauhnächte‹) bekannt, in der besonders Geistwesen jeglicher Art ihren
Schabernack mit den Menschen treiben, vor denen man sich auf besondere Weise sichern müsse.*

83. Die Werwölfe ziehen aus

In Livland ist folgende Sage: Wann der Christtag verflossen ist, so geht
ein Junge, der mit einem Bein hinkt, herum und fordert alle dem Bösen
Ergebenen, deren eine große Zahl ist, zusammen und heißt sie nachfol-
gen. Zaudern etliche darunter und sind säumig, so ist ein anderer großer

langer Mann da, der mit einer von Eisendraht und Kettlein geflochtenen Peitsche auf sie haut und mit Zwang forttreibt. Er soll so grausam auf die Leute peitschen, daß man nach langer Zeit Flecken und Narben auf ihrem Leibe sehen kann, wovon sie viele Schmerzen empfinden.

Sobald sie anheben, ihm zu folgen, gewinnt es das Ansehen, als ob sie ihre vorige Gestalt ablegten und in Wölfe verwandelt würden. Da kommen ihrer ein paar Tausende zusammen; der Führer mit der eisernen Geißel in der Hand geht voran. Wenn sie nun aufs Feld geführt sind, fallen sie das Vieh grausam an und zerreißen, was sie nur ergreifen können, womit sie großen Schaden tun. Doch Menschen zu verletzen ist ihnen nicht vergönnt. Kommen sie an ein Wasser, so schlägt der Führer mit seiner Rute oder Geißel hinein und teilt es voneinander, so daß sie trockenes Fußes übergehen können. Sind zwölf Tage verflossen, so legen sie die Werwolfsgestalt ab und werden wieder zu Menschen.

84. Der Wode

Den Wode haben viele Leute in den Zwölften und namentlich am Weihnachtsabend ziehen sehen. Er reitet ein großes weißes Roß, ein Jäger zu Fuß, und vierundzwanzig wilde Hunde folgen ihm. Wo er durchzieht, da stürzen die Zäune krachend zusammen, und der Weg ebnet sich ihm. Gegen Morgen richten sie sich aber wieder auf. Einige behaupten, daß sein Pferd nur drei Beine habe. Er reitet stets gewisse Wege an den Türen der Häuser vorbei und so schnell, daß seine Hunde ihm nicht immer folgen können. Man hört sie keuchen und heulen.

Bisweilen ist einer von ihnen liegengeblieben. So fand man einmal einen von ihnen in einem Hause in Wulfsdorf, einen andern in Fuhlenhagen auf dem Feuerherde, wo er liegenblieb, beständig heulend und schnaufend, bis in der folgenden Weihnachtsnacht der Wode ihn wieder mitnahm.

Man darf in der Weihnachtsnacht keine Wäsche draußen lassen, denn die Hunde zerreißen sie. Man darf auch nicht backen, denn sonst wird eine wilde Jagd daraus. Alle müssen still zu Hause sein. Läßt man die Türe auf, so zieht der Wode hindurch, und seine Hunde verzehren alles, was im Hause ist, sonderlich den Brotteig, wenn er gebacken wird.

Einst war der Wode auch in das Haus eines armen Bauern geraten, und die Hunde hatten alles aufgezehrt. Der Arme jammerte und fragte den

Wode, was er für den Schaden bekäme, den er ihm angerichtet. Der Wode antwortete, daß er es bezahlen wolle. Bald nachher kam er mit einem toten Hunde angeschleppt und sagte dem Bauern, er solle den in den Schornstein werfen. Als der Bauer das getan, zersprang der Balg, und es fielen viele blanke Goldstücke heraus.

Der Wode hat einen bestimmten Weg, den er alle Nacht in den Zwölften reitet. Der geht rings um Krumesse herum über das Moor nach Beidendorf zu. Wenn er kommt, so müssen die Unterirdischen vor ihm flüchten, denn er will sie von der Erde vertilgen.

Ein alter Bauer kam einmal spät von Beidendorf und wollte noch nach Krumesse; da sah er, wie die Unterirdischen dahergelaufen kamen. Sie waren aber nicht bange und riefen: »Hüet kan he uns nich krigen, he sall uns wol gaen laten, he hett sik hüet morgen nich woschen.« Als der Bauer nun etwas weiter kam, begegnete ihm der Wode, und der fragte ihn: »Wat repen se?«

Der Bauer antwortete: »Se seggt, du hest di van morgen nich woschen, du sast se wol gaan laten.« Da hielt der Wode sein Pferd an, ließ es stallen, saß ab und wusch sich damit. Nun stieg er wieder auf und jagte den Unterirdischen nach. Nicht lange darauf sah ihn der Bauer zurückkommen. Da hatte er sie mit ihren langen gelben Haaren zusammengebunden und zu jeder Seite mehrere vom Pferde herabhangen. So hat er die Unterirdischen verfolgt, bis sie jetzt alle verschwunden sind. Deshalb jagt er auch nicht mehr auf der Erde, sondern oben in der Luft.

So erzählte dies ein alter achtzigjähriger Mann in Krumesse, der auch stillen und böten kann. Der Wode ist in ganz Lauenburg bekannt, und überall schließt man vor ihm die Türen in der Weihnachtszeit.

85. Der verwünschte Jäger

In den Zwölften zieht der Teufel als Heljäger, als Willer Jäger oder als Willet Heer durch die Luft. Türen und Fenster muß man an diesen Tagen fest verschließen und verrammeln (in Laderholz glaubt man, diese Schutzmaßregeln hätten ihren Ursprung darin, daß man früher besonders in den Zwölften die Stallungen gegen die Wölfe habe sichern müssen), sonst kommt er durch die grôt dôr ins Haus, streicht über den wîm und fährt zum ûlenlock wieder hinaus.

Er ist ein verwünschter Jäger und zieht mit hoho- oder hoho-toto Geschrei durch die Luft, während die keuchenden Hunde mit jiff-jaff oder kiff-kaff ihm folgen.

Wer seinen Jagdruf nachahmt, dem wirft er einen Schinken oder etwas anderes ab.

86. Der Mann mit dem Schlackhut

Es hat vor ein paar Jahren noch eine alte Frau eines der Zimmer des verfallenen Freiensteins bewohnt. Eines Abends trat zu ihr ganz unbefangen in die Stube herein ein Mann, der einen grauen Rock, einen großen Schlackhut und einen langen Bart trug. Er hing seinen Hut an den Nagel, saß, ohne sich um jemand zu bekümmern, nieder an den Tisch, zog ein kurz Tabakspfeifchen aus dem Sack und rauchte. So blieb dieser Graue immer hinter seinem Tisch sitzen. Die Alte konnte seinen Abgang nicht erwarten und legte sich ins Bett. Morgens war das Gespenst geschwunden. – Des Schulzen Sohn verzählte: »Den ersten Christtagmorgen, während Amt in der Kirche gehalten wurde, saß meine Frähle (Großmutter) in unsrer Stube und betete. Als sie einmal vom Buch aufsah und gerade nach dem Schloßgarten guckte, erblickte sie oben einen Mann in grauer Kutte und einem Schlackhut stehen, der hackte von Zeit zu Zeit. So haben wir und alle Nachbarn ihn gesehen. Als die Sonne unterging, verschwand er.«

87. Ausgelohnt

Die Nächte von Weihnachten bis zum heiligen Dreikönigstag werden in Böhmen und andern Teilen Österreichs die ›Unternächte‹ genannt. In dieser Zeit machen sich die Hausgeister besonders bemerkbar.

Nicht weit von Saaz entfernt lebte eine Bürgerfamilie, deren Hausmutter ihre Magd in dieser Zeit, wie auch sonst, wechselte. Als das Mädchen den ersten Tag im Dienst zubrachte und frühmorgens sehr zeitig aufstand, um seine Arbeit so bald als möglich fertig zu haben, fand es zu seinem großen Erstaunen Zimmer und Küche bereits blank gescheuert, alle Geräte geputzt, kurz, alles war in bester Ordnung.

Das Mädchen meinte nun, die Hausmutter selbst sei es gewesen, wunderte sich, daß jene schon so früh aufgestanden sein sollte, und nahm sich

vor, am folgenden Tag noch zeitiger aufzustehen. Als nun die Hausmutter erwachte, freute sie sich sehr über ihre fleißige Dienstmagd, glaubte sie doch, diese habe alle Arbeiten erledigt, und überlegte, das Mädchen dafür zu belohnen.

Am andern Tage stand das Mädchen noch früher auf, fand aber alles so wie tags zuvor. Und auch am dritten Tage kam sie nicht auf des Rätsels Lösung. Als nun an diesem Tage die Frau abermals so freundlich und zuvorkommend zu ihr war und ihren Fleiß lobte, sagte sie ihr endlich, daß es sie kränke, wenn die Frau alle Arbeiten selbst verrichte. Diese fragte verwundert, wie sie das meine. Und beide kamen überein, mehrere Nächte abwechselnd zu wachen, glaubten sie doch dann sicher den rätselhaften Helfer entdecken zu können.

Schon in der ersten Nacht zwischen zwölf und ein Uhr sahen sie zwei winzige Hauskobolde in der Gestalt eines Knaben und eines Mädchens hereinkommen. Beide arbeiteten mit einer solchen Schnelligkeit, daß in kurzer Zeit alles in Ordnung war. Verwundert beschlossen sie, auch in der folgenden Nacht zu wachen, und sie wurden gewahr, wie sich alles wiederholte. Die Kobolde erschienen, arbeiteten fleißig und gingen wieder ihres Weges. Besonders fiel ihnen auf, daß die armen Geister ganz nackt kamen. Voller Mitleid beschloß die Frau, ihnen eine Freude zu machen, und so legte sie ihnen in der folgenden Nacht zwei ganz komplette Kleidungen zurecht.

Als die Geister kamen und die Kleider sahen, fingen sie überlaut zu weinen an, und der Kobold sagte zu seiner Gefährtin: »Nun werden wir auch hier bezahlt und dürfen nichts mehr arbeiten; wo werden wir wieder eine anständige Familie finden?«

Klagend packten sie dann ihre Geschenke zusammen, gingen, ohne etwas gearbeitet zu haben, fort und kehrten nicht mehr wieder.

88. Frau Holle

Frau Holle erscheint in Lauterberg im Harze als eine Art Wettermacherin, wenn man den Kindern, wenn es schneit, sagt: Frau Holle mache ihr Bett, davon stöben die Federn. Auch droht man denselben noch mit ihr als einer bösen Hexe. Wenn sie unartig sind, heißt es, Frau Holle würde kommen mit ihrem großen, großen Sack und sie in denselben stecken. Den binde sie dann mit ihrem Seil so fest zu, daß es kein Entrinnen gäbe; Zu den Zwölften, namentlich am Frau Hollen-Abend, mußte stets abgesponnen ein, sonst kam Frau Holle und zerzauste oder besudelte den Flachs oder, wie es überall ähnlich in derber Weise heißt: Frau Holle kackt in die Hede.

Daneben hörte ich im Jahre 1893: Frau Holle spinne mit dem Flachs, den sie noch vorfände, ein Netz, mit dem sie finge, die das nächste Jahr sterben müßten. Für diese etwas dunkle Redensart gab mir einst im Jahre 1895 der Fuhrherr Steinecke, ein alter Harzer, die volle Lösung, indem er meinte, was dann andere bestätigten, Frau Holle drehe aus dem Flachs einen Strick, mit dem sich die Spinnerin oder einer aus ihrer Familie im nächsten Jahr aufhängen werde.

89. Lieblingsspeisen der Zwerge

Die Lieblingsspeisen der Zwerge waren Roggenmehlbrei und Erbsen, welches beides auch in Lerbach [bei Osterode] während der Zwölften nicht gegessen werden darf. Auch auf Möhren waren sie so erpicht, daß sie für Möhren Geldstücke hingelegt haben. Wenn man das Licht brennen ließ, so schützte das die ungetauften Kinder vor den Zwergen.

TAG DER UNSCHULDIGEN KINDLEIN

Der 28. Dezember soll an den Bethlehemitischen Kindermord erinnern.
Der Tag bildet den Schluß der eigentlichen Weihnachtsfeiertage und gilt
in populären Überlieferungen als ein Unglückstag.

90. Die Entstehung der Affen

Unter der Herrschaft des Herodes, des Königs der Juden, kamen die
Weisen aus dem Osten nach Jerusalem und fragten, wo sich der neugeborene König der Juden befinde, dessen Stern ihnen den Weg nach Jerusalem gezeigt. Da erschrak gewaltig Herodes der König und mit ihm ganz
Jerusalem. Er ließ nun die alten Weissagungen erforschen und schickte
die Weisen in das Städtchen Bethlehem in Juda. Zugleich gab er Befehl,
daß alle männlichen Kinder unter zwei Jahren in Bethlehem und der
Umgegend getötet werden, weil er hoffte, daß dabei auch das neugeborene Jesuskind ums Leben kommen würde.

Die Henkersknechte zogen fort nach Juda, damit sie dort die Kinder
töteten; Joseph aber, der Pflegevater Jesu, hatte einen Traum von Gott,
nahm das Jesuskind und zog mit ihm und der Mutter nach Ägypten.

Als die Henkersknechte nach Juda kamen, schlachteten sie dort
hundertvierundvierzigtausend kleine Knaben ab. Einige jüdische Mütter
versteckten aber ihre Kinder unter Mulden.

Nachdem die Henker abgezogen waren, hoben die Mütter die Mulden
auf und fanden statt ihrer Kinder lauter junge Affen vor. So ist das
Affengeschlecht aus dem Menschengeschlechte entstanden.

91. Der Mann,
der am Tag der Unschuldigen Kindlein starb

Es war einmal ein Mann, der hieß Kalle Kula. Er war ein wilder Gesell
und hatte manch schweres Verbrechen begangen, solang er lebte. Da kam
es mit ihm zum Sterben, und seine Frau nahm die Bibel, um für ihn zu
beten, wie er so dalag. »Nein«, sagte er, »heut ist der Tag der Unschuldigen Kindlein, und es lohnt sich nicht, daß du für mich in der Bibel

liest. Statt dessen geh lieber in die Küche und back Waffeln. Ich muß heute noch sterben, und da sollst du mir ein Bündel Waffeln in den Sarg legen.« Die Frau ging hinaus in die Küche und buk die Waffeln, aber als sie wieder zu ihm hereinkam, war er tot. Also wurde Kalle Kula in seinen Sarg gelegt und neben ihn das Bündel Waffeln.

Da kam er zur Paradiespforte mit seinem Waffelpäckchen unterm Arm und klopfte an. Aber St. Per sagte zu ihm: »Hier hast du nichts zu schaffen, so viel Übeltaten wie du getan hast.«

»Ja, das kann schon stimmen, aber ich bin am Tag der Unschuldigen Kindlein gestorben«, sagte Kalle Kula, »so darf ich doch wenigstens hineinschauen zu den unschuldigen Kindlein?« Das konnte St. Per ihm nicht abschlagen und machte die Tür ein Spältchen breit auf. Den Augenblick erwischte Kalle Kula und rief: »Kommt, kleine unschuldige Kindlein, ihr bekommt Waffeln!« Und Waffeln hatten sie im Paradiese nicht bekommen, darum kamen sie herbeigestürzt, daß die Tür ganz weit aufflog, und da schlich sich Kalle Kula hinein.

Da ging St. Per zu Unserm Herrn und sagte, was passiert war, und fragte, was er tun solle. »Es ist am besten, wenn du einen Anwalt die Sache machen läßt«, sagte Unser Herr, »denn die verstehen sich gewöhnlich darauf, die Leute fortzujagen.«

St. Per machte sich auf die Suche, aber wie er auch suchte, so fand er doch keinen richtigen Anwalt. Da kam er wieder zu Unserm Herrn und berichtete ihm, daß im ganzen Paradiese nicht ein einziger Anwalt zu finden sei, und Kalle Kula durfte bleiben, wo er war.

Wenn man einen Dieb und einen Müller und einen Anwalt zusammenbindet und das Bündel einen Berg hinunterrollt – wie man sie auch rollen mag – immer kann man sicher sein, daß der, der zuoberst liegt, ein Dieb ist.

SILVESTER UND NEUJAHR
(31. DEZEMBER, 1. JANUAR)

92. *Das kleine Mädchen mit den Schwefelhölzern*

Es war ganz furchtbar kalt, es schneite, und die Dunkelheit brach herein; es war auch der letzte Abend des Jahres, der Silvesterabend. In dieser Kälte und Finsternis ging auf der Straße ein kleines armes Mädchen, ohne Mütze und auf nackten Füßen. Als sie von zu Hause aufgebrochen war, da hatte sie zwar Pantoffeln gehabt, aber was half das jetzt noch! Sie waren sehr groß gewesen, so groß, daß ihre Mutter sie zuvor getragen hatte; doch als die Kleine dann über die Straße eilte, weil zwei Wagen in rasender Geschwindigkeit vorüberfuhren, da hatte sie ihre Pantoffeln verloren. Der eine war nicht mehr zu finden, und mit dem anderen lief ein Junge davon; er sagte, er könne ihn als Wiege gebrauchen, wenn er selbst einmal Kinder hätte.

So ging das Mädchen nun auf nackten Füßchen, die waren vor Kälte rot und blau. In einer alten Schürze trug sie viele Schwefelhölzchen und hielt ein Bund davon in der Hand. Den ganzen Tag lang hatte ihr niemand etwas abgekauft, niemand hatte ihr einen kleinen Schilling gegeben; hungrig und verfroren ging sie weiter und sah ganz verschüchtert aus, die arme Kleine! Die Schneeflocken fielen auf ihr langes blondes Haar, das sich so hübsch im Naken kräuselte, aber an diese Pracht dachte sie gewiß nicht. Aus allen Fenstern fiel heller Lichtschein, und dann roch es in der Straße so herrlich nach Gänsebraten – es war ja Silvesterabend, ja, daran dachte sie.

In einem Winkel zwischen zwei Häusern, von denen eins etwas weiter als das andere in die Straße hineinragte, kauerte sie sich zusammen und zog die kleinen Beine dicht an den Körper, aber sie fror nur noch mehr. Nach Hause getraute sie sich nicht, denn sie hatte ja keine Schwefelhölzchen verkauft und keinen einzigen Schilling verdient. Der Vater würde sie schlagen, und kalt war es dort auch, über der Wohnung war nur das Dach, und obwohl die größten Ritzen mit Stroh und Lumpen zugestopft waren, pfiff der Wind herein. Ihre Händchen waren vor Kälte fast abgestorben. Ach, ein kleines Schwefelhölzchen könnte guttun! Dürfte sie nur eins aus dem Bund nehmen, gegen die Wand streichen und

sich die Finger daran wärmen! Sie zog eins heraus, ritsch! wie es sprühte, wie es aufloderte! Sie beschützte es mit der Hand, und es brannte mit einer warmen, hellen Flamme, wie ein Lichtlein – es war ein seltsames Licht! Das kleine Mädchen glaubte vor einem großen eisernen Ofen mit blanken Messingkugeln und einer Messingtrommel zu sitzen; das Feuer brannte so wunderbar, wärmte so gut! Nein, was war das? – Die Kleine streckte schon die Füße aus, um sie auch aufzuwärmen – – da erlosch die Flamme, der Ofen verschwand – und in der Hand hielt sie einen kleinen Rest des abgebrannten Schwefelhölzchens.

Ein neues wurde angestrichen, es brannte, es leuchtete, und wo sein Schein auf die Mauer fiel, da wurde sie durchsichtig wie Flor. Das Mädchen konnte direkt ins Zimmer schauen: der Tisch war mit einem blendend weißen Tuch und feinem Porzellan gedeckt, und herrlich dampfte die gebratene Gans, gefüllt mit Backpflaumen und Äpfeln! Und es kam noch schöner: die Gans sprang aus der Schüssel, watschelte mit Messer und Gabel im Rücken durch die Stube, direkt auf das arme Mädchen zu – da erlosch das Schwefelhölzchen, und nur die dicke, kalte Mauer war zu sehen.

Sie zündete ein neues an. Da saß sie unter dem herrlichsten Weihnachtsbaum; der war noch größer und prächtiger geputzt als jener, den sie beim letzten Weihnachtsfest durch die Glastür beim reichen Kauf-

mann gesehen hatte. Tausend Lichter brannten auf den grünen Zweigen, und bunte Bilder wie die, mit denen man die Schaufenster schmückte, blickten zu ihr herab. Die Kleine streckte beide Hände danach aus – da erlosch das Schwefelhölzchen. Die vielen Weihnachtslichter stiegen immer höher, sie verwandelten sich in helle Sterne, einer davon fiel herab und zog einen langen Feuerschweif über den Himmel.

»Jetzt stirbt ein Mensch!« sagte die Kleine, denn sie hatte von ihrer alten Großmutter gehört, die sie als einzige gut behandelt hatte, nun aber tot war: »Wenn ein Stern fällt, steigt eine Seele zu Gott hinauf.«

Wieder strich sie ein Schwefelhölzchen gegen die Mauer, es leuchtete ringsum auf, und in diesem Glanz stand die alte Großmutter, so hell, so schimmernd, so mild und freundlich.

»Großmutter!« rief die Kleine. »Ach, nimm mich mit! Ich weiß, wenn das Schwefelhölzchen ausgeht, dann bist du fort; genauso wie der warme Ofen, der herrliche Gänsebraten und der große, prächtige Weihnachtsbaum!« – Und rasch strich sie alle Schwefelhölzchen an, die noch im Bund waren, sie wollte die Großmutter recht festhalten; und die Schwefelhölzchen leuchteten mit einem solchen Glanz, daß es heller war als mitten am Tag. Nie zuvor war die Großmutter so schön, so groß gewesen; sie nahm das kleine Mädchen auf den Arm, und beide flogen in Glanz und Freude empor, empor; und da war keine Kälte, kein Hunger, keine Angst – sie waren bei Gott!

Doch in der kalten Morgenstunde saß im Winkel am Haus das kleine

Mädchen mit roten Wangen, mit einem Lächeln um den Mund – tot, erfroren am letzten Abend des alten Jahres. Der Neujahrsmorgen ging über der kleine Leiche auf, die ein Bund Schwefelhölzchen hielt, das fast abgebrannt war. »Sie wollte sich wärmen«, sagten die Leute. Niemand wußte, was sie an Schönem gesehen hatte, in welch einem Glanz sie mit ihrer alten Großmutter zur Neujahrsfreude eingegangen war!

93. Zwölf mit der Post

Es war klirrender Frost, sternklares Wetter, vollkommen windstill. Bums! Da wurde ein Topf gegen die Tür geschlagen.

Paff! Da schoß man das neue Jahr ein. Es war Silvester, jetzt schlug die Uhr zwölf.

Taretata! Da kam die Post. Die große Postkutsche hielt vor dem Stadttor, sie brachte zwölf Personen, mehr konnten nicht darin sitzen, alle Plätze waren besetzt.

»Hurra! Hurra!« sangen in den Häusern die Leute, die Silvester feierten und sich eben jetzt mit dem vollen Glas erhoben hatten, um auf das neue Jahr zu trinken.

»Gesundheit und Glück im neuen Jahr!« sagten sie. »Ein Weibchen! Viel Geld! Schluß mit dem Ärger!«

Ja, das wünschten sie sich und stießen an, und – die Post hielt vor dem Stadttor mit den fremden Gästen, den zwölf Reisenden.

Was waren das für Leute? Sie hatten Pässe und Reisegepäck, ja, Geschenke für dich und mich und alle Menschen in der Stadt. Wer waren die Fremden? Was wollten sie, und was brachten sie?

»Guten Morgen!« sagten sie zur Schildwache am Tor.

»Guten Morgen!« war die Antwort, denn die Uhr hatte ja zwölf geschlagen.

»Ihren Namen? Ihren Stand?« fragte die Schildwache den ersten, der aus dem Wagen stieg.

»Sehen Sie in den Paß!« sagte der Mann. »Ich bin ich!« Er war auch ein ganzer Kerl, bekleidet mit Bärenfell und riesigen Stiefeln. »Ich bin jener Mann, auf den so furchtbar viele ihre Hoffnung setzen. Komm morgen, dann will ich dir ein Neujahrsgeschenk machen! Ich werfe Schillinge und Taler in die Menge, teile Geschenke aus, ich veranstalte sogar Bälle, ganze einunddreißig Bälle, mehr Nächte habe ich nicht zu vergeben. Meine

Schiffe sind eingefroren, doch in meinem Kontor ist es warm. Ich bin Großhändler und heiße Januar. Ich habe nur Rechnungen bei mir!«

Dann kam der nächste, er war Spaßmacher, er war Direktor der Komödien, der Maskeraden und aller Vergnügen, die man erfinden kann. Sein Reisegepäck war eine große Tonne.

»Von der werden wir zur Fastnacht viel mehr als die Katze schlagen!« sagte er. »Ich will andere und mich selbst vergnügen, denn ich habe die kürzeste Lebenszeit von der ganzen Familie; ich werde nur achtundzwanzig! Ja, vielleicht legt man noch einen Tag dazu, aber das macht gleichviel. Hurra!«

»Sie dürfen nicht so laut schreien!« sagte die Schildwache.

»Doch, gewiß darf ich das!« sagte der Mann. »Ich bin Prinz Karneval und reise unter dem Namen Februarius!«

Nun kam der dritte. Er sah wie lauter Fasten aus, trug aber den Kopf sehr hoch, denn er war mit den »vierzig Rittern« verwandt und Wetterprophet. Doch dieses Amt bringt nicht viel ein, deshalb pries er die Fastenzeit. Als Schmuck trug er ein Büschel Veilchen im Knopfloch, aber sie waren sehr klein.

»März, marsch!« rief der vierte und stieß den dritten an. »März, marsch! Auf die Wache, da ist Punsch! Ich kann ihn riechen!« Aber das stimmte nicht, es war ein Aprilscherz, damit begann der vierte Bursche. Er sah keck aus, er tat wohl nicht viel und hatte viele Feiertage. »Auf und ab mit der Stimmung!« sagte er. »Regen und Sonnenschein, Ausziehen und Einziehen! Ich bin auch Umzugs-Kommissar, ich bin Leichenbestatter, ich kann lachen und weinen. In meinem Koffer sind Sommerkleider, aber sie anzuziehen wäre völlig verrückt. Hier bin ich! Als Aufputz trage ich Seidenstrümpfe und Muff!«

Nun stieg eine Dame aus dem Wagen.

»Fräulein Mai!« sagte sie. Sie hatte sich sommerlich angezogen und trug aber zum buchenblattgrünen Seidenkleid Galoschen, hatte Anemonen im Haar und duftete derart nach Waldmeister, daß die Schildwache niesen mußte. »Gott segne Sie!« sagte sie, das war ihr Gruß. Sie war hübsch! Und Sängerin war sie auch, nicht auf dem Theater, sondern im Wald; nicht in den Zelten, nein, im frischen grünen Wald sang sie zu ihrem eignen Vergnügen. In ihrem Nähbeutel hatte sie »Holzschnitte« von Christian Winther, denn die sind wie der Buchenwald selbst, und »Kleingedichte« von Richardt, die sind wie Waldmeister.

»Jetzt kommt die Dame, die junge Dame!« rief man im Wagen, und die

Dame erschien, jung und fein, stolz und hübsch. Sie war geboren dazu, »Siebenschläfer« zu feiern, das war sofort zu sehen. Am längsten Tag des Jahres gab sie ein Fest, damit man Zeit genug hatte, um die vielen Gerichte zu essen. Obwohl sie sich leisten konnte, im eigenen Wagen zu fahren, kam sie doch mit der Post wie die andern; damit wollte sie zeigen, daß sie nicht hochmütig war. Auch reiste sie nicht allein, sondern wurde von ihrem jüngeren Bruder Julius begleitet.

Der war kräftig gebaut, trug einen Sommeranzug und einen Panamahut. An Reisegepäck hatte er wenig, das war in der Hitze so beschwerlich, nur Badekappen und Badehosen, das ist nicht viel.

Nun kam die Mutter, Madame August, Obsthändlerin en gros, Besitzerin vieler Fischbehälter, Bauersfrau mit großer Krinoline. Sie war dick und warm, nahm an allem Anteil, ging selbst aufs Feld, um den Leuten das Bierfäßchen zu bringen. »Im Schweiße seines Angesichts soll man sein Brot essen!« sagte sie. »Das steht in der Bibel. Hinterher kann man Waldfest und Erntefest feiern!« Sie war die Mutter.

Dann kam wieder ein Mannsbild, von Beruf Maler, Farbenmeister, das bekam der Wald zu spüren. Die Blätter mußten die Farbe wechseln, doch schön wurden sie, wenn er es wollte; bald sah der Wald rot, gelb und braun aus. Der Meister pfiff wie der schwarze Star, war ein fleißiger Arbeiter und bekränzte seinen Bierhumpen mit der braungrünen Hopfenranke, das schmückte, und für Schmuck hatte er einen Blick. Hier stand er nun mit seinem Farbtopf, das war sein ganzes Reisegepäck.

Ihm folgte der Gutsbesitzer, der an Aussaat, an Pflügen und Herbstbestellung, ja, ein wenig auch an Jagdvergnügen dachte. Bei sich hatte er Hund und Gewehr und trug in seiner Tasche Nüsse, knick knack! Er hatte entsetzlich viel Gepäck, dazu einen englischen Pflug und redete landökonomisch, was aber vor lauter Husten und Keuchen kaum zu verstehen war – denn jetzt kam der November.

Er hatte Schnupfen, heftigen Schnupfen und benutzte statt eines Taschentuchs ein Laken, und doch sollte er die Mägde in den Dienst begleiten, wie er sagte. Beim Brennholzschlagen würde sich seine Erkältung schon geben, und das wollte er tun, denn er war Sägemeister der Innung. Die Abende brachte er damit zu, Schlittschuhe aus Holz zu schnitzen, denn er wußte, daß man diese vergnüglichen Schuhe schon in wenigen Wochen brauchte.

Nun kam als letzte das alte Mütterchen mit dem Feuertopf; obwohl sie fror, leuchteten ihre Augen wie zwei helle Sterne. Sie trug einen Blumentopf mit einem kleinen Tannenbaum. »Den will ich hegen und pflegen, damit er am Weihnachtsabend so groß ist, daß er vom Fußboden bis zur Decke reicht und brennende Lichter, vergoldete Äpfel und ausgeschnittene Bilder tragen kann. Der Feuertopf wärmt wie ein Kachelofen, ich hole das Märchenbuch aus der Tasche und lese vor, da werden alle Kinder in der Stube still. Doch die Puppen am Baum werden lebendig, und der kleine Wachsengel hoch oben schüttelt seine Flügel aus Flittergold, fliegt vom grünen Wipfel herab und küßt Große und Kleine im Zimmer, ja, auch die armen Kinder, die draußen stehen und das Weihnachtslied vom Stern über Bethlehem singen!«

»Und jetzt kann die Kutsche weiterfahren!« sagte die Schildwache. »Jetzt haben wir das Dutzend voll. Nun mag ein neuer Reisewagen kommen!«

»Laß erst diese zwölf unbeschadet herein!« sagte der Hauptmann, der Wache hatte. »Einer nach dem anderen! Den Paß behalte ich, der gilt jeweils für einen Monat; wenn der um ist, werde ich eintragen, wie sich der Betreffende betragen hat. Bitte sehr, Herr Januar, haben Sie die Güte, einzutreten!«

Und dann ging er hinein.

Wenn ein Jahr um ist, dann will ich dir sagen, was diese zwölf dir und mir und uns allen gebracht haben. Jetzt weiß ich es noch nicht, und sie wissen es wohl selber nicht – denn es ist eine seltsame Zeit, in der wir leben!

94. Das Gesicht in der Neujahrsnacht

Einmal ging ein Mädchen, ohne daß die andern es wußten, in der Neujahrsnacht in eine leere Stube, stellte einen Spiegel vor sich auf, stellte zwei Schnapsflaschen rechts und links vom Spiegel hin, setzte sich vor den Spiegel und schaute starr hinein, um ihren zukünftigen Bräutigam zu erblicken.

Plötzlich tauchte vor dem Mädchen ein Soldat auf, der einen blanken Degen in der Hand hielt. Das Mädchen erschrak vor dem Soldaten und lief davon. Der Soldat warf ihr seinen Degen nach, und der Degen blieb in den Kleidern des Mädchens stecken. Darauf verschwand der Soldat. Das Mädchen aber nahm den Degen und versteckte ihn.

Im nächsten Jahr bekam das Mädchen auch wirklich einen abgedankten Soldaten zum Mann. Als sie schon ein paar Jahre zusammengelebt hatten, da gebar die Frau einen Sohn. Um diese Zeit fand der Soldat den von seinem Weibe versteckten Degen. Er fragte sie sogleich, wo sie den Degen her habe.

Die Frau wollte es zuerst nicht sagen. Schließlich sagte sie's aber doch. Der Mann geriet in Zorn und rief, daß er wegen des verschwundenen Degens viel Leid erfahren habe. Da habe er damals geschworen, wenn er den Degen wieder in seine Hände bekomme, wolle er sofort denjenigen töten, bei dem er ihn finde.

Er zog darauf den Degen und tötete seine Frau und danach auch sich selbst.

95. Die aus dem Kanstein zogen aus

Nördlich von Astfeld liegt an der Innerste ein Kalkgebirge, der Kanstein. Der höchste Punkt dieses Höhenzuges führt den Namen Hünenberg. Unterhalb Langelsheim führt eine Höhle von einem halben Meter in den Kanstein. Nach ungefähr zwei Meter Länge verengt sie sich so sehr, daß nur noch ein kleines Loch bleibt. Dahinter aber, so erzählte ein junger Mann, der als Knabe öfters hineingekrochen ist, erweitert sie sich wieder zu einer sehr großen Halle. In dieser haben seit alter Zeit Zwerge gehaust.

Aber in der Neujahrsnacht 1800 haben sie ihre Höhle verlassen. Ein alter Mann, der Großvater eines noch jetzt dort lebenden Bauer, traf sie bei ihrem Abzuge. Zu diesem sagte der Zwergenkönig, daß sie in der Neujahrsnacht 1900 wieder in den Kanstein zurückkehren würden. Auch gebot er ihm, er solle das erste, was er auf seinem Heimwege finde, aufheben und mitnehmen. Der Bauer fand jedoch unterwegs nichts als einen Klumpen Dreck. Er nahm ihn aber doch auf und steckte ihn in seine Tasche. Zu Haus angekommen, legte er sich sogleich schlafen.

Am andern Morgen erschien ihm die Tasche seines Rocks so schwer, und als er hineingriff, zog er anstatt der Erde ein Stück Gold aus seiner Tasche.

96. Der Gluhschwanz

Am Abend vor Neujahr zieht der feurige Drache, der Gluhschwanz, durch die Lüfte. Er trägt allerlei bei sich, Geld, Fleisch, auch Dreck. Wer den Drachen gerade über sich hinziehen sieht und dann: Half Part! ruft, bekommt richtig die Hälfte ab. Mancher reiche Mann hat sein Geld nur dem Drachen zu verdanken, der ihm den Schatz durch den Schornstein heruntergeworfen hat.

DREIKÖNIGSTAG
(6. JANUAR)

97. Über Köln

Köln führet drei Kronen im Wappen, welches einige von den daselbst begrabenen Drei Königen herleiten, andere aber auf das dreifache Stadtregiment als des Herrn Erzbischofs, des Rats und des Rektors der
Akademie andeuten wollen. Das eigentliche Wappen ist geteilt und hat
im untern Fach im silbern Felde elf rote Feuerflämmlein, wegen elftausend Jungfrauen; im obern Teil aber im roten Felde drei güldene Kronen,
wegen der Heiligen Drei Könige.

98. Der Stein im Kasten

Zu Köln am Rhein zeigt den Fremden man in dem Kasten, darinnen die
Hirnschalen der Heiligen Drei Könige verwahret sind, einen Onyxstein
als eine Hand breit. Auf solchem siehet man zwei erhabene Häupter eines Jünglings gemalet, denen für der Stirn eine schwarze Schlange sitzet
und dero Häupter gleichsam zusammen verbindet. Unten aber bei den
Kinnbacken ist ein schwarzer Mohrenkopf mit einem langen Barte.

99. Der Apollinarisberg bei Remagen

Remagen und Sinzig, zwischen denen die Ahr mündet, wecken wieder
Erinnerungen an die ersten christlichen Jahrhunderte, die erstere Stadt
mit dem Apollinarisberg, die letztere mit ihrer schönen Pfarrkirche.
Apollinaris aus Antiochien, der ein Schüler der Apostel gewesen und als
Bischof von Ravenna unter Vespasian den Märtyrertod gestorben sein
soll, ist freilich nicht selbst bis Remagen gekommen, sondern nur sein
Haupt als Reliquie. Als nämlich der Erzbischof Reinald die Häupter der
Heiligen Drei Könige mit anderen Heiligtümern aus Indien nach Köln
sandte, da hielt das Schiff mit der heiligen Fracht vor Remagen still und
war nicht von der Stelle zu bringen. Erst als man das Apollinarishaupt

275

ans Land brachte, konnte das Schiff weiterfahren. Das war ein Zeichen, daß der Heilige nicht mit nach Köln gebracht werden, sondern hier bleiben wollte.

100. Geisterkirche und Vorgeschichte in Ehrenbreitstein

Das alte Schloß in Ehrenbreitstein, die Philippsburg, beherbergte in kurtrierischen Zeiten mancherlei Spuk; besonders vor dem Tode der Kurfürsten oder auch ihrer Verwandten regte und zeigte sich der. Und die vielen Geistererscheinungen sollen mindestens ebensosehr wie die Feuchtigkeit der Gebäude den letzten Kurfürsten, Clemens Wenzeslaus, bestimmt haben, seine Residenz nach Koblenz zu verlegen. Ebenso wie dies alte Spukschloß steht auch die Schloßkirche nicht mehr, in der einst der Kurfürst Johann Hugo eine Vorgeschichte erlebte.

Es war am Dreikönigsabend, die vierzigstündige Andacht hatte, nach altem Herkommen, nachmittags um vier Uhr ihren Anfang genommen. Der Kurfürst hatte diesmal nicht, wie er sonst tat, in der ersten dieser Betstunden beiwohnen können, es verzog sich bis Mitternacht, ehe ihm ein freier Augenblick zupaß kam, das Versäumnis einzubringen. Wie er in das Oratorium hinüberkam, brannten drunten auf dem Hochaltar die Kerzen, die ganze Kirche war hell beleuchtet, der Betstuhl stand vor dem Altar, aber der Kaplan, dem die Stunde zugeteilt war, hatte ihn noch nicht eingenommen. Indem ging die Tür zur Sakristei auf, und es trat heraus einer, zwei, drei Priester, nicht in Chorhemden, sondern kostbar in pontificalibus, nur daß allen dreien die Infuln fehlten. Der Kurfürst erinnerte sich nicht, jemals die drei Herren gesehen zu haben. Sie machten vor dem Altar ihre genuflexiones (Kniebeugen) und setzten sich dann auf die Stufen nieder. Stumm sahen sie zu ihm herauf, und endlich rief er ihnen ungeduldig zu, sie sollten anfangen. »Wir warten noch auf einen«, erwiderte der in der Mitte.

Dem Herrn kam es wunderlich vor, daß in seiner Gegenwart noch auf jemanden gewartet werden sollte, auch machte ihn die ganze fremdartige Erscheinung der Drei neugierig; er stieg in die Sakristei hinab. Auf dem dritten oder vierten Treppling angekommen, sah er unter sich ein helles Licht, und als er schärfer zusah, ging jemand einige zehn Stufen unter ihm, gerade wie er selbst unter dem linken Arm ein Buch, in der rechten

Hand einen silbernen Handleuchter, und war genau von seiner Größe und Gestalt, auch bekleidet wie er selbst, mit einem violettfarbenen Talar.

Der Kurfürst war überrascht, auf diesem für jeden ungangbaren Weg – denn er trug den Schlüssel der Sakristei in der Tasche – einer lebendigen Seele zu begegnen, er ging schneller, und schier hatte er seinen Vordermann erreicht, da wendete sich der, und wie in einem Spiegel trat dem Kurfürsten sein eigenes Bild vor die Augen; sogar das karmesinrote Unterfutter des Talars fehlte nicht. Unbeweglich stand der geistliche Herr auf seinem Treppling, die Gestalt drehte sich wieder abwärts, machte die Tür auf, als sei sie unverschlossen gewesen, und warf sie hinter sich zu, daß die Fenster klirrten. Im Augenblick war Johann Hugo an der Tür, sie war fest verschlossen, und der Schlüssel wollte nicht greifen. Es überlief ihn, er stieg eilig die Treppe wieder hinauf. Da standen an der Tür zu seinem Zimmer zwei wachhabende Trabanten und präsentierten; als er aber zwischen ihnen durchgehen wollte, hielten sie ihm stumm die Wehren entgegen. Halb von Sinnen vor Schrecken wandte er sich nach der Balustrade, da sah er, wie die Kirche sich mit Menschen füllte. Auf dem Betstuhl kniete die Gestalt, die er auf der Treppe gesehen hatte, neben ihr standen zwei Prälaten, und gleich ihnen mit der Inful bekleidet, saß ein Drtter vor dem Altar.

Jetzt erkannte er die drei Bischöfe, die ihn vor 25 Jahren geweiht hatten. Sie begannen alsobald seinem Ebenbild denselben Dienst zu erweisen. Auch in der Gemeinde entdeckte er nach und nach manchen verstorbenen Bekannten. Jetzt war die Zeremonie zu Ende, es gab ein dichtes Gedränge, bis eine Gasse inmitten der Kirche wurde, und es kamen der Kammerportier und der Hoffourier, hinter ihnen der frühere Hofmarschall, dann schöner als der hellste Sommertag ein Mädchen von höchstens 15 Jahren, es war seine Schwester Evchen, mit einer Brautkerze; ebenso und mit einem Palmzweig in der andern Hand sein Bruder Damian Adolf; wunderlich und herrlich zumal war das anzusehen: Um den bloßen Hals, der wie ein Kristall durchsichtig, trug er ein schmales rotes Bändchen, und sein Ordenskreuz blinkte wie ein Sonnenstrahl. Das Brautpaar, dem die beiden die Kerzen vorantrugen, waren sein Vater und seine Mutter. Ihnen folgten die andern Kinder, die verstorbenen nicht allein, sondern auch die noch lebenden zwei Schwestern, mit deren einer er erst eben zu Nacht gegessen hatte; die eine wie die andere sehr ernsthaften Angesichts, während das ganze übrige Hochzeitsgefolge Entzücken ohnegleichen in seinen Mienen zeigte.

Das Brautpaar wurde zum Betstuhl geführt, und der Bischof, der eine stille Messe las, war jetzt das Ebenbild des Kurfürsten selbst. Wie das ›Ite, missa est‹ gesprochen war, trat der Offiziant vor das Brautpaar, faßte die Hand der Mutter, nahm ihr den Ring vom Finger, umschlang sie wie den Bräutigam mit der Stola – in demselben Augenblick war alles in der Kirche verändert. Gelbe Kerzen brannten auf dem Altar, die Wände waren schwarz ausgeschlagen, das ›Dies irae‹ tönte; es war ein Traueramt um eine sehr vornehme Leiche. Anfangs konnte Johann Hugo vor der großen Zahl der Ministranten nicht sehen, wer im Sarg lag, endlich gab es eine Lücke, und in dem Sarg da unten erblickte er sich selbst, angetan mit allen bischöflichen Insignien. Er sah nur noch, wie der Sarg erhoben und in die an der Epistelseite geöffnete Gruft herabgelassen wurde, wie ihm ein zerbrochener Wappenschild nachgeworfen wurde, dann verlor er das Bewußtsein, und wie er wieder zu sich kam, war es um ihn still und nichts mehr von allem zu sehen. Mühsam schleppte er sich auf sein Schlafzimmer. Als am Morgen danach der Kammerdiener auf des Herrn Bett zuschritt, kam er zu straucheln, bückte sich, und es fiel ihm ein Ring in die Hände. Es war der Trauring von der Mutter, den der Kurfürst seit zwanzig Jahren schmerzlich vermißte.

Johann Hugo hat seit dieser Epiphaniasnacht, die er nie vergessen konnte, für die Heiligen Drei Könige eine besondere Andacht bezeigt, ihnen zu Ehren den einen der Altäre geweiht, die er in der Domkirche erbaut hatte, und bestimmt, daß er zu Füßen dieses Altars begraben werde. Und genau zehn Jahre nach jener Dreikönigsnacht, am 6. Januar 1711, starb er.

101. Albertus Magnus und Kaiser Wilhelm

Albertus Magnus, ein sehr berühmter und gelehrter Mönch, hat den Kaiser Wilhelm von Holland, als er im Jahr 1248 zu Köln auf den Tag der Drei Könige angelangt, in einen Garten, beim Predigerkloster gelegen, mit seinem ganzen Hof zu Gast gebeten, dem der Kaiser gern willfahrt. Es ist aber auf berührten Tag nicht allein große, unleidliche Kälte, sondern auch ein tiefer Schnee gefallen; deshalb die kaiserlichen Räte und Diener beschwerliches Mißfallen an des Mönchs unordentlicher Ladung getragen und dem Kaiser, außer dem Kloster zu so strenger winterlicher Zeit Mahl zu halten, widerraten; haben aber doch denselben von seiner

Zusag nicht wenden können, sondern hat sich samt den Seinen zu rechter Zeit eingestellt. Albert der Mönch hat etliche Tafeln samt aller Bereitschaft in den Klostergarten, darin Bäume, Laub und Gras alles mit Schnee bedeckt gewesen, mit großem Befremden eines jeden über die seltsame und widersinnige Anstalt lassen stellen und zum Aufwarten eine gute Anzahl von Gestalt des Leibes überaus schöne, ansehnliche Gesellen zur Hand bracht. Indem nun der Kaiser samt Fürsten und Herren zur Tafel gesessen und die Speisen vorgetragen und aufgestellt sind, ist der Tag obenrab unversehens heiter und schön worden, aller Schnee zusehends abgegangen und gleich in einem Augenblick ein lustiger, lieblicher Sommertag erschienen. Laub und Gras sind augenscheinlich, desgleichen allerhand schöne Blumen aus dem Boden hervorgebrochen, die Bäume haben anfahen, zu blühen und gleich nach der Blüt ein jeder feine Frucht zu tragen; darauf allerhand Gevögel niedergefallen und den ganzen Ort mit lieblichem Gesang erfüllet; und hat die Hitze dermaßen überhandgenommen, daß fast männiglich der winterlichen Kleider zum Teil sich entblößen müssen. Es hat aber niemand gesehen, wo die Speisen gekocht und zubereitet worden; auch niemand die zierlichen und willfährigen Diener gekannt oder Wissenschaft gehabt, wer und wannen sie seien, und jedermann voll großer Verwunderung über all die Anstellung und Bereitschaft gewesen. Demnach aber die Zeit des Mahls herum, sind erstlich die wunderbar köstlichen Diener des Mönchs, bald die lieblichen Vögel samt Laub und Gras auf Bäumen und Boden verschwunden, und ist alles wieder mit Schnee und Kälte dem anfänglichen Winter ähnlich worden: also daß man die abgelegten Kleider wieder angelegt und die strenge Kälte dermaßen empfunden, daß männiglich davon und zum Feuer und warmen Stube geeilet.

Um solcher abenteuerlichen Kurzweil halben hat Kaiser Wilhelm den Albertus Magnus und sein Konvent, Predigerordens, mit etlichen Gütern reichlich begabt und denselben wegen seiner großen Geschicklichkeit in großem Ansehen und Wert gehalten.

102. Das Waisenkind und die Heiligen Drei Könige

Vor vielen Jahren lebte einmal in einer Hütte vor der Stadt eine arme Negerfamilie. Sie gehörte einer reichen, aber bösen weißen Frau. Sie mußten arbeiten wie die Ochsen, erhielten aber schlechteres Essen als das Vieh – und weniger auch.

Die Negerfrau gebar eines Tages einen Buben. Die Eltern wollten das Kind taufen lassen, aber sie hatten kein Geld, um die Taufe zu bezahlen. Da ging der Vater zu der weißen Dame und sagte: »Herrin, meine Frau hat einen Buben geboren, und wir möchten den Kleinen taufen lassen.«

»Nun, so laßt ihn meinetwegen taufen!«

»Ja, aber wir haben keinen Paten und kein Geld für die Taufe.«

»So, heißt das bei euch jetzt ›Taufe‹? Schnaps trinken wollt ihr, gestehe es nur!«

»Nein, Herrin, wir wollen keinen Schnaps trinken, wir wollen taufen.«

»Nun, so geht zum Pfarrer. Was geht das mich an?«

»Wir hatten gedacht, wegen der Patenstelle ...«

»Fällt mir nicht ein. Sieh zu, wo du einen unter deinesgleichen dafür findest!«

Traurig ging der Vater von Haus zu Haus. Keiner wollte den Paten machen, und die Sklaven wagten es nicht, gegen den Willen ihrer Herrn das zu tun.

Am Abend machte er sich müde und erfolglos auf den Heimweg, und als er im Dunkeln zur Stadt hinausstolperte, stieß er auf der Straße gegen drei Männer: einer war weiß, einer war rot, und der dritte war schwarz. Der Weiße fragte: »Freund, wo gehst du hin?«

»Ich gehe heim zu meiner Frau und zu meinem Kind.« Der Rote fragte: »Und wo kommst du her?«

»Ich komme aus der Stadt.« Und der Schwarze fragte: »Warum bist du so traurig?«

»Ich bin so traurig, weil ich den ganzen Tag herumgelaufen bin und niemand gefunden habe, der bei meinem Sohn den Paten machen würde.«

»So, so!« machte der Weiße. »Böse Menschen sind in dieser Stadt, da werden wir nicht hineingehen.« Und er besprach sich mit den beiden andern. Dann ergriff er wieder das Wort, er sagte: »Freund, hör zu, wir werden morgen zu dir kommen und einen Priester mitbringen für die Taufe. Hier hast du ein Geldstück: kaufe Essen für das Taufmahl!« Und ehe der Vater sich bedanken konnte, waren die drei im Dunkeln verschwunden. Er ging heim. »Hast du einen Paten gefunden? fragte die Mutter des kleinen Negerbuben. »Ja«, sagte der Vater, »ich weiß nicht, was ich sagen soll. Ich habe im Finstern drei Männer getroffen, die wollen morgen zur Taufe kommen. Schau: einer hat mir sogar Geld gegeben.« Und er zeigte ihr das Geld.

»Heilige Mutter Gottes«, rief die Negerin entsetzt, »das müssen drei Räuber sein!«

»Ach was!« sagte der Vater. »Würden die uns vielleicht etwas schenken? Und sie haben auch gesagt, daß sie den Priester gleich mitbringen.«

Es wird Morgen – es war ein Sonntag, und die Leute rannten alle in die Kirche –, da kommen die drei Männer, der Weiße, der Rote und der Schwarze. Gut angezogen sind sie alle drei. Und ein altes Väterchen kommt mitgehinkt, ein Pfarrerchen. Sie kommen in die Hütte. »Guten Morgen, ihr lieben Freunde! Habt ihr alles vorbereitet; wir wollen das Kind taufen.« Und der Schwarze sagt: »Ich will den Paten machen, das heißt: ich will das Kind über das Taufbecken halten, denn Paten wollen wir alle drei sein. Und wie soll denn das Kind heißen?«

»José.«

»Gut, sehr gut!« rief das Priesterchen und rieb sich die Hände. »So wird das Kind nach mir heißen, und die Paten werden sich nicht streiten.«

Man taufte das Kind, man setzte sich zum Mahl. Dann hinterließen die drei einige bescheidene Geschenke und verabschiedeten sich, nachdem die Eltern sich herzlich bedankt hatten.

Es vergingen sieben Jahre. José wurde groß. Er mußte nun mit seinen Eltern auf der Pflanzung der weißen Dame arbeiten. Eines Tages stieß seinem Vater ein Unglück zu, und er starb. Bald danach wurde die Mutter von einer giftigen Schlange gebissen und starb auch. Nun war José auf einmal allein in der Welt. Seine Herrin ließ ihn rufen. »Schlingel«, sagte sie, »du bist klein und schwach, und da ich dich zum Arbeiten nicht brauchen kann, ist es auch um das Essen schade. Sieh zu, wo du bleibst! Räume die Hütte, die ich für die Arbeiter brauche, und verzieh dich!«

Der arme kleine Schwarze fing an zu weinen, er verließ das Landgut und ging in den Wald. Am Abend, als er vor Müdigkeit nicht mehr weiterkonnte, setzte er sich unter einen Baum. Er war sehr hungrig und fürchtete sich vor den wilden Tieren.

Da waren auf einmal die Heiligen Drei Könige da und sagten: »Kleiner, was machst du da am Abend in der Wildnis?«

»Meine Eltern sind gestorben, und meine Herrin hat mich davongejagt.«

»Hör auf zu weinen! Wir werden dir helfen. Oder glaubst du, deine Paten würden dich im Stiche lassen?«

Sie gaben José zu essen, wickelten ihn in eine Decke und legte ihn in eine Hängematte. »So, schlafe nun ruhig und sorglos! Morgen werden wir dir eine Hütte bauen.«

Am nächsten Morgen war auf einmal auch das Priesterchen wieder da. Eine Axt trug er, denn es war der heilige Josef. Und zusammen mit den drei andern, dem Weißen, dem Roten und dem Schwarzen, fing er an Bäume zu fällen und eine Hütte zu bauen.

»Kümmere du dich um das Essen!« sagte der heilige Josef zum weißen König. »Die Arbeit verstehen die andern beiden besser, aber niemand kann so gut kochen wie du.« (Das sagte er, weil er den Weißen nicht kränken wollte.) So kochte denn der weiße König, und mittags speisten alle zusammen mit dem kleinen José. Dann gingen sie wieder an die Arbeit, und am Abend war die Hütte fertig. »So, hier sollst du wohnen!«

»Aber ich habe Angst, die wilden Tiere werden mich fressen.«

»Nein, du brauchst keine Angst zu haben! Wir werden es ihnen sagen, daß sie dir nichts tun dürfen.« Damit ging der Rote hinaus in den Wald und unterhielt sich mit den Tieren, und die versprachen, den kleinen José nicht anzurühren.

»Erledigt!« sagte der rote König, als er zurückkam.

Am nächsten Tag sagten die drei: »Hör einmal: Was für eine Arbeit willst du denn lernen? Denn das ist ja wohl klar: wir können nicht Jahr für Jahr hier bei dir sitzen bleiben.«

»Ich möchte ein Zimmermann werden.«

»Hehe!« lachte der heilige Josef. »Bürschlein, du gefällst mir immer besser. Zimmermann willst du werden, wie ich einer war? Das ist gut! Das ist sehr gut!« Und er schaute sich im Kreis um, und die drei nickten und waren einverstanden. »Aber den Lehrherrn wollen wir selber aussuchen!«

»Freilich, freilich«, sagte der heilige Josef, »das müßt ihr selber in die Hand nehmen. Aber ihr werdet mir nicht verwehren, daß ich dem Buben meine Axt dalasse.«

Der weiße und der rote König nahmen den José bei der Hand und gingen mit ihm in die Stadt, der schwarze hütete das Haus, und der heilige Josef hatte anderswo zu tun und verschwand plötzlich. In der Stadt gingen sie zu einem braven Meister und sagten: »Hier, dieser Kleine ist unser Patenkind. Wir wollen ihn dir zur Lehre anvertrauen. Hier ist das Geld: Sieh zu, daß er genug zu essen bekommt und sein Handwerk gut lernt.«

»Ich will alles so machen.«

Einige Jahre arbeitete José dort, dann konnte er alles, was er sollte, und er machte sich auf den Heimweg. Als er bei seiner Hütte ankam, da staunte er, denn er hätte sie nicht wiedererkannt, wenn er nicht gewußt hätte: da muß meine Hütte sein. Die Heiligen Drei Könige hatten ein großes Haus gebaut, schön ordentlich, einen Stall hatten sie auch nicht vergessen.

»José, wie geht's?«

»Gut geht's, Onkelchen. Ich bin nun ein Zimmermann.«

»Schau, schau: wie groß der Bursche geworden ist! Er braucht nun bald eine Frau. Hast du denn noch kein Mädchen?«

»Nein, ich habe keines.«

Diesmal ging der Schwarze weg, und der weiße und der rote König blieben daheim. Der Schwarze aber ging mit José zu einem Mädchen. Er zeigte sie ihm von weitem. »Würde dir die gefallen?«

»Ja.«

»Nun, wir wollen sehen.«

Und sie gingen hin um die Mittagszeit, als gerade das Essen ausgeteilt war. »Mädchen, wir sind zwei arme Wanderer. Gibst du uns einen Bissen zu essen?«

»Schert euch weg, das Essen reicht kaum für mich«, sagte das Mädchen.

»Nun, das ist nicht ganz das Richtige«, sagt der schwarze König, »gehen wir also weiter.«

Sie wanderten in eine andere Stadt. Dort sahen sie wieder ein schwarzes Mädchen. Sie warteten bis Mittag und gingen dann hin. »Zwei arme Wanderer bitten um ein wenig Essen.«

»Nun wartet, wenn ich gegessen habe und satt bin und es ist noch etwas übrig, dann sollt ihr es haben.«

»Immer noch nicht das Richtige«, brummte der Schwarze. Aber sie blieben doch sitzen und aßen das, was das Mädchen übriggelassen hat. Dann bedankten sie sich und wanderten weiter.

»Weil sie uns etwas übriggelassen hat«, sagte der schwarze König, »soll sie einmal einen Mann bekommen ... aber er wird manchmal einen Rausch haben und ihr ein paar Schläge versetzen. Die andere aber soll verdorren und keinen Burschen finden!«

In der nächsten Stadt sahen sie im Hof eines Hauses wieder ein schwarzes Mädchen. »Wie gefällt dir die?«

»Gut, sehr gut sogar.«

Sie warten die Mittagszeit ab, und als das Essen ausgeteilt wird, gehen sie in den Hof. »Zwei arme Wanderer bitten um etwas Essen.«

»Ach, ihr Armen! Hier nehmt meine Schüssel! Ich werde morgen wieder zu essen haben, ihr aber werdet vielleicht morgen hungern müssen.«

Da sah der schwarze Onkel sein Patenkind an. »Die ist richtig! Was meinst du?«

»Ich liebe sie.«

Der schwarze König ging ins Haus zur Herrin des schwarzen Mädchens. »Die Sache ist so und so: Mein Neffe würde gern eure Dienerin heiraten.«

»Ja«, sagte die Dame, »irgendeinmal muß sie ja heiraten. Sie ist ein braves Mädchen. Aber wie steht es mit dem Burschen?«

»Ich verbürge mich für ihn.«

»Sag, Freund, du kommst mir so bekannt vor. Haben wir uns schon einmal gesehen?«

»Kann sein, kann sein.«

»Wo bist du denn daheim?«

»Ach, ich komme mit meinen beiden Freunden viel herum.«

»Du hast zwei Freunde? Habe ich euch drei schon in der Kirche gesehen?«

»Vielleicht, vielleicht.«

Da wurde die Dame rot, denn sie schöpfte Verdacht, und sagte: »Warst du vielleicht zufällig auch schon einmal in Bethlehem?« Da sagte der Schwarze nichts, aber die Dame verstand, daß er davon nicht sprechen wollte, und sie kniete sich vor den Schwarzen hin, aber der war auf einmal verschwunden.

Was soll ich noch erzählen? Daß José bei der Dame in Dienst trat und das Mädchen heiratete, das könnt ihr euch selbst denken. Und daß es den beiden dort gutging, besser als uns hier, das könnt ihr euch auch denken. Und daß es eben eine feine Sache ist, wenn ein Schwarzer die Heiligen Drei Könige zu Paten hat, wer das nicht einsieht, dem soll man den Hintern versohlen!

103. Die Heiligen Drei Könige als Paten

Das ist schon lange her, da streiften die heiligen drei Magier (Könige) durch die Welt auf der Suche nach dem Jesuskind. Sie gingen von Dorf zu Dorf, schauten in alle Häuser hinein, wo es ein Neugeborenes gab, sagten: »Nein, das ist es nicht«, und wanderten wieder weiter.

Als sie so herumzogen, kamen sie eines Abends zu einem alleinstehenden Haus. Das Haus war halb verfallen – aber was willst du machen? Weit und breit gab es kein anderes – und so legten sie sich zum Schlafen in das verfallene Haus.

Um Mitternacht hörten sie ein Weinen wie von einem kleinen Kind. Da wachten sie auf, und der Älteste von ihnen sagte: »Weint da nicht ein kleines Kind?«

»Du Narr«, schimpfte ihn der Zweite, »wo soll denn hier in der Einsamkeit ein Kind herkommen?«

Und sie schliefen wieder ein. Aber nach einer Weile hörten sie wieder ein Kind weinen und wachten auf. Und der Älteste sagte wieder: »Ich meine, da weint irgendwo ein kleines Kind.«

»Du mußt dich täuschen«, sagt der Mittlere, »wie soll denn ein kleines Kind hierher kommen? Es wird der Wind gewesen sein.«

Nun, die drei Burschen drehen sich um und schlafen wieder ein. Aber nach einer Weile hörte man wieder ein Kind weinen. Der Ältere und der Mittlere haben sich nicht darum gekümmert, denn sie haben geglaubt, daß es der Wind ist, aber der Jüngste ist aufgestanden und hat zu suchen angefangen! Suche du dort, dann suche ich hier! Und nach einiger Zeit hat er mitten im Stroh ein kleines Kind gefunden, das war in einen Fetzen gewickelt und weinte sehr.

Der Jüngste nimmt das Kind, trägt es dorthin, wo die andern beiden schlafen, weckt sie und sagt: »He, Brüder, steht einmal, was ich gefunden habe!«

Die beiden andern wischten sich den Schlaf aus den Augen und staunen: »Richtig, ein kleines Kind! Zeig her!«

Und wie sie es aus den Windeln wickeln, sehen sie, daß es ein Mädchen ist. »Brüder«, sagt der Älteste voller Freude, »Brüder«, sagt er, »wir haben eine kleine Schwester gefunden.«

»Die wollen wir mitnehmen!« sagt der Mittlere. »Ich werde sie tragen!« sagt der Jüngste. Und weil er sie gefunden hatte, hat man sie ihm anvertraut.

Nun war es gut, daß die drei Magier waren, sonst wäre das Mädchen elendiglich umgekommen. Aber sie hatten eine Kürbisflasche, die war immer voll Wein, und nun machten sie, daß aus dem Wein Milch wurde, das war leicht für sie. Und mit der Milch haben sie das Mädchen getränkt.

»Nun müssen wir in eine Stadt gehen«, sagt der Älteste, »und unserer Schwester Kleider kaufen.«

»Das müssen wir«, sagt der Mittlere. »Aber vorher müssen wir unsere Schwester taufen!« sagt der Jüngste.

Sie sind also so lange gegangen, bis sie zu einer Quelle gekommen sind, da haben sie die Kleine aufgewickelt und getauft, und sie geben ihr den Namen Maria.

Dann sind sie weitergewandert, haben in der Stadt Kleider gekauft, haben das Mädchen schön angezogen. Ein ganzes Jahr sind sie so gewandert.

Eines Tages aber sagt der Älteste: »Brüder, nun kommen wir bald ins Heilige Land. Und wie ihr wißt, gibt es dort einen schlimmen König; der wird bald alle kleinen Kinder umbringen lassen, kurz nachdem wir das Jesuskind gefunden haben.«

»Ja«, sagt der Mittlere, »so steht es in den Sternen.«

»Soll ich vielleicht mit unserer Schwester hierbleiben und auf euch warten?« fragt der Jüngste. »Nein«, sagt der Älteste, »was würden der heilige Josef und die heilige Maria denken, wenn wir nur zu zweit kämen? Du mußt mitgehen. Wir werden das Kind bei guten Leuten lassen.«

Und in der nächsten Stadt haben sie die Sterne befragt, wer die besten Menschen seien. Und die Sterne haben ihnen geantwortet: »Die Ärmsten.«

Da sind sie zu einem kleinen Häuschen gegangen, in dem ein Mann und eine Frau mit sieben Kindern lebten. Die waren bettelarm, aber ebenso gut waren sie wie arm.

Und der Älteste hat zu dem Mann und der Frau gesagt: »Gute Leute, wir drei Brüder müssen in ein Land ziehen, wo ein böser König regiert, der keine kleinen Kinder mag. Da wollen wir unsere kleine Schwester nicht mitnehmen. Könntet ihr sie hier behalten?«

»Aber freilich wollen wir«, sagten der Mann und die Frau, »wo neun Mäuler genug Futter finden, wird auch das zehnte nicht verhungern.«

»Gut«, sagte der Älteste, »ihr braucht nicht zu hungern, denn ich werde euch genug Geld dalassen.« Und damit zieht er den Beutel heraus, in dem er das Gold für das Jesuskind hat, und er gibt ihnen eine Gold-

münze, und das ist mehr Geld, als die beiden armen Leute je gesehen haben.

»Habt keine Sorge!« sagt der Mann, »meine Frau und ich werden auf eure Schwester aufpassen, als wäre es unser eigenes Kind.« Da hat ihnen der Jüngste seine Schwester ausgehändigt und gesagt: »Sie heißt Maria, und getauft ist sie schon.«

»Das ist recht«, hat die Frau gesagt und nimmt ihm das Mädchen ab.

So ist Maria bei den armen Leuten geblieben, und die Heiligen Drei Könige sind weitergewandert. Nun war es aber noch ein weiter Weg ins Heilige Land. Und als sie dort waren, sind sie zwei Jahre geblieben, und dann sind sie in eine andere Richtung weitergezogen, weil sie Angst gehabt haben, daß der böse König sie verfolgen läßt. Und so ist es gekommen, daß sie sehr lange weggewesen sind.

Während dieser Zeit wuchs Maria heran, und sie wurde ein außerordentlich hübsches Mädchen.

Nun muß man wissen: In dem Lande, in dem die armen Leute mit Maria wohnten, gab es einen König, der hatte einen Sohn, aber der Sohn war verzaubert. Ein Dämon wohnte in ihm. Und so oft der Königssohn eine Frau heimführte: in der Brautnacht schlüpfte der Dämon durch den Mund des Königssohns aus ihm heraus, tötete die Braut und fraß ihr Herz.

Bald aber war die Geschichte bekannt geworden, daß die Bräute des

Königssohns immer während der Hochzeitsnacht starben, und niemand mehr wollte den Königssohn heiraten, obwohl der König sehr viel Geld versprach, wenn ein Mädchen seinen Sohn heiraten werde.

Die armen Leute aber, bei denen Maria lebte, hatten das Geld ausgegeben, das ihnen der Älteste von den Heiligen Drei Königen gegeben hatte. Und sie litten große Not. Der Mann fand keine Arbeit, und er mußte Schulden machen, um die sieben Kinder und Maria ernähren zu können.

Als nun Maria hörte, daß der König viel Geld derjenigen versprochen hatte, die seinen Sohn heiraten würde, sagte sie zu dem Mann: »Vater«, sagte sie, »wie wäre es, wenn ich den Königssohn heiratete? Dann hättet ihr ausgesorgt, könntet alle Schulden bezahlen, euch ein neues Haus kaufen und alle meine Schwestern wohl versorgen.«

»Nein«, sagte der arme Mann, »das werde ich niemals tun. Was würden deine Brüder sagen, wenn sie zurückkämen?«

Aber die Gläubiger wollten ihr Geld wiederhaben, und da es der arme Mann nicht zahlen konnte, ließen sie ihn ins Gefängnis werfen.

Nun ging Maria zu der Frau und sagte: »Mutter, laß mich zum König gehen und ihm sagen, daß ich seinen Sohn heiraten will. Dann kannst du von dem Geld den Vater auslösen, kannst alle Schulden zahlen, ein neues Haus kaufen und meine Schwestern wohl versorgen.«

»Nein«, sagt die Frau, »es geht nicht. Wir haben deinen Brüdern versprochen, daß wir dich wie ein eigenes Kind behandeln wollen, und glaubst du, wir würden eines unserer Kinder verkaufen, damit der Dämon es tötet?«

Und da die Schulden nicht bezahlt wurden, ließen die Gläubiger auch die Mutter verhaften und ins Gefängnis werfen.

Da wollte Maria nicht länger warten. Sie sagt zu ihrer jüngsten Schwester: »Komm mit!« Und sie geht mit ihr zum Palast des Königs.

Als der König Maria sieht, ist er ganz betroffen: So ein schönes Mädchen hat er noch nicht gesehen. Gern würde er Maria als Schwiegertochter haben. Und auch der Königssohn, der selbst auch ein hübscher Bursche ist – er kann ja nichts dafür, daß ein Dämon in ihm ist, böse Menschen haben ihn verwünscht –, verliebt sich sogleich in Maria. Und der König zahlt die doppelte Mitgift, die er sonst zu zahlen pflegt. ›Vielleicht schafft es diese?‹ denkt er sich, ›der Fluch muß doch irgendwann verschwinden.‹ Aber in Wirklichkeit steht es schlimm für Maria, denn der Dämon wartet bereits auf sein nächstes Opfer.

Man bereitet die Hochzeit vor, aber in der ganzen Stadt herrscht keine Freude. Was sag ich? Trauer herrscht und Klagen.

Am Hochzeitsmorgen kommen die Heiligen Drei Könige zurück. Aber das halbverfallene Haus, in dem der arme Mann mit den sieben Kindern lebte, und in dem sie Maria zurückgelassen haben, steht leer.

»Wohin sind die Leute hier gezogen?« fragt der Älteste die Nachbarn.

Man sagt: »Sie haben sich ein neues Haus gekauft, aber sie haben keine Freude daran, denn Maria will den Königssohn heiraten, und in der Brautnacht wird der Dämon sie töten.«

Da gehen die drei Brüder zu den armen Leuten, die nun in einem schönen Haus wohnen. Aber sie weinen und weinen, diese armen Menschen, denn sie haben Maria alle sehr lieb.

»Hört auf zu weinen!« sagt der Älteste von den Heiligen Drei Königen. »Aber wißt ihr denn nicht, was sich zugetragen hat?« fragt der Vater, »die ganze Stadt weiß es. Und ich hätte das nie zugelassen, wenn ich nicht im Gefängnis gesessen hätte.«

»Ich auch nicht!« sagt die Frau.

»Gute Leute, beruhigt euch und hört auf zu weinen! Wir werden unserer Schwester schon helfen!«

Es wird Abend. Man führt das Brautpaar in sein Zimmer. Und als die Leute hinausgegangen sind, sagt der Königssohn: »Legen wir uns ins Bett!«

»Nein«, sagt Maria, »ich gehe nicht, solange noch Leute da sind. Dort stehen ja noch drei Männer.«

»Wo?«

»Dort!«

»Ich sehe niemand«, sagt der Königssohn. Die Heiligen Drei Könige stehen dort, sie machen Maria ein Zeichen. Sie soll sich ruhig hinlegen. Da verliert Maria alle Angst und wird ganz ruhig. Sie legt sich ins Bett und der Königssohn auch. Kaum hat der Königssohn sich hingelegt und will etwas sagen, da fährt der Dämon aus seinem Mund. Da ist der Dämon! Er will das Mädchen töten. Da ist der Älteste von den drei Brüdern, er packt den Dämon bei den Haaren. Er zermalmt ihn zu Staub.

Da sind der Mittlere und der Jüngere! Der Mittlere nimmt ein Messer und schneidet dem Königssohn den Bauch auf. Der ganze Leib ist voll von Würmern. Der Jüngste kratzt den ganzen Leib aus und zertritt die Würmer am Boden. Der Mittlere näht den Bauch wieder zu und bestreicht ihn mit einer Salbe. Der Älteste bläst ihm zur Nase hinein.

Da setzt sich der Königssohn auf und sagt: »Brrr! Schrecklich habe ich geträumt!«

»Du hast nicht geträumt« sagt seine Frau, »hier diese drei Männer haben den Dämon getötet und dich geheilt.«

»Wo kommt ihr denn her?« fragt der Königssohn. »Weißt du«, sagt der Älteste, »wir sind Brüder deiner Frau und erst heute hier angekommen.«

»Ihr habt uns gerettet!«

Dann haben sie angefangen, ein frommes Lied zu singen. Der König hört den Gesang und läuft, so schnell er kann, in jenes Zimmer. Da sind drei Männer und der Bräutigam und die Braut, und alles freut sich.

Am nächsten Morgen aber hat man nochmals ein großes Fest begangen und bis in die Nacht hinein getanzt. Und auch später hat man diesen Brauch beibehalten, am Tage der Heiligen Drei Könige zu tanzen.

104. Der goldene Schlüssel

Zur Winterszeit, als einmal ein tiefer Schnee lag, mußte ein armer Junge hinausgehen und Holz auf einem Schlitten holen. Wie er es nun zusammengesucht und aufgeladen hatte, wollte er, weil er so erfroren war, noch nicht nach Haus gehen, sondern erst Feuer anmachen und sich ein bißchen wärmen. Da scharrte er den Schnee weg, und wie er so den Erdboden aufräumte, fand er einen kleinen, goldenen Schlüssel. Nun glaubte er, wo der Schlüssel wäre, müßte auch das Schloß dazu sein, grub in der Erde und fand ein eisernes Kästchen. »Wenn der Schlüssel nur paßt!« dachte er. »Es sind gewiß kostbare Sachen in dem Kästchen.« Er suchte, aber es war kein Schlüsselloch da, endlich entdeckte er eins, aber so klein, daß man es kaum sehen konnte. Er probierte, und der Schlüssel paßte glücklich. Da drehte er einmal herum, und nun müssen wir warten, bis er vollends aufgeschlossen und den Deckel aufgemacht hat, dann werden wir erfahren, was für wunderbare Sachen in dem Kästchen lagen.

WINTERS ABSCHIED.

VERZEICHNIS DER QUELLEN

MARTINI (11. NOVEMBER)

1. Die Mantelteilung. – Auszug aus der Martinslegende nach der Legenda aurea des Jacobus de Voragine (Bd. 1–2. Herausgegeben von Richard Benz. Jena 1925, Bd. 2, Sp. 365 f.): Von St. Martinus, dem Bischof.

2. Die Feuerkugel über Martins Haupt. – Auszug aus der Martinslegende nach der Legenda aurea des Jacobus de Voragine (Bd. 1–2. Herausgegeben von Richard Benz. Jena 1925, Bd. 2, Sp. 366): Von St. Martinus, dem Bischof.

3. Martin ist geistersichtig. – Prugger, Martin: Lehr- und Exempel-Buch, worinn nicht allein (zwar einfältig, jedoch klar und gründlich) vorgetragen der völlige Katechismus oder die Christ-Catholische Lehr [...]. Augsburg 11. Auflage 1761, S. 634.

4. Der diebische Müller. – Müllenhoff, Karl: Sagen, Märchen und Lieder der Herzogthümer Schleswig, Holstein und Lauenburg. Kiel 1845, Nr. 206.

KATHARINA (25. NOVEMBER)

5. Das Vogelwunder. – Cod. hist. 154 (E VII), dt., Katharinenlegende mit Wunderanhang, 1451 (Bamberg, Bayerische Staatsbibliothek), zitiert nach Assion, Peter: Die Mirakel der Hl. Katharina von Alexandrien. Diss. Heidelberg 1969, S. 588.

6. Arbeiten am Feiertag. – Zender, Matthias: Volkssagen der Westeifel. Bonn 1935, Nr. 360.

ANDREAS (30. NOVEMBER)

7. Andreasnacht. – Brüder Grimm [d.i. Jacob und Wilhelm]: Deutsche Sagen. Bd. 1–2. Herausgegeben von Hans-Jörg Uther. München 1993, Bd. 1, Nr. 115.

8. Vom heiligen Andreas. – Karlinger, Felix/Mykytiuk, Bohdan: Legendenmärchen aus Europa. Köln 1967, Nr. 25 (slovenisch).

9. Wie der heilige Andreas einen Bischof vor dem Tode errettete. – Klapper, Joseph: Erzählungen des Mittelalters. Breslau 1914, Nr. 200 (lateinischer Text übers. von Hans-Jörg Uther).

BARBARA (4. DEZEMBER)

10. Am Barbaratag. – Zentralarchiv der deutschen Volkserzählung, Marburg (Nr. 161290), aufgezeichnet von Ulrich Benzel in Naabsieghofen (Oberpfalz), 1951 erzählt von Dionys Ringelstetter (47 J. alt).

NIKOLAUS (6. DEZEMBER)

11. Der heilige Niklas und der Dieb. – Brüder Grimm [d.i. Jacob und Wilhelm]: Deutsche Sagen. Bd. 1–2. Herausgegeben von Hans-Jörg Uther. München 1993, Bd. 1, Nr. 134.

12. Vom heiligen Nikolaus. – Afanassjew, A.N. [Afanas'ev, A.N.]: Russische Volksmärchen. Neue Folge. Deutsch von Anna Meyer. Wien 1910, S. 169–170.

13. Wie Nikolaus den Raufhandel zwischen dem Weib und dem Teufel schlichtete. – Karlinger, Felix/Mykytiuk, Bohdan: Legendenmärchen aus Europa. Köln 1967, Nr. 67 (weißruthenisch).

14. Der heilige Nikolaus und der heilige Kassian. – Karlinger, Felix/Mykytiuk, Bohdan: Legendenmärchen aus Europa. Köln 1967, Nr. 73 (finnisch).

15. Elias und Nikolaus. – Karlinger, Felix/Mykytiuk, Bohdan: Legendenmärchen aus Europa. Köln 1967, Nr. 75 (estnisch).

16. Nikolaus der Wundertäter. – Löwis of Menar, August von: Russische Volksmärchen. Jena 1914, Nr. 48.

17. Marko der Reiche. – Löwis of Menar, August von: Russische Volksmärchen. Jena 1914, Nr. 34.

18. Nikolaus als Beobachter. – Dähnhardt, Oskar: Natursagen. Bd. 1–4. Leipzig/-Berlin 1907–1912, Bd. 1, S. 262 f. (aus Smolensk).

THOMAS (21. DEZEMBER)

19. Losbräuche in der Thomas- und in der Christnacht. – Archiv der »Enzyklopädie des Märchens«, Arbeitsstelle der Akademie der Wissenschaften, Göttingen: Conlin 7 (1711) 96 f. (Nr. 10516).

ADVENTS-, WEIHNACHTS- UND WINTERSZEIT

20. Per Gynt. – Stroebe, Klara/Christiansen, Reidar T.: Norwegische Volksmärchen. München 1990, Nr. 1.

21. Der Königssohn Ring und der Hund Snati-Snati. – Naumann, Hans und Ida: Isländische Volksmärchen. Jena 1923, Nr. 27.

22. Wie ein Pope seine Knechte plagte. – Sokolov, B. und Ju.: Skazki i pesni Belozerskogo kraja (Märchen und Lieder aus der Gegend von Belosersk). Moskau 1915 (Übers. im Archiv der Arbeitsstelle »Enzyklopädie des Märchens«, Göttingen).

23. Der Dümmling und das Zauberpferd. – Šmits, Petr: Latviešu tautas teikas un pasakas (Lettische Volksmärchen und -sagen). Bd. 1–15. Riga 1925–1937, Bd. 7, S. 45–50 (Übers. im Archiv der Arbeitsstelle »Enzyklopädie des Märchens«, Göttingen).

24. Die grüne Feige. – Kuhn, Adalbert: Sagen, Gebräuche und Märchen aus Westfalen und einigen andern, besonders den angrenzenden Gegenden Norddeutschlands. Bd. 1–2. Leipzig 1859, hier Bd. 2, S. 226-229, Nr. 7.

25. Fuchs und Wolf als Jagdgenossen. – Šmits, Petr: Latviešu tautas teikas un pasakas (Lettische Volksmärchen und -sagen) S. 1–15. Riga 1925–1937, Bd. 1, S. 156 f. (Übers. im Archiv der Arbeitsstelle »Enzyklopädie des Märchens«, Göttingen).

26. Die zwölf Räuber und die Müllerstochter. – Zaunert, Paul: Deutsche Märchen aus dem Donauland. Düsseldorf/Köln. 2. Aufl. 1958, S. 35–39 (Steiermark).

27. Weißröschen und Rosenrot. – Wildhaber, Robert/Uffer, Leza: Schweizer Volksmärchen. Düsseldorf/Köln 1971, Nr. 32.

28. Brauen von Julbier. – Stroebe, Klara: Nordische Volksmärchen. Bd. 1–2. Jena 1922, Bd. 1, Nr. 18 (1; dort u. d. T. Trollgeschichten).

29. Die Geschichte vom weißen Lamm. – Aitken, Hannah/Michaelis-Jena, Ruth: Märchen aus Schottland. Köln 1984, Nr. 40.

30. Katze und Maus in Gesellschaft. – Brüder Grimm [d.i. Jacob und Wilhelm]: Kinder- und Hausmärchen 1–4. Herausgegeben von Hans-Jörg Uther. München 1996, Bd. 1, Nr. 2.

31. Die Schneekönigin. – Andersen, Hans Christian: Märchen und Geschichten. Bd. 1–2. Herausgegeben von Gisela Perlet. München 1996, Nr. 18.

32. Marienkind. – Brüder Grimm [d.i. Jacob und Wilhelm]: Kinder- und Hausmärchen. Bd. 1–4. Herausgegeben von Hans-Jörg Uther. München 1996, Bd. 1, Nr. 3.

33. Die zwölf Brüder. – Zschalig, Heinrich: Die Märcheninsel. Märchen, Legenden und andere Volksdichtungen von Capri. Dresden 1925, Nr. 30.

34. Der Frost. – Afanaßjew, Alexander N. [Afanas'ev, Alexandr N.]: Russische Volksmärchen. Deutsch von Anna Meyer. Wien 1906, Nr. 15.

35. Wie ein Bauer den Frost bezwang. – Federowski, M.: Lud białoruski na Rusi litevskiej (Die Weißrussen im litauischen Rußland) 1–3. Krakau 1897–1903, Bd. 1, Nr. 488 (Übers. aus dem Archiv der Arbeitsstelle »Enzyklopädie des Märchens«).

36. Frost, Sonne und Wind. – Afanaßjew, Alexander N. [Afanas'ev, Alexandr N.]: Russische Volksmärchen. Deutsch von Anna Meyer. Wien 1906, Nr. 12.

37. Frost und Hase. – Dähnhardt, Oskar: Natursagen 1–4. Leipzig/Berlin 1907–1912, Bd. 3, S. 491 f. (estnisch).

38. Die Jahreszeiten. – Karlinger, Felix/Gertrude Gréciano: Provenzalische Märchen. Köln 1974, Nr. 21.

39. Die drei Männlein im Walde. – Brüder Grimm [d.i. Jacob und Wilhelm]: Kinder- und Hausmärchen. Bd. 1–4. Herausgegeben von Hans-Jörg Uther. München 1996, Bd. 1, Nr. 13.

40. Frau Holla zieht umher. – Brüder Grimm [d.i. Jacob und Wilhelm]: Deutsche Sagen 1–2. Herausgegeben von Hans-Jörg Uther. München 1993, Bd. 1, Nr. 5.

41. Frau Holla und der treue Eckart. – Brüder Grimm [d.i. Jacob und Wilhelm]: Deutsche Sagen. Bd. 1–2. Herausgegeben von Hans-Jörg Uther. München 1993, Bd. 1, Nr. 7.

42. Der Türst, das Posterli und die Sträggele. – Brüder Grimm [d.i. Jacob und Wilhelm]: Deutsche Sagen. Bd. 1–2. Herausgegeben von Hans-Jörg Uther. München 1993, Bd. 1, Nr. 270.

43. Der Irrwisch. – Brüder Grimm [d.i. Jacob und Wilhelm]: Deutsche Sagen. Bd. 1–2. Herausgegeben von Hans-Jörg Uther. München 1993, Bd. 1, Nr. 277.

44. Der feurige Wagen. – Müller, Aegidius: Siegburg und der Siegkreis. Seine Sagen und seine Geschichte von den ältesten Zeiten bis auf die Gegenwart. Bd. 1-2. Siegburg 1858-1860, Bd. 1, 200.

45. Das Kätzchen auf Dovre. – Asbjörnsen, P./Moe, Joergen: Norwegische Volksmärchen. Berlin o. J., S. 136 f.
46. Weihnachtsmärchen. – Pröhle, Heinrich: Kinder- und Volksmärchen. Leipzig 1853, Nr. 81.
47. Der Tannenbaum. – Andersen, Hans Christian: Märchen und Geschichten. Bd. 1–2. Herausgegeben von Gisela Perlet. München 1996, Nr. 17.
48. Eine Weihnachtsgeschichte. – Karlinger, Felix/Mykytiuk, Bohdan: Legendenmärchen aus Europa. Köln 1967, Nr. 95 (schwedisch).
49. Grettir und die Trollsriesin. – Naumann, Hans und Ida: Isländische Volksmärchen. Jena 1923, Nr. 71.
50. Der Sklaven-Patron. – Erzherzog Ludwig Salvator: Märchen aus Mallorca. Würzburg/Leipzig 1896, S. 267–271.
51. Der Elbenkönig auf Selö. – Naumann, Hans und Ida: Isländische Volksmärchen. Jena 1923, Nr. 23.
52. Der Weihnachtssohn. – Kvideland, Reimund/Eiríksson, Hallfreður Örn: Norwegische und Isländische Volksmärchen. Berlin 1988, Nr. 25 (norwegisch; mit freundlicher Genehmigung des Übersetzers Reimund Kvideland).
53. Der Alte Erik in der Mühle. – Schier, Kurt: Schwedische Volksmärchen. Düsseldorf/Köln 1978, Nr. 55.
54. Der Herr vom Berg und Johannes Blessom. – Stroebe, Klara/Christiansen, Reidar T.: Norwegische Volksmärchen. München 1990, Nr. 43.
55. Der Glücks-Anders. – Stroebe, Klara/Christiansen, Reidar T.: Norwegische Volksmärchen. München 1990, Nr. 46.
56. Una, das Elbenmädchen (Weihnachten als Spukort). – Naumann, Hans und Ida: Isländische Volksmärchen. Jena 1923, Nr. 10.
57. Finna die Kluge. – Schier, Kurt: Märchen aus Island. Köln 1983, Nr.12.
58. Sigrid, die Sonne des Inselfjords. – Naumann, Hans und Ida: Isländische Volksmärchen. Jena 1923, Nr. 47.
59. Die Mühle auf dem Meeresgrund. – Kvideland, Reimund/Eiríksson, Hallfreður Örn: Norwegische und Isländische Volksmärchen. Berlin 1988, Nr. 22 (norwegisch; mit freundlicher Genehmigung des Übersetzers Reimund Kvideland).
60. Julspuk. – Stroebe, Klara: Nordische Volksmärchen. Bd. 1–2. Jena 1922, Bd. 1, Nr. 5 (schwedisch).
61. Die Elbenkönigin Hild. – Naumann, Hans und Ida: Isländische Volksmärchen. Jena 1923, Nr. 57.
62. Glück und Unglück. – Šmits, Petr: Latviešu tautas teikas un pasakas (Lettische Volksmärchen und -sagen). Bd. 1–15. Riga 1925–1937, Bd. 9, S. 435 f. (Übers. im Archiv der Arbeitsstelle »Enzyklopädie des Märchens«, Göttingen).
63. Die Christmesse in der Wildemänner Kirche. – Uther, Hans-Jörg: Sagen aus dem Harz. München 1994, Nr. 99.
64. Die Weihnachtsmette der Toten zu Stolberg. – Uther, Hans-Jörg: Sächsische Sagen. München 1992, Nr. 131.
65. Geisterkirche zu Stolberg. – Pröhle, Heinrich: Unterharzische Sagen. Aschersleben 1856, Nr. 423.

66. König Karl sieht seine Vorfahren in der Hölle und im Paradies. – Brüder Grimm [d.i. Jacob und Wilhelm]: Deutsche Sagen. Bd. 1–2. Herausgegeben von Hans-Jörg Uther. München 1993, Bd. 2, Nr. 467.

67. Das Weihnachtsgeschenk. – Uther, Hans-Jörg (Hg.): Sächsische Sagen. München 1992, Nr. 189.

68. Die Bauern zu Kolbeck. – Brüder Grimm [d.i. Jacob und Wilhelm]: Deutsche Sagen. Bd. 1–2. Herausgegeben von Hans-Jörg Uther. München 1993, Bd. 1, Nr. 232.

69. Gespenstische Gänse. – Seifart, Karl: Sagen, Märchen und Schwänke und Gebräuche aus Stadt und Stift Hildesheim. Hildesheim. 2. Aufl. 1889, S. 19.

70. Von mancherlei Gewächs. – Historia von D. Johann Fausten, dem weitbeschreyten Zauberer unnd Schwartzkünstler [...]. Frankfurt a.M. 1587, [Kap. 55: Von mannicherley Gewächß, so Fausten im Winter umb den Christag in seinem Garten hatte].

71. Wunder-Apfelbaum am Rhein. – Nach Mollerus, Johannes: Allegoriae Profano-Sacrae. Das ist Geistliche Deutungen allerhand weltlicher außerlesener Historien [...]. Jena. 3. Aufl. 1655, S. 55.

72. Über Katzenelnbogen. – Uther, Hans-Jörg: Sagen aus dem Rheinland. München 1994, Nr. 174.

73. Die Erlösung des Grenzsteinversetzers. – Ehrlich, Theodor: Aus dem Sagenschatz der Vordereifel. In: Zeitschrift für rheinisch-westfälische Volkskunde 3 (1906) S. 56 f., Nr. 3.

74. Wunderbare Ereignisse in der Christnacht. – Baader, Bernhard: Volkssagen aus dem Lande Baden und den angrenzenden Gegenden. Karlsruhe 1851, Nr. 57.

75. Der Liebhaber zum Essen eingeladen. – Brüder Grimm [d.i. Jacob und Wilhelm]: Deutsche Sagen. Bd. 1–2. Herausgegeben von Hans-Jörg Uther. München 1993, Bd. 1, Nr. 116.

76. Die Christnacht. – Brüder Grimm [d.i. Jacob und Wilhelm]: Deutsche Sagen. Bd. 1–2. Herausgegeben von Hans-Jörg Uther. München 1993, Bd. 1, Nr. 117.

77. Tiere sprechen in der Christnacht. – Peuckert, Will-Erich: Schlesische Sagen. Jena 1924, S. 75 f.

78. Das Hemdabwerfen. – Brüder Grimm [d.i. Jacob und Wilhelm]: Deutsche Sagen. Bd. 1–2. Herausgegeben von Hans-Jörg Uther. München 1993, Bd. 1, Nr. 118.

79. Der Schwarze und der Arme. – Uther, Hans-Jörg (Hg.): Sächsische Sagen. München 1992, Nr. 191.

80. Der Rüden bei Solingen. – Uther, Hans-Jörg (Hg.): Sagen aus dem Rheinland. Bonn 1998, Nr. 105.

81. Die Roßtrappe bei Overath. – Grässe, Johann Georg Theodor: Sagenbuch des Preußischen Staates. Bd. 1–2. Glogau 1868/71, Bd. 2, Nr. 42.

82. Der Blutbaum zu Gerresheim. – Montanus [Vincenz von Zuccalmaglio]: Die Vorzeit. Sagen und Geschichten der Länder Cleve-Mark, Jülich-Berg und Westphalen. Bd. 1–2. Herausgegeben von Wilhelm von Waldbrühl. Elberfeld 1870/1871, Bd. 1, 194.

DIE ZWÖLFTEN

83. Die Werwölfe ziehen aus. – Brüder Grimm [d.i. Jacob und Wilhelm]: Deutsche Sagen. Bd. 1–2. Herausgegeben von Hans-Jörg Uther. München 1993, Bd. 1, Nr. 216.

84. Der Wode. – Müllenhoff, Karl: Sagen, Märchen und Lieder der Herzogthümer Schleswig, Holstein und Lauenburg. Kiel 1845, Nr. 500.

85. Der verwünschte Jäger. – Heckscher, K.: Die Volkskunde des Kreises Neustadt am Rübenberge. Hamburg 1930, S. 7.

86. Der Mann mit dem Schlackhut. – Brüder Grimm [d.i. Jacob und Wilhelm]: Deutsche Sagen. Bd. 1–2. Herausgegeben von Hans-Jörg Uther. München 1993, Bd. 1, Nr. 272.

87. Ausgelohnt. – Nach Grohmann, Josef Virgil: Sagen aus Böhmen. Prag 1863, 203–205 (dort u. d. T. Lohn verscheucht die Hausgeister).

88. Frau Holle. – Peuckert, Will-Erich: Niedersächsische Sagen 4. Göttingen 1968, Nr. 2340 (II).

89. Lieblingsspeisen der Zwerge. – Zeitschrift für deutsche Mythologie 1 (1853) 197 f. (H. Pröhle).

TAG DER UNSCHULDIGEN KINDLEIN (28. DEZEMBER)

90. Die Entstehung der Affen. – Krauß, Friedrich S.: Sagen und Märchen der Südslaven. Bd. 1–2. Leipzig 1884, Bd. 2, Nr. 46.

91. Der Mann, der am Tag der Unschuldigen Kindlein starb. – Stroebe, Klara: Nordische Volksmärchen. Bd. 1–2. Jena 1922, Bd. 1, Nr. 29 (schwedisch).

SILVESTER UND NEUJAHR (31. DEZEMBER, 1. JANUAR)

92. Das kleine Mädchen mit den Schwefelhölzern. – Andersen, Hans Christian: Märchen und Geschichten. Bd. 1–2. Herausgegeben von Gisela Perlet. München 1996, Nr. 21.

93. Zwölf mit der Post. – Andersen, Hans Christian: Märchen und Geschichten. Bd. 1–2. Herausgegeben von Gisela Perlet. München 1996, Nr. 50.

94. Das Gesicht in der Neujahrsnacht. – Löwis of Menar, August von: Finnische und estnische Märchen. Jena 1922, Nr. 57 (estnisch).

95. Die aus dem Kanstein zogen aus. – Voges, Theodor: Sagen aus dem Lande Braunschweig. Braunschweig 1895, S. 41.

96. Der Gluhschwanz. – Voges, Theodor: Sagen aus dem Lande Braunschweig. Braunschweig 1895, S. 49.

DREIKÖNIGSTAG (6. JANUAR)

97. Über Köln. – [Dielhelm, Johann Hermann:] Denkwürdiger und nützlicher Rheinischer Antiquarius, welcher die wichtigsten und angenehmsten geograph-, histor- und politischen Merkwürdigkeiten des ganzen Rheinstroms von seinem Ursprunge an, samt allen seinen Zuflüssen, bis er sich endlich nach und nach wieder verlieret, darstellet [...]. Frankfurt a. M. 1744, hier S. 719–721 (Auszug).

98. Der Stein im Kasten. – Seyfrid, J.H.: Medulla mirabilium naturae. Das ist: Aus-

erlese unter den Wundern der Natur allerverwunderlichste Wunder [...].
Nürnberg 1679, hier S. 473 f.

99. Der Apollinarisberg bei Remagen. – Zaunert, Paul: Rheinland Sagen. Bd. 1–2.
Jena 1924, Bd. 2, S. 17.

100. Geisterkirche und Vorgeschichte in Ehrenbreitstein. – Zaunert, Paul: Rheinland
Sagen. Bd. 1–2. Jena 1924, Bd. 2, S. 27–29.

101. Albertus Magnus und Kaiser Wilhelm. – Brüder Grimm [d.i. Jacob und Wilhelm]: Deutsche Sagen. Bd. 1–2. Herausgegeben von Hans-Jörg Uther. München 1993, Bd. 1, Nr. 495.

102. Das Waisenkind und die Heiligen Drei Könige. – Karlinger, Felix/Freitas, Geraldo de: Brasilianische Märchen. Düsseldorf/Köln 1972, Nr. 63.

103. Die Heiligen Drei Könige als Paten. – Karlinger, Felix/Espadinha, Maria Antonia: Märchen aus Mexiko. München. 3. Aufl. 1991, Nr. 37.

104. Der goldene Schlüssel. – Brüder Grimm [d.i. Jacob und Wilhelm]: Kinder- und Hausmärchen. Bd. 1–4. Herausgegeben von Hans-Jörg Uther. München 1996, Bd. 3, Nr. 200.

LITERATURAUSWAHL

Ackermann, Erich (Hg.): Märchen und Geschichten zur Weihnachtszeit. Frankfurt a.M. 1993.

Blaumeiser, Heinz/Blimlinger, Eva (Hg.): Alle Jahre wieder ... Weihnachten zwischen Kaiserzeit und Wirtschaftswunder. Wien/Köln/Weimar 1993.

Borchers, Elisabeth (Hg.): Das Weihnachtsbuch. Mit alten und neuen Geschichten, Gedichten und Liedern. Frankfurt a.M. 1973.

Cassel, Paulus: Weihnachten. Ursprünge, Bräuche und Aberglaube. Erlangen 1856.

Cullmann, Oskar: Die Entstehung des Weihnachtsfestes und die Herkunft des Weihnachtsbaumes. Durchgesehene und erw. Neuaufl. Stuttgart 1990 (1. Aufl. u.d.T. Weihnachten in der alten Kirche).

Daxelmüller, Christoph: Weihnachten in Deutschland. Spiegel eines Festes. Ausstellungskatalog München u.a. 1992.

Diederichs, Ulf (Hg.): Schöne wilde Weihnacht. München 1991.

Diederichs, Ulf (Hg.): Weihnachts-Geister. Unter- & überiridische Geschichten für die Winternächte. München 1992.

Foitzik, Doris: Deutsche Weihnachten. Das Weihnachtsfest in der politischen Propaganda des 20. Jahrhunderts. Diss. Bremen 1994.

Heilfurth, Gerhard: St. Barbara als Berufspatronin des Bergbaues. In: Zeitschrift für Volkskunde 53 (1956–57). S. 1–64.

Heinser, Bernhard (Hg.): Weihnachten. Prosa aus der Weltliteratur. München 4. Aufl. 1993.

Hubrich-Messow, Gundula (Hg.): Weihnachtsmärchen und Weihnachtssagen aus Schleswig-Holstein. Husum 1991.

Jahnke, Manfred: Von der Komödie für Kinder zum Weihnachtsmärchen. Untersuchungen zu den dramaturgischen Modellen der Kindervorstellungen in Deutschland bis 1917. Meisenheim 1977.

Jahnke, Manfred: Vom Weihnachtsmärchen, das nicht gestorben ist. In: Kindheitsbilder im Theater (1994). S. 37–47.

Karlinger, Felix: Geschichten vom Nikolaus. Frankfurt a.M./Leipzig 1995.

Karlinger, Felix: Heilige Ereignisse – Heilige Zeiten. Weihnachtserzählungen aus der mündlichen Überlieferung. Wien 1988.

Krieger, Dorette: Die mittelalterlichen deutschsprachigen Spiele und Spielszenen des Weihnachtsstoffkreises. Frankfurt a.M. u.a. 1990.

Meisen, K.: Nikolauskult und Nikolausbrauch im Abendlande. Düsseldorf 1931.

Meisen, Karl: St. Martin im volkstümlichen Glauben und Brauch. In: Rheinisches Jahrbuch für Volkskunde 19 (1969). S. 42–91.

Metken, Sigrid: St. Nikolaus in Kunst und Volksbrauch. Duisburg 1966.

Mezger, Werner: St. Nikolaus zwischen Katechese, Klamauk und Kommerz. In: Schweizerisches Archiv für Volkskunde 86 (1990). S. 62–92, S. 178–201.

Moser, Dietz-Rüdiger: Bräuche und Feste im christlichen Jahreslauf. Brauchformen der Gegenwart in kulturgeschichtlichen Zusammenhängen. Graz/Wien/Köln 1993.

Natalis, Gottfried (Hg.): Das Weihnachtsbuch der Lieder. Frankfurt a.M. 1975.

Samuelson, Sue: Christmas. An Annotated Bibliography. New York u.a. 1982.

Spamer, Adolf: Weihnachten in alter und neuer Zeit. Jena 1937.

Verweyen, Annemarie/Göbel, Karin: Weihnachten im Bilderbuch. Ausstellungskatalog Berlin 1987.

Verweyen, Annemarie/Zangs, Christiane (Hg.): »Alle Jahre wieder«. Weihnachten bei Arm und Reich. Ausstellungskatalog Mönchengladbach 1993.

Weber-Kellermann, Ingeborg: Das Weihnachtsfest. Eine Kultur- und Sozialgeschichte der Weihnachtszeit. Luzern/Frankfurt a.M. 1978 (München 1978, 2. Aufl. 1987).

Weihnachtliches Brauchtum im Bilderbuch. Ausstellungskatalog München 1994.

Zur weiteren Benutzung wird auf die einschlägigen Enzyklopädien, Lexika und Handbücher verwiesen, z.B. *Enzyklopädie des Märchens*, *Deutsches Literaturlexikon*, *Lexikon der Weltliteratur*, *Kindlers Neues Literatur Lexikon*, Hanns Bächtold-Stäublis *Handwörterbuch des Deutschen Aberglaubens*, Lutz Röhrichs *Das große Lexikon der sprichwörtlichen Redensarten*.

BILDNACHWEIS

S. 19: *Der diebische Müller.* Mühle. Lithographie von Franz Pocci (1847).

S. 22: *Das Vogelwunder.* Zeichnung von Ernst Heyn.
Aus: Gartenlaube 51 (1868), S. 805.

S. 33: *Am Barbarata*g. Weihnachtsbrauch im Kreis Neuruppin. (1867). Zeichnung von C. Huth.

S. 34: *Nikolaus.* Der Pelzmärtl. Lithographie von Franz Pocci. (1850).

S. 37: *Der heilige Niklas und der Dieb.* Illustration von Ludwig Löffler.
Aus: Ein Weihnachtsmärchen. Leipzig (1849), S. 45.

S. 40: *Wie Nikolaus den Raufhandel zwischen dem Weib und dem Teufel schlichtete.*
Illustration von Ludwig Löffler.
Aus: Ein Weihnachtsmärchen. Leipzig 1849, S. 27.

S. 45: *Nikolaus der Wundertäter.* Zeichnung von Eduard Unger.
Aus: Gartenlaube 49 (1892), S. 814.

S. 49: *Marko der Reiche.* Der Kinderfresser. Augsburger Bilderbogen (um 1750).

S. 58: *Losbräuche in der Thomas- und in der Christnacht.* Frau vor dem Zauberspiegel. Holzschnitt nach Ludwig Richter (1853).

S. 64: *Per Gynt.* Weihnachtsabend. Zeichnung von Knut Ekwall.
Aus: Illustrirte Zeitung (1871).

S. 72: *Der Königssohn Ring und der Hund Snati-Snati.* Zeichnung von Ernst Heyn.
Gartenlaube 51 (1866), S. 805.

S. 83: *Der Dümmling und das Zauberpferd.* Weihnachtsabend im Stall. Originalzeichnung von Otto Fileutscher.
Aus: Gartenlaube 51 (1873), S. 831.

S. 89: *Die grüne Feige.* Der Winter. Lithographie von Franz Pocci (1852).

S. 97: *Weißröschen und Rosenrot.* Illustration von Ludwig Löffler.
Aus: Ein Weihnachtsmärchen. Leipzig 1849, S.8.

S. 100: *Die Geschichte vom weißen Lamm.* Zeichnung von Ernst Heyn.
Aus: Gartenlaube 51 (1867), S. 805.

S. 105, 107, 112, 119, 125, 129, 132, 136: *Die Schneekönigin.* Nach Zeichnungen von V. Pedersen in Holz geschnitten von Ed. Kretzschmar.

S. 148: *Wie ein Bauer den Frost bezwang.* Der Winter. Zeichnung von Anton Muttenthaler.
Aus: Illustrirte Zeitung (1863).

S. 150: *Frost und Hase.* Weihnachten. Zeichnung von Ludwig Burger.
Aus: Illustrirte Zeitung (1859).

S. 160: *Der Türst, das Posterli und die Sträggele.* Wohnt hier die Hexe? Nach einem Gemälde von P. Kohlschütter.
Aus: Gartenlaube 23 (1898), S. 385.

S. 162: *Der feurige Wagen.* Seltsamer Lufttritt. Kupferstich Mitte 17. Jh.

S. 262: *Lieblingsspeisen der Zwerge.* Lustige Gesellschaft. Nach einer Zeichnung von
F. Mock. Aus: Gartenlaube 11 (1891), S. 165.

S. 266, 267: *Das kleine Mädchen mit den Schwefelhölzern.* Nach einer Zeichnung von
V. Pedersen in Holz geschnitten von Ed. Kretzschmar.

S. 273: *Die aus dem Kanstein zogen aus.* Auswanderung der Zwerge.
Aus: Kinder-Gartenlaube 5 (1888), nach S. 40.

S. 287: *Die Heiligen drei Könige als Paten.* Die Heiligen Drei Könige. Lithographie
von Franz Pocci (1847).

S. 291: *Der goldene Schlüssel.* Winters Abschied. Aus: Gartenlaube 12 (1894), S. 193.